名 家 通 识 讲 座 书 系

欧洲文明
十五讲

□ 陈乐民 著

北京大学出版社
PEKING UNIVERSITY PRESS

图书在版编目（CIP）数据

欧洲文明十五讲/陈乐民著. —北京：北京大学出版社，2004.1
（名家通识讲座书系）
ISBN 978－7－301－06607－2

I.①欧… Ⅱ.①陈… Ⅲ.①文化史—欧洲—高等学校—教材 Ⅳ.①K500.3

中国版本图书馆 CIP 数据核字（2003）第 106063 号

书　　　名	欧洲文明十五讲	
	OUZHOU WENMING SHIWUJIANG	
著作责任者	陈乐民　著	
责 任 编 辑	刘　方　李学宜	
标 准 书 号	ISBN 978－7－301－06607－2	
出 版 发 行	北京大学出版社	
地　　　址	北京市海淀区成府路 205 号　100871	
网　　　址	http://www.pup.cn　新浪微博：@北京大学出版社	
电 子 邮 箱	编辑部 wsz@pup.cn　　总编室 zpup@pup.cn	
电　　　话	邮购部 010－62752015　发行部 010－62750672	
	编辑部 010－62750577	
印 刷 者	大厂回族自治县彩虹印刷有限公司	
经 销 者	新华书店	
	965 毫米 × 1300 毫米　16 开本　17.5 印张　250 千字	
	2004 年 1 月第 1 版　2023 年 12 月第 29 次印刷	
定　　　价	46.00 元	

"名家通识讲座书系"
编审委员会

"名家通识讲座书系"总序

本书系编审委员会

"名家通识讲座书系"是由北京大学发起,全国十多所重点大学和一些科研单位协作编写的一套大型多学科普及读物。全套书系计划出版100种,涵盖文、史、哲、艺术、社会科学、自然科学等各个主要学科领域,第一、二批近50种将在2004年内出齐。北京大学校长许智宏院士出任这套书系的编审委员会主任,北大中文系主任温儒敏教授任执行主编,来自全国一大批各学科领域的权威专家主持各书的撰写。到目前为止,这是同类普及性读物和教材中学科覆盖面最广、规模最大、编撰阵容最强的丛书之一。

本书系的定位是"通识",是高品位的学科普及读物,能够满足社会上各类读者获取知识与提高素养的要求,同时也是配合高校推进素质教育而设计的讲座类书系,可以作为大学本科生通识课(通选课)的教材和课外读物。

素质教育正在成为当今大学教育和社会公民教育的趋势。为培养学生健全的人格,拓展与完善学生的知识结构,造就更多有创新潜能的复合型人才,目前全国许多大学都在调整课程,推行学分制改革,改变本科教学以往比较单纯的专业培养模式。多数大学的本科教学计划中,都已经规定和设计了通识课(通选课)的内容和学分比例,要求学生在完成本专业课程之外,选修一定比例的外专业课程,包括供全校选修的通识课(通选课)。但是,从调查的情况看,许多学校虽然在努力建设通识课,也还存在一些困难和问题:主要是缺少统一的规划,到底应当有哪些基本的通识课,可能通盘考虑不够;课程不正规,往往因人设课;课量不足,学生缺少选择的空间;更普遍的问题是,很少有真正适合通识课教学的教材,有时只好用专业课教材替代,影响了教学效果。一般来说,综合性大学这方面情况稍好,其他普通的大学,特别是理、工、医、农类学校因为相对缺少这方面的教学资源,加上很少有可供选择的教材,开设通识课的困难就更大。

这些年来,各地也陆续出版过一些面向素质教育的丛书或教材,但无论数量还是质量,都还远远不能满足需要。到底应当如何建设好通识课,使之能真正纳入正常的教学系统,并达到较好的教学效果? 这是许多学校师生普遍关心的问题。从 2000 年开始,由北大中文系主任温儒敏教授发起,联合了本校和一些兄弟院校的老师,经过广泛的调查,并征求许多院校通识课主讲教师的意见,提出要策划一套大型的多学科的青年普及读物,同时又是大学素质教育通识课系列教材。这项建议得到北京大学校长许智宏院士的支持,并由他牵头,组成了一个在学术界和教育界都有相当影响力的编审委员会,实际上也就是有效地联合了许多重点大学,协力同心来做成这套大型的书系。北京大学出版社历来以出版高质量的大学教科书闻名,由北大出版社承担这样一套多学科的大型书系的出版任务,也顺理成章。

编写出版这套书的目标是明确的,那就是:充分整合和利用全国各相关学科的教学资源,通过本书系的编写、出版和推广,将素质教育的理念贯彻到通识课知识体系和教学方式中,使这一类课程的学科搭配结构更合理,更正规,更具有系统性和开放性,从而也更方便全国各大学设计和安排这一类课程。

2001 年底,本书系的第一批课题确定。选题的确定,主要是考虑大学生素质教育和知识结构的需要,也参考了一些重点大学的相关课程安排。课题的酝酿和作者的聘请反复征求过各学科专家以及教育部各学科教学指导委员会的意见,并直接得到许多大学和科研机构的支持。第一批选题的作者当中,有一部分就是由各大学推荐的,他们已经在所属学校成功地开设过相关的通识课程。令人感动的是,虽然受聘的作者大都是各学科领域的顶尖学者,不少还是学科带头人,科研与教学工作本来就很忙,但多数作者还是非常乐于接受聘请,宁可先放下其他工作,也要挤时间保证这套书的完成。学者们如此关心和积极参与素质教育之大业,应当对他们表示崇高的敬意。

本书系的内容设计充分照顾到社会上一般青年读者的阅读选择,适合自学;同时又能满足大学通识课教学的需要。每一种书都有一定的知识系统,有相对独立的学科范围和专业性,但又不同于专业教科书,不是专业课的压缩或简化。重要的是能适合本专业之外的一般大学生和读者,深入浅出地传授相关学科的知识,扩展学术的胸襟和眼光,进而增进学生的人格素养。本书系每一种选题都在努力做到入乎其内,出乎其外,把学问真正做活了,并能加以普及,因此对这套书的作者要求很高。我们所邀请的大都是那些真正有学术建树,有良好的教学经验,又能将学问深入浅出地传达出来的重量级学者,是请"大家"来讲"通识",所以命名为"名家通识讲座书系"。其意图就是精选名校名牌课程,实现大学教学资源共享,让更多的学子能够通过这套书,亲炙名家名师课堂。

本书系由不同的作者撰写,这些作者有不同的治学风格,但又都有共同的追求,既注意知识的相对稳定性,重点突出,通俗易懂,又能适当接触学科前沿,引发跨学科的思考和学习的兴趣。

本书系大都采用学术讲座的风格,有意保留讲课的口气和生动的文风,有"讲"的现场感,比较亲切、有趣。

本书系的拟想读者主要是青年,适合社会上一般读者作为提高文化素养的普及性读物;如果用作大学通识课教材,教员上课时可以参照其框架和基本内容,再加补充发挥;或者预先指定学生阅读某些章节,上课时组织学生讨论;也可以把本书系作为参考教材。

本书系每一本都是"十五讲",主要是要求在较少的篇幅内讲清楚某一学科领域的通识,而选为教材,十五讲又正好讲一个学期,符合一般通识课的课时要求。同时这也有意形成一种系列出版物的鲜明特色,一个图书品牌。

我们希望这套书的出版既能满足社会上读者的需要,又能有效地促进全国各大学的素质教育和通识课的建设,从而联合更多学界同仁,一起来努力营造一项宏大的文化教育工程。

2002 年 9 月

目　录

前　言

2002 年 9 月 28 日至 12 月 21 日,我应约为北京大学国际关系学院三年级本科生开了一门"欧洲文明史论"的课。北京大学出版社希望把我的"讲稿"辑印成书。这就是本书的来由。

现在关于欧洲文明的书已不少见,我本人在近二十年内就写了《欧洲观念的历史哲学》《欧洲文明扩张史》以及最近出版的《欧洲文明的进程》。据悉,不少学生在学习世界历史和国际关系史时曾看过。既然如此,我这门课的重点便不在于讲知识性的东西,对许多问题以及涉及的历史大事都不必从 ABC 讲起。而且这个学期只有三个月,一个短学期的课程,我必须有所取舍和剪裁。既是"史论",便主要是讲我的理解和体会;试图通过讲我的理解和体会来帮助学生加深对欧洲文明的了解,消化他们学到的东西,开拓思路,活跃思维,并且引导他们进一步读书。

我没有写出讲稿,只依习惯凭几条简要的提纲就上讲台了。因此"即兴发挥"较多,也就完全"口语化"了。我是一个随时有些想法的人,每节课都有相当多的没有写进书里的新体会。口讲比手写总要比较透彻些,活泼些。几乎每堂课我都特意留出相当的时间给学生提问题,与学生的问答附在每课的讲稿后面。学生们的提问,对我也有启发;有些问题是我没有想到的,此之所谓"教学相长"。这些学生大多二十岁出头,听讲很专注,提问很踊跃,他们有很强的求知欲,很可爱。通过他们,也使我领会到一些北大的求知风气和学生的气质。我是上个世纪 50 年代初的北大毕业生,看到年龄相差半个多世纪的"小同学"朝气蓬勃,心里感到很欣慰。

现在辑印成书的就是学生们分工根据讲课录音笔录下来的记录稿。为了尽量保持课堂上的气氛,除了不少错录、赘语和错讹字,我没有作太多的改动。

学生们的热情使我感动。最后一堂课讲完,在学生当中举起了好几架照相机,他们分批与我合影,要我在他们的笔记本上写一句话,签个名。我在他们的簇拥下走到前厅时,忽然先后两位学生在我面前深深地鞠了一个九十度的躬。

图一 最后一讲结束后,作者与部分同学合影。

我看了选送给我的十篇作为期末考试的作业论文(我年老多病,不可能看所有的论文)。我仔细地看了每一篇,写了评语。总的印象是"孺子可教""后生可畏"。半个世纪前我在这个年龄是写不出来的;当然时代不同了,他们理应比我们享有广阔得多的天地。此后不久,我给北大国际关系学院袁明教授写信,告诉她我的一点体会:高等学府固然应是"研究型"的学术殿堂,但同时更应以同样的精力甚至更多的精力放在本科生的培养上。

最后,我要感谢国际关系学院给我配备的两位青年助教任羽中和陈斌,他们帮助我处理了不少有关的问题。

陈乐民

2003 年 7 月下旬盛暑

第一讲

开场白

为什么要讲一讲欧洲文明的史论呢？我有几个感想。第一点，自然是因为我自己是研究欧洲问题的。我研究欧洲问题，差不多一辈子、大半辈子了。我们经常形容我们的文化是博大精深，那么欧洲也是博大精深的。我感到不了解欧洲，很难说了解了世界；而假如你不了解美国的话，也还是能够了解世界的。你们不要把美国看得那么大，那么强，它的源头在欧洲。你要不了解欧洲，至少这个世界的一半，你就了解不了。所以我认为，欧洲不只是一个地理概念，它更是一个文化的概念。它不仅仅是 geographical Europe，还是 cultural Europe。仅仅把欧罗巴理解为一个地理的概念，说明你还了解得不够深，不够透。这是第一点，对于研究世界，对于研究国际关系，是非常重要的。

第二点，我觉得现在研究国际关系问题的人把绝大部分精力，一股脑儿地投入到美国问题上；而且研究美国的时候，绝大部分又只对中美关系有兴趣。我觉得这是很浅层次的学习。

我也做过一阵中国社会科学院欧洲研究所的领导，一直都提倡国际关系学者要研究欧洲。并不是因为我是研究欧洲的，所以欧洲问题就多么了不起；大家都要研究欧洲，原因还在那个 cultural Europe。你不了解这个东西，你就没法了解欧洲文明乃至西洋文明是什么。你所看到的就是麦当劳，就是现在这些个通俗文化。通俗文化当然要了解，但是人类文化的根基不在通俗文化。

欧洲现在好像又热起来了。为什么呢，现在大家都知道有个欧洲联盟。欧洲联盟和中国的关系正在发展，又有个"中国—欧盟高等教育合作项目"，于是大家对欧洲联盟有兴趣了。兴趣在哪里呢？兴趣在人家可以拿出钱来，中国可以派人出国。再有一种对欧洲有兴趣的是什么呢？街上到处看得见的，"欧陆风情""意大利家具"、法兰西的 fashion……可是这叫了解欧洲吗？

第三点，我研究欧洲，实际上心里想的是中国。20 世纪 80 年代中期以后，我不断思考着一个问题——现在也还在思考这个问题，就是"欧洲何以为欧洲？中国何以为中国？"我给自己提出了这个终生研究的问题——当然反正我也没有多长时间了。30 年代，贺麟教授提出应该全面系统地学习和研究中国的历史和学问，应该全面系统地研究西方的学问——就是两个"全面系统"。我现在把这两句话点出来的目的是什么？对我来讲，我把它看成一个使命。中国发展到现在，终于从低谷爬起来了，但是为什么中国那么长时期被动？黑格尔把中国和印度划在了世界历史之外，就是把中国和印度看作了世界历史发展规律之外的国家，是"另类"。当然，这是十分的"欧洲中心主义"，黑格尔还是十分的"日耳曼中心主义"。但是，客观地说，中国进入世界历史的发展进程，才一百多年，为什么这么滞后？把账全部算在孔老夫子身上？我看也不公道，这是一个很复杂的问题，不是向谁追究责任的问题，甚至不是一个褒贬是非的问题，而是把客观事实弄清楚的问题。有个美籍华人历史学家黄仁宇，最近故去了，八十多岁。他有个观点，我比较赞成——"历史的长期合理性"，就是说历史是不能责怪的。有相当长时期的合理因素在里面，中国的历史发展下来，没办法，也不可能在中间再插上一个文艺复兴、工业革命。这不是怪罪谁的问题。中国历史的轨迹就是这么下来的。而西方的历史则不是这样的，也是有它的合理性的。

研究历史的合理性，我想，作为一个学者、一个老师、一个学生，心境就比较平和，能把是非之心、功利之心，稍微淡化一点。研究研究事实，研究一点客观的东西。这个事实和客观，就包括历史，包括现在。我本人在研究欧洲问题的时候，不是就欧洲而欧洲，也不是把欧洲的某个特定的时期和中国的某个特定的时期做一个简单的机械的比较。我在研究欧洲的时候，心里面老放着一个中国。有个青年朋友在看我的《欧洲文明扩张史》以后，写了一篇短文章，说陈老师有"欧洲情结"。我说这话说对了一半，我是有"欧洲情结"，如果没有"欧洲情结"，我就钻不下去。做学问，包括你们本科生的学习，没有一种"情结"，是不行的。总之要有"情结"，要有兴趣的升华，甚至升华到带有感情色彩了，你才能学得下去。读书不单单是一个实用的问题，要说实用，什么都比不上 TOFEL 实用，对不对？我不光有"欧洲情结"，还有更深的一种"情结"，就是我的"中国情结"。当然我们这门课，不讲我的"中国情结"，也许会说一点，但是不会讲很多。主要是讲文明的欧洲，文化的欧洲。以上这些就是我这个课的开场白。

我写过两本书，一个是《欧洲观念的历史哲学》，这本书已经卖完了。我现在拿出来看，脸会红的；后来写了《欧洲文明扩张史》。我每写一本书之后，必会遗憾一次。我不大像很多很自信的学者，我每写一本都感觉到缺憾。最近有希望把《欧洲文明扩张史》再版，就趁这个机会再修改一次。修改完了以后，稿子刚刚交出，我又遗憾起来，觉得有些什么东西没有写进去，脑子里面活动的东西，没写进去，老是这样。

做学问这个事情，有两点很重要——现在我姑且把大家都算做做学问的人——不过你们将来干吗我也不知道，反正先谈点个人的体会。

第一，要怀疑。没有怀疑，就没有知识。大家都知道，笛卡尔的这句话："我思，故我在。"但常常忘了他说"我思，故我在"之前的论证。前面的论证，如果我要给他概括的话，可以是五个字："我疑，故我思"——我有怀疑，所以我思想；因为我有思想，所以我存在。他这个存在主要是本体论的存在，并不是说我本人。这也许是带有神学、半神学色彩的。假如把这两句话连在一起，确实构成了知识论的完整的东西："我疑，故我思；我思，故我在。"就是说，一个人，要有怀疑，才有知识。

第二点,要经常感到缺憾,经常感到自己缺点什么东西,知识才能见长。前两天我看电视台采访费孝通先生的节目,他已经九十多岁了。他说了句话让我很感动。他说他现在还在学习。生命是有限的,知识是无穷的。一个九十多岁的老人,有这么强烈的青春气派,给了我很大的鼓舞。我是一个病人,但是我想我也可以继续学习。

西方人就是这样,不断提出问题,不断假设问题;解决一个问题,提出一个问题;解决一个问题,再提出一个问题。所以希望诸位都趁着年轻,像海绵一样,拼命吸收知识。

我这门"欧洲文明史论"课不会讲得很详细,不会向你们提供教科书式的欧洲文明发展史。有很多具体的东西,需要你们自己去查,或者我假设你们已经都知道的。过去你们大概都读过《中国通史》《世界通史》之类。我在讲欧洲文明的时候,就假设你们都已经读过这些书了。所以你们不要期望从我讲的课里面,得到某一件事的具体情节和它的发展。比如你要问我什么是《威斯特伐利亚和约》,什么是巴士底狱,在我的课里不具体讲这个。我讲什么呢,我讲的就是西方的文明、欧洲的文明、希腊的文明,从古到今,它是怎么发展过来的。我要讲清楚这个线索。

我粗粗地给大家开了张书单,这门课要读的大体上就是这张单子(授课提纲)上的东西。当然也不是要求非读不可,但尽量争取都翻一翻。

1. Donald Kagan, Steven Ozment, Frank M. Turnr, *The Western Heritage.*

这是很厚的两本书,西方的历史学系里拿它作为教材。不一定从头看到尾,有什么具体的问题,要知道它的来龙去脉,可以查一查。

2. Georg Hegel, *The Philosophy of History.*

黑格尔写的《历史哲学》,非常难读,我不要求把这本书从头到尾读,但是绪论要读,很长一篇的 introduction,相当于一本专著那样厚,主要讲黑格尔对历史的看法。这本书 1956 年有人翻成中文,译者是王造时教授。但是依我看,与其看王造时先生的中译本,不如直接去看英文的译本,当然直接读德文更好。那中文实在是难读。

3. 陈衡哲：《西洋史》，辽宁教育出版社。

这本书我建议你们好好看。我说句大话，到现在为止，中国人写的《西洋史》当中，我还没有见到比这本书写得更好的。陈衡哲是谁呢，是"五四"前后的新文化女战士，文学、历史、哲学兼通。总之这本书写得非常好，文笔非常流畅、细腻。

4. 德尼兹·加亚尔等：《欧洲史》，海南出版社。

这是几个法国人写的大学教科书。翻译者是蔡鸿滨和桂裕芳，北大法语系的老教授。这本《欧洲史》的特点是什么呢？你要查年代，特别方便，每一章都有一个年代表，可以帮助你们了解历史。刚才不是讲我们这个课不讲那么多细节么，不会讲这个年，那个年，我脑子也没有那么灵活，常常会忘。所以你们自己查书。

5. 雷海宗：《西洋文化史纲要》，上海古籍出版社。

我认为，这本书是研究西方文化必备的工具书。雷海宗先生是何许人呢？你们可能都没有人知道了。他是过去的清华大学教授，早年留学美国，回来以后在武汉大学教书，再后来又到清华大学历史系教书。我在清华大学的时候，人们说他讲课"其声如雷，其学如海，史学之宗"，他就是这么一位大学问家。雷先生在1952年院系调整的时候，本来应该调到北大历史系。不知道是何缘故，所有的清华大学文科的名牌教授都调到北大来了，少数的调到社科院去了，独独雷海宗先生调到南开大学。南开大学得人啊，因此，南开大学历史系最有它的特色。得一位老师，兴一个学科。当然后来雷海宗先生也免不了和其他的教授一样戴上了"右派"帽子，从此也就没写什么书，非常可惜。

这本书是他1937年在武汉大学讲课的纲要。现在，他的学生在南开整理出来发表了。我看了之后，实在是佩服。纲要中都是一些大题目、小题目，但是你看那些大题目、小题目的安排，你可以感觉到他思想的开放和钻研的深度。

6. 陈乐民:《欧洲文明扩张史》,东方出版中心。

这本书供批判用,大家看看就是了。我现在讲的和这个扩张史有很大的不同了。几次写书,几次缺憾,大概我要把缺憾的东西融进讲课当中。

7. David S. Landes, *The Wealth and Poverty of Nations—Why Some Are So Rich and Some So Poor.*

这本书是新书,不知道北大有没有?(一同学接话:已经有中文译本)。你们能看英文就看英文。你们读英文原书,既学英文,又学知识,何乐而不为呢?当然黑格尔的除外,译成什么文都难看。

以上这几本书,大家看看有好处。还有其他一些史学巨著,我就不一一介绍了。比如布罗代尔的书,应该看看。汤因比的《历史研究》,大家有时间翻翻可以,不必认真去看,他那书是东一榔头,西一棒子,你看不出个眉目。再如斯宾格勒的《西方的没落》,名气很大,里头的东西实际上没法看,说的是西方的"没落",实际上是"西方中心主义"。当然,汤因比也是,说的是西方中心。这些书,大家常常翻翻也好。当然需要看的书不止这些,我在讲课时会随时提出来。

我还希望我们之间是平等的。我想向系里建议,交上来作为作业的文章,如果完全同意我的观点的,照抄的,低分;完全反对我的意见的,如果你说得有道理的,可以,看你道理说到什么程度,你完全不着边际的,低分,你总得有个规矩嘛。我也不是老师,我当老师的话,最多就是和两三个人在家里坐着神聊。正儿八经坐在讲台上也有,那是讲座,不叫上课。讲一通,也可以说甚至是不负责任地讲一通,你爱听不听。现在这个课和讲座是不一样的。

接下来进入正题,我先讲一讲欧洲文明的起源。欧洲文明的源头——大家公认的,我的书里面也是这样写的——是"两希文明",就是希伯来和希腊。然后呢,就是罗马,再加上基督教文明,这就是欧洲文明的源头。一般都是这样讲。今天我还想补充一下,这个源头其实还不是原初的源头,这个源头的源头,还要远一点。

希伯来是非常重要的，了解希伯来文明是了解希腊文明的一把钥匙。希腊当然是可以理解的，就是现在希腊本土这一块加上周围的一些小岛。但是古代的希腊也不限于此，现在讲希腊文化也不是单指它的本土。这就是为什么刚才我讲 geographical Europe 和 cultural Europe 的区别。欧洲的文化不限于它的地理位置。欧洲地理的四围和它文化的四围是不完全重合的。问题就在于希伯来，也在于希腊周围的地理环境。那么这就不能不推到远古的时候了，甚至会有些神话的色彩。比如希腊就会有《荷马史诗》——有人提出说《荷马史诗》是后来作的，不过现在还没有得到确证。一般来讲，我们还是相信它的真实性的。哪怕没有荷马这个人，在那个时代也有这样的著作，有这么一部史诗。它反映的是远古时代的各种部落各种邦国之间的战争，而在描写这些战争的过程当中也就介绍了这些地方的风俗习惯、人情、宗教、哲学、神学等各方面的情况。这是很远古的事情。

　　"源头的源头"究竟在什么地方呢？这个源头恰恰就在现在闹得不可开交的伊拉克及其附近的地方。大家在读古代史的时候都知道两河流域——幼发拉底和底格里斯——这两条河是贯穿着伊拉克的，下面一直流到叙利亚。在那个时候，这两条河之间和它们周围，是一个土地肥沃的地方。从伊拉克——那个时候的巴比伦两河流域向西一直到尼罗河流域的古代埃及——这个地方的南边是一片大沙漠——这块地方像一个半月一样，中国人翻译成新月湾，英国人叫作 fertile crescent，土地非常肥沃。这个地方在上古的时候文化比较发达，原始的商业活动已经出现。所以两河流域或者叫作新月湾的这个地方，是一个最古老的文化发源地，就像我们的长江、黄河、珠江三角洲一样。那时，在希腊的本土，事实上和两河流域已经发生了一些关系。当时两河流域到尼罗河流域的地方，几何学、天文学、医学就比别的地区要发达了，当然还有诗歌、音乐这些东西。现在我们虽然回不到古代去了，但是到了那个地方——我在埃及住过两年——确实是感觉有非常神秘的色彩。你一看就能感觉它的远古必然会有很丰厚的文化积淀，只是后来没落了而已。历史就是这个样子，特别是在远古，在很长时期的过程中,有些文化泯灭了,其实要是把它恢复再现的话,那是相当辉煌的。你们看希罗多德的《历史》,这本书我没有写到参考书目里面,但是你们要看一看。为什么呢?它对两河流域这一块地方,特别是波斯、埃及等地方的文化状况,远古时期(公元前6世纪以前)的状况做了描述。那些描述是很迷人的,我想它也不是虚假的。因为希罗多德生在公元前5世纪,他即使是听传说也是有价值的,何况他是根据我们已经读不懂的古代文字的记载中得来的。因此希罗多德在西方被称为"史学之父",西方人就像我们推崇司马迁那样推崇他。在希罗多德的书里面我们就可以看到,两河流域的文化怎么样影响希腊。他讲了一个故事,讲波斯的国王居鲁士(Cyrus)有一次做了一个梦,梦到了一个小伙子,这个小伙子就是后来击败他并夺了他的位子的大流士(Darius),很有名的一个波斯的英雄,这个时候大流士才二十岁。居鲁士梦见他长了两只大翅膀,一只覆盖着亚细亚,另一只覆盖着欧罗巴——我所见过的"欧罗巴"这个字,除了在希腊神话中有,在正史的文字中我只见到过两次,一次就是在希罗多德的《历史》中。这虽然是一个梦,但是可以看到那个时代的波斯——就是现在的伊朗——眼界宽到什么程度。当然这个欧罗巴还没有一个很明确的概念,大概就是波斯西边的一大块地方,但是居鲁士和大流士想要征服世界的话,这是在征服范围之内的。那个时候波斯国力昌盛,像黑格尔的书中就写到,内部经济繁荣,人民生活富裕,对外则是推行帝国主义政策,文化也是相当发达了,波斯的文化通过两河流域,通过埃及流入希腊。这是希腊文化的一个来源。当然反方向的也有啊,当时希腊的神学,还有庙宇建筑、音乐这些东西也流向两河流域的国家。

　　还有一个来源,就是希腊文化的近代来源——爱琴文明。爱琴文明发现得比较晚,也就是一百多年以前,才有考古学家在爱琴海附近发现了克里特岛(Crete),对这个岛进行考古挖掘以后,结果发现了非常奇妙的宫殿建筑遗址,甚至有各种各样的"卫生设备",但是那些"卫生设备"究竟是什么样的我就不知道了,不过可以相信,当时的文明相当发达相当繁荣。这个克里特岛实际上成了两河流域和希腊本土之间的一个跳板。所以这样看起来,希腊文化有它本土的东西,更多的成分是从两河流域取得的。在几年以前,《读书》杂志上曾经有人写了一篇文章,说欧洲文明的发源地在非洲。这话不能说是错的,埃及不是就在非洲吗？但是埃及在远古的时候是属于亚细亚地区的,属于西亚的。那篇文章没有说错,但是没有说细没有说透,说透了呢应该是两河流域,是巴比伦文化、腓尼基文化(腓尼基就相当于现在的黎巴嫩)。腓尼基文化对希腊的影响主要是文字方面。腓尼基的文字是只有子音没有母音的,到了希腊以后,希腊加上了几个母音,变成了可以发音的东西,这是希腊语的始祖,恐怕也应该是欧洲语言的始祖。

因此可以说,欧洲文明的源头是希腊,希腊文明的源头是同两河流域的交流。不是说从两河流域的文化发展出了一个希腊文化,而是说希腊文化受到了两河流域文化的影响。因为当时的两河流域的文明程度高于希腊,这样在以后才有了希腊的古代历史。亚历山大东征过程中在东方搞"希腊化",希腊文化与希伯来文化相互交流;《旧约》译成希腊语是其中一个意义深远的事例。

黑格尔经常说只要一提到希腊,就有一种"家园之感"。那么大的欧洲把那么小的希腊当作自己的家园,这话不是偶然的。但是我们要了解的这个"欧洲的家园",它还有它的根,它还有它的源,就像我们中国追求我们自己的古代历史一样。

讲这样一段话没有别的意思,只是说欧洲文明不是从天上掉下来的,是有一个历史的发展阶段的。现在的欧洲文明和古代的欧洲文明已经有很大的不一样了,我们常说现在欧洲文明的核心——我自己就经常这样说——是科学和民主,但这是一个非常粗糙笼统的说法。科学和民主在希腊时代就有吗？当然,希腊时代有过一段时间的民主,有过一些科学的思路。我们要是不了解这些东西的话,就不容易了解欧洲怎么就这样慢慢地一个世纪一个世纪地发展下来。我这个课的目的呢,说来说去不过就是要把这条线理出来。从古代的希腊(包括它的源头)理下来,欧洲文明是有这么一条线的。

所以在讲这个课的时候,除了刚才我说的那些书之外,还希望同学们广泛地阅读。广泛阅读对于你们国际关系学科可能看起来比较遥远,但是在文化的修养和历史文化的积淀上会给你们很大的好处。比如说古代希腊,我们比较熟悉的就是三个大哲学家:苏格拉底、柏拉图和亚里士多德;两个历史学家:希罗多德和修昔底斯;政治上有王政时代,有伯里克利的民主时代,有梭伦这样的大改革家——我们都可以大体上知道这些。但是我们把这些东西理下来看看,脑子会清楚得多。最近我在看柏拉图的《对话录》,其实是追记一些人同苏格拉底的对话——苏格拉底本人是没有出书的。我认为讲得非常生动,他讲的是古希腊时候的事情,已经涉及了同西亚的关系,同亚细亚的关系。而且涉及了一个问题,就是有一个人,他的老祖父是梭伦时代的公民,听梭伦本人讲当时的地理历史情况,记叙得非常生动,如在目前。他讲到从大西洋来了一群不知道什么底细的人,攻占了欧罗巴——我还想再查查根儿。这是我在古典的欧洲文字当中第二次看到"欧罗巴"。这些人攻占了欧罗巴,一直打到了今天意大利。所以可见古代希腊周围的地理、历史、文化条件构成了它的文明的渊源。

咱们还是厚今薄古吧,古代的东西我就讲这么一点,但是我很有兴趣,我也希望同学当中有人对这个有兴趣——只要不妨碍你们拿学分,多看一看有好处。所谓学问并不自今日始。我看希罗多德的《历史》,有时看得是很激动的。希罗多德写的历史两大部分,前一部分就是写埃及是怎么样的,波斯是怎么样的;第二部分才是讲希波(希腊跟波斯)战争。他的描述生动细腻,反映出公元前四五百年那个时候已经有发达的文化了。看看这本《历史》,我个人的感受就是感觉到自己还相当的无知。当然他描述的文明有些后来没落了,比如说西亚的文化,波斯后来也没落了,两河流域也没落了。巴比伦曾经的辉煌,我看就像现在的纽约一样,一定是这样。所谓"空中花园",是世界七大奇迹之一。我在这里说这么多,不是发怀古之幽情,而是说希腊文化的源头是很丰富的,有很深的含义。

这个课呢,今天开头我就讲这些,下次就开始讲希腊,开始讲希腊文明本身和罗马文明。关于罗马文明,希望你们看一看《罗马兴亡史》《罗马帝国史》一类的书,还有孟德斯鸠的《罗马盛衰原因论》。我还想留一点时间征求一下大家的意见,今天我这样讲你们能不能听清楚,以及对我今天讲的有什么问题或是建议,以后讲的时候需要我注意什么问题,拿出一点时间来讨论讨论。我们平等对话。

课堂提问与解答

1. 您提的欧洲文明的核心就是民主和科学,但是它到底能不能概括欧洲文明?

答:我是赞同这样的概括的,这样的概括当然是非常大而化之的,但是把欧洲文明,特别是放到现代,浓缩而又浓缩,就是科学和民主。至于为什么能够这样来概括,我想我讲完这门课以后你能够理解我的看法。

2. 您说欧洲的文明是起源于北非和西亚的,那么亚洲文明、非洲文明和欧洲文明之间是不是有些普世的东西?您同不同意这种说法呢?

答:我觉得普世的东西,作为一种伦理的观点来讲,在任何一个地方都会有这种因素。就比如说应该多做好事不做坏事,在天下任何的伦理当中都有这样的东西,非洲文明有,伊斯兰文明有,佛教也有,但是它在表述出来的时候就不太一样,这个东西在伦理的层面上是这样的。你比如说冯友兰先生吧,他有一个很有名的论点——但在50年代很受批判的——就是"道德抽象继承法",他说不要把孔子都否定掉,因为有些东西呢,作为道德的观念是可以抽象地继承的。这在世界别的地方也是一样的啊。

3. 您的意思就是说他们的精神和内容是一样的,但是它们在形式上是不一样的,是这样的吗?

答:精神上也不一样,我现在讲的是道德层面上的。再深入一点,比如说涉及政治文化——我在以后的课还要讲的——这方面就大不相同。政治文化,从欧洲讲,有王政时期,甚至有暴君时期,但是也有议会时期,它的议会时期开始得非常之早。它的几次革命,从荷兰、英国、法国革命,再加上美国革命的反馈,等等,形成了欧洲人对民主的信仰。

我经常有这样一个想法,这个想法在我的文章里写了一些。启蒙运动中的启蒙思想,咱们向来是说以 18 世纪的法国为代表,就如大家都知道的孟德斯鸠、伏尔泰这些人,但是再往深里想的话,实际上孟德斯鸠和伏尔泰的思想主要是从英国来的,不是理性到经验,而是经验到理性,经验的东西首先在英国,是盎格鲁-撒克逊的东西。我想我以后要讲到这些问题的。

4. 我对您研究欧洲文明的方法挺好奇的,就是除了阅读书籍和历史文献之外,您说您曾经到过埃及,感觉那里很神秘。不知道您研究的时候在靠人文的感觉,还是把它作为一种社会科学,用科学的方法来研究?

答:这有一个过程。在大学里我是学西方语言的,毕业之后就分配到外事机关了,去搞民间外交,这样一直搞了几十年,一直到"文化大革命"。那么在这几十年的外交实践工作当中我经常到欧洲去,有时候也长住欧洲,而且非洲的一些地方也去过,拉丁美洲也去过。我当时是很懵懂,很无知的,反正任务来了就去。但是,这样东看看西看看也自然而然地在脑子里形成了一定的看法,形成了一些感觉,总觉得欧洲这块地方很神奇。我到欧洲的时候欧洲还是挺乱的,20 世纪 50 年代初,还有战争的痕迹,左派右派斗争得非常激烈,法国共产党啊,意大利共产党啊,这个时候都是很强的,议会一开会,差一点就能执政了。当时欧洲社会也是很动荡的,物质不是那么丰富,但是呢,到了那个地方,我有一个感觉,就觉得这个地方的文化,是挽救这个地方的一个决定性的因素。我当时有这样一种模模糊糊的感觉。"文革"以后我做研究工作了,做研究的开始就是研究国际问题,因为在国外待过,所以也就研究国际问题了。研究国际问题,无非就是在外交部国际问题研究所,就是研究一些很现实的问题,今天哪个国家跟哪个国家矛盾了,张三说了一句话李四怎么批驳了,为什么这样批驳啊,都是这样的事情,写一点这样的材料,而且都是往上报的内部材料,写着写着,我觉得不太满足,我总想把我感觉到的欧洲的文化底蕴和它的发展写出来。正如我的一个朋友说的,欧洲研究啊,用北京话来说,是"有嚼头",那是咀嚼,不像吃麦当劳。

于是我就要跳出研究政策性问题的这个圈圈,进入欧洲文明这方面的研究,进去之后我发现那是相当大的一片海洋。其实欧洲的文明,不可能通过一个学期的讲课就能讲清楚,我觉得她的博大精深真是难以言说的。我要讲的仅仅是从文明史的角度,而且又比较偏重于政治文化,即 political culture,所以我要涉及科学、民主和自由这样的问题。那么再进一步呢,就是我现在的这个状态了,我要想一想欧洲何以为欧洲,中国何以为中国。

我的思想就是这么来的,并不是一开始我就想到这么些东西,是有一个比较长的过程,不知道你想要了解的是不是这个意思。

5. 除了了解一些史实,研究一些史实,然后思考一些史实,还有没有一些对事实的调查?

答:有没有对事实的调查,这个很难讲了。我们不是在做欧洲的社会调查,或者说在做美国的社会调查,我们不生活在那个地方,对吧?主要还是靠资料和书籍。书和资料里面反映的东西,我想大部分还是真实的。你要讲"史无信史",那就把整个历史否定了,抛掉了,成虚无主义了,不是这样的。还是要从读书当中去体会点什么东西。在我来看的话,就是从很现实的国际关系,比如说德国跟谁的矛盾,法国跟谁的矛盾,英国跟谁的摩擦,从这些现实的现象当中转道去读一些书,去读一些现实以外的书。我读的书除去中国的书以外,大多数都是 19 世纪以前的。比如说是哲学的东西或是文学的东西,这样子呢,它不会让我直接写出些什么东西来,但是它使我丰富使我充实。比如说,陀思妥耶夫斯基有一篇散文给我的启发很大,他是19 世纪初的文学家,一次到了德国的一个温泉去游览,他就在这里一个人一个人地看,可能长得很美,也可能长得很丑陋,可以有这样的穿着,又可以有那样的穿着,但是总体地看这个人群,却可以体会到在俄罗斯所体会不到的文明状态。由此他感觉到欧洲的文明——当时俄罗斯是刚刚进入和接受欧洲文明——高过,甚至大大地高过俄罗斯的文明。那你说这种感觉怎么来的,也就是靠读书之外还有一个观察,靠一个思考,靠多问点"为什么"。

国际关系这门学问既容易又困难,容易到出租车司机也能跟你谈伊拉克是怎么回事,难的就是你很难把它做到有文化的底蕴。这可不是一个简单的数字相加,这个只有靠多读书了。我现在还在看柏拉图,有人说你这个老头子怎么还有闲心去看这个玩意,但是我看完之后真的觉得开窍不少。比如说过去有一位老先生讲,西方的哲学,特别是希腊的哲学的通孔,就是它从什么地方进入哲学的,是自然科学。这是牟宗三的话。老实说,我对这个话理解还不是很清楚。

所谓自然科学是哲学的通孔,无非就是(泰勒斯等)把原子啊,水啊,火啊,土啊,这个当成元素论的自然科学的东西。但是我看了柏拉图的书以后,就发现希腊人对自然的考虑,对物质世界的考虑,乃至于对人自身的考虑,确实是埋藏着科学的思维。所以到了亚里士多德的时候,学科分科已经分得那么细,有了力学、动物学、植物学、政治学、逻辑学等等,这不是偶然的,不是亚里士多德拍拍脑袋就能想出来的。

总之你这个问题,很容易回答也很难回答。我劝你们多读些书,一方面国际关系的书不能不读,但国际关系以外的要多读一些,特别是历史的。

6. 美国文明是否超越了欧洲文明,怎么超越的?

答:我不太同意用"超越"这个词,你看到的美国文明的"超越"是从实力上看,你是从他们有多大的力气上判断的。而我们研究文明,欧洲文明或者美国文明,不是比谁力气大,比谁钱更多——你如果这样比的话,美国当然排第一,但是这个不是文明本身,文明比这个要秀气得多,要文雅得多。这样的话美国超过欧洲了吗?

对美国文明我是这么认识的。第一,美国继承了欧洲文明,这是它的运气,它继承了盎格鲁-撒克逊文化里比较精华的部分,当时英国搞宗教迫害,英国也没有现在那么自由,因此就有一批人跑出来了,是英格兰本身的一些优秀分子,坐着"五月花号"船到了美国,他们的脑子里面是希腊文明传承下来的欧洲文明,特别是英国的培根、洛克的经验主义这一派的思想。他们到了美国之后,马上遇到一个问题,就是他们没法回去了。那时候的美国不像现在,不是一片花花世界,那个时候是旷野荒郊。他们到了的时候,往回看是大海,往前看是莽莽森林,怎么办? 于是他们通过了一个共同公约即《五月花号公约》,这个《五月花号公约》了不起,这个公约就是回答"怎么办"的。你回去是不可能的,只有自己组成社会。美国现在这样富强不能忘了老根,老根是靠奋斗出来的,是苦斗出来的。

美国的自治力量很强,也是来源于英国。自治的能力(autonomy),即自己组织自己的生活。美国的社区真正是自发的,自己要生存,自己要组织起来,有一些道德规范,清教徒的道德规范,后来这样慢慢地发展为殖民地了。不仅是盎格鲁-撒克逊人,法国人来了,德国人来了,特别是德国人,很不简单。所以到独立战争的时候美国已经相当强大了。现在讲殖民地,什么叫殖民地? 殖民在古代的时候就有,在希腊的时候就有,希腊一批人到了地中海的西岸住下来了,把这个地方划作殖民地。真正的殖民地,美国算一块,澳大利亚、新西兰也算。

在17世纪,美国还没独立之前,哈佛大学就有了。我今年春天到南京去讲学,东南大学一百周年,他们给我看一个小册子,上面就有美国科学家贝尔的一段讲话,东南大学请了他来参加百周年纪念,他年纪太大了,没有来,就写了一个祝贺词。这个祝贺词里面当然要祝贺一番了,但他还说东南大学一百周年,而我们哈佛大学是1636年成立的,北美殖民地时就发展了,还没独立就发展了的。

再有,美国人最早实现了欧洲人的理想,欧洲人的理想在欧洲没有能实现,在美国实现了,这就是联邦制度,总统联邦制,三权分立。这是18、19世纪欧洲的启蒙思想家们想象的,欧洲没实现,美国实现了。所以1831年托克维尔到美国去,当时西欧正在闹革命,他去美国考察,回来写了《论美国的民主》。他到了美国之后才发现美国的新奇,很新奇的现象,在欧洲是看不到的,当欧洲乱成一团的时候,美国很平静地建设自己。假如你要讲美国超越了欧洲,这就是超越欧洲的地方。然后美国的这些经验又反馈到了欧洲,在俾斯麦的帝国宪法里就参考了美国的宪法。

总之你要用"超越"这个字也可以,但是你要指出它的渊源。说到了美国今天的这些作为,那是另外的一说了。比如前几天就有人给我打电话,说你讲科学民主好,美国的科学和民主发展到现在了,它说打谁就打谁,你说科学和民主还好吗? 我说这是两个范畴的问题,美国现在很霸道,一会儿打伊拉克,一会儿打那个,一会儿打这个,但你就能说科学和民主不好了吗?这是两个概念嘛。我最近想到,一种理想,哪怕是非常神圣的理想,如果要把它变成现实的话,逃不脱人的因素。而人的因素一旦介入就必然带有事功的成分、利益的成分。所以我看天下理念的东西、神圣的东西,只要一落实下来,没有不变味的。你说那怎么办,我这个人,我刚才已经说了,是一介书生,我不管你怎么看,我只管我怎么看。

7. 我想问一下您对地理环境决定论的看法。

答:地理环境决定论就是讲,一切都取决于地理环境,这当然是不可取的。那就是说你没有好的地理环境,你就应该心安理得地不发展,不能得出这种结论。

但是我同时觉得地理环境非常重要,希腊为什么后来那么发达,它的地理环境是个相当重要的因素,有人形容希腊就像一把明珠撒在地中海里,颗颗是明珠,而且它这个地方又得地理环境之便,接近当时比较发达的两河流域,虽然和波斯打了一仗,但是跟波斯学到了不少的东西。

这个东西你要两面看,一方面地理环境非常重要,不能忽视,为什么中国的南方比北方发达,这不是没有地理因素的,你到了上海,到了长江流域一看就清楚了,那跟我们的大西北太不一样了,这是很重要的。但是另一方面不能把它看作是决定性的,欧洲的地理环境好啊,我觉得最舒服的就是欧洲,不是美国。你到了挪威、丹麦这些地方看,觉得他们怎么不闹点事啊?怎么这么平静啊?欧洲实在太平静了,这跟它的地理环境确实有关系,它西北有大西洋,南边有地中海,北边有一个波罗的海,一个北海,别的地方哪有这个环境啊?但是你说这个重要,重要到了没有这个地理环境就不能发展,是不可能的。英国为什么能发展?跟地理有没有关系?英国的民主最早,为什么?这跟地理有关系。英吉利海峡现在看不算什么,半个钟头就过去了,但那个时候可是一片海洋啊,英国就成为飘摇在大海里的一条船,它想怎么干就怎么干,受大陆的影响比较小。你看西欧大陆的宗教问题很复杂,英国也受到一些影响,但还是能很快解决。等到伏尔泰到英国的时候,他就非常吃惊,没想到英国的宗教宽容能到这个程度,他说如果宗教只有两派,那肯定非你死我活不可,但是英国有三十几种宗教,还能和睦相处。英国为什么能多元化?西欧大陆在王权极盛的时候,英国的贵族已经和国王在闹别扭了,这才有后来的《大宪章》(Magna Carta)。现代民主的根源仍然在《大宪章》里。罗马人去了又被赶出来了,诺曼底人也被赶出来了,从这以后英国人打的仗都不在它的本土之内,跟法国人打的百年战争都是在法国人的领土上打的。所以你说地理因素重要不重要?还是相当重要的。这要辩证地看,不能把它看成一个决定因素,但确实非常非常重要。

第二讲

希腊——欧洲的"精神家园"

今天我们主要讲希腊。讲古希腊文化,需要结合上一次讲的。上一次讲的是希腊文明的源泉。希腊文明的根基一个是它本土的远古的传说、神话;地理和人文方面的希腊和古希腊文明还有一个来源,就是两河流域。从两河流域到尼罗河这一带,给了远古希腊文明以很大的资源。那个时候也是一个大迁徙时期,人员流动非常频繁:希腊人向各个地方流动经商,这些地方的人也向希腊流动,进而产生文化上的融合。现在要是看古希腊的艺术雕刻,再看看古埃及的雕刻,有很多是相似的,从中能看出它们之间的渊源,就是这个原因。文字语言也是从两河流域传过去的,就是从腓尼基字母过去的,腓尼基大致相当于现在的黎巴嫩,那个地方的字母只有辅音符号,被希腊人加上了一些元音,构成了后来的希腊字母,希腊文字实际上也是欧洲文字的祖先。宗教、希伯来语也是从两河流域一带过去的,因此古希腊文化有相当深厚的小亚细亚、北非成分,同时希腊也在向这些地方移民经商,这在早期时就叫作希腊殖民化。希腊人陆陆续续地出走,希腊人不可能不出去,因为希腊都是一些小岛构成的,它有经商的传统。希腊有许许多多的城邦,也就是"城市",当然这些城市跟我们现在的城市是不一样的,就是这么小的一块地方,有它自己的一套管理办法。

所谓"城邦政治""城邦民主",也就是大家共同选举执政官,参加公民大会。为什么讲欧洲的近代民主、近代文化是源于希腊呢,恐怕这是一个原因。希腊当时的地理历史条件具备了实行"城邦民主"的条件，许多城邦甚至不实行民主也不行。当然，他们这个政治制度的表现是各不一样的，亚里士多德在写他的《政治学》的时候，考察了150多个城邦的政治体制，而后写成了《政治学》。城邦制度是古希腊的一个特点，城邦的政治、城邦的历史也就是古希腊的历史，这是一以贯之的。从一开始也就是说自从有了希腊、希腊本土的文化以来，也就是说大约从公元前1000年以来，就有了城邦的形态，这是希腊文明的一个极大的特点。统治城邦的有时候是僭主，僭主就是自封的主，实行他的个人统治。还有叫作执政官，或者叫作国王的，但是这个头总是选举出来的，现在我们叫作是奴隶主选举出来的。如果我们用阶级观点来讲，在奴隶制度、地主制度之下，城邦的头能不是奴隶主选举出来的吗？他们确确实实只是奴隶主的民主，但它是民主的一个起源。

这里我希望同学们认真看一本书，就是修昔底德的《伯罗奔尼撒战争史》。作者是希腊著名的，也可以说是第二著名的历史学家——第一位是希罗多德，他在这本书里转述了生活于约公元前495—前429年的执政官——伯里克利的讲演词。他是我们研究希腊时不能不提的一个人，这本书中全文引述了他在第一年的战争中，也就是雅典同斯巴达的战争中，为了吊唁雅典牺牲的战士所作的一篇悼词——这篇悼词我希望同学们好好看看，有中文本子，而且翻译得很好——他这篇悼词就是说和斯巴达会战的第一年雅典取得了胜利，这场战争横尸遍野，据说死了成千上万的人，那个时候死成千上万可不简单，用的是那样原始的武器。在这一年年末的时候，照例根据雅典的风俗习惯，要推举一个人出来向死者作一篇悼词。这一年举行了一个"国葬"仪式，因为雅典打败了比它强悍的斯巴达，一个部落一口大棺材，里面装上尸体，一共是四十几个部落，然后要推举一个人来作悼词，大家就推举伯里克利。这篇悼词相当长，给我的印象，就好像是现在的国家的总统或者是主席所发表的咨文。他把雅典的"民主制度""法律"归纳出来，他讲到雅典的"民主制度"不是从别人那里模仿出来的，是自己生活方式的一部分，只能供别人仿效，而不是雅典仿效别人。悼词里边还讲到了

"雅典精神"——"冒险",我体会这个"冒险"就是"进取"的意思,不达到目的决不罢休的精神,勇敢的精神、探险的精神、不怕牺牲的精神。他在这篇悼词里还提到了"国家荣誉",当时雅典是希腊各城邦中最大的一个,而且是模范。雅典和斯巴达的联盟打败了那么大的一个波斯,当时的波斯也是了不起啊,是一个霸权国家。雅典和斯巴达暂时联合起来,打了好几场战争,即希波战争,在打败了波斯的基础之上,雅典发达了起来。斯巴达因为它的文明比较落后,只知道蛮干,文化比较落后,没有民主制度。因此,在伯里克利的这篇悼词里面,没有点名地指出了,雅典是"民主制度",而另外一个国家,即斯巴达是专制。毛主席有过一句话,"不要言必称希腊",可是我们现在在研究欧洲问题,探讨欧洲的文明,包括欧洲文明当中民主成分的时候,就不能不提到希腊。黑格尔有一句话,只要我们提到希腊,我们欧洲人就有了一种"家园之感"。怎么体会他的这句话,伯里克利的这篇悼词很值得参考,在那个时候,公元前 5 世纪,能够说出那样的,现在看起来那么具有现实感的话,不能不说是古希腊人的智慧。他在这篇悼词里还提到,希腊人是爱美的,但是绝不娇柔;希腊人是勇敢的,但是绝不蛮干。真是大气磅礴、文辞美妙的一篇悼词。最后他用了很长的篇幅,来慰问死者的父母,死者的家人,向死者致敬,号召雅典人团结起来,进行新的战斗。伯里克利执政时期有很多这样的悼词,都是比较短的,这篇是最有代表性的,也是西方文论当中的模范,从中可以了解古希腊的精神是什么。黑格尔一再强调希腊的精神是自由,是雄伟的、美丽的,这篇东西可以帮助大家理解这句话。当然希腊的文化也不只是伯里克利讲的这些,伯里克利对它进行了集中的表述。

对于希腊的古文化约定俗成地可以划分成三个时期:第一个时期是公元前 1000 年到公元前 700 年,这段时期希腊开始有了自己的文明,这之前的历史大体上是以传说为主,还有就是我之前说的大迁徙时代,与在两河流域的希伯来文明的联系等。到公元前 1000 年,希腊文明有规模了。这一段时期形成了两个最大的城邦,一个是雅典,一个是斯巴达。其他还有很多小城邦,我们现在主要看到的是雅典和斯巴达,一个实行民主,一个实行专制。

第二个时期是公元前 700 年到公元前 400 年，这段时期是希腊文明的辉煌时期，希腊文明走向成熟，出了很多像伯里克利这样杰出的人，哲学家如柏拉图，这一个时期最重要的是哲学的发展。在伯里克利之后，雅典的文明进一步的发展、繁荣。在思想界出现了"诡辩派"，有些老先生不太同意这样的译法，因为诡辩这个词给人的印象就是没理搅三分，所以他们主张把它翻译成"智术之士"。后人为什么把它叫作诡辩派呢？我想这是后人总结的，后人觉得这帮人称不上是哲学家，他们只满足于口头上的舌辩之辞。其实他们也应该算是自然哲学家，希腊文化首先关注的是自然，关注自然是怎样产生的。远古哲学家泰勒斯关注世界是如何产生的，就是元素论，也就是由元素产生的。诡辩派也是从这里出发的，去研究自然，探讨自然界的问题。那个时候雅典确实已经到了非常自由的时期，思想是自由的，街谈巷议，组织各种讨论会，很随便。逐步地，这些辩者有的就变成了无理搅三分，把真理抛在了一边，专门为了辩论而辩论，所以后来人们就叫他们诡辩者。在这些"智术之士"里面，就出现了一位大哲学家苏格拉底。苏格拉底同智术之士最不同的一点就是他追求真理，不是为辩论而辩论。当然，在第二个时期，雅典所盛行的这种辩论的风气对于雅典的民主和自由是有很大的推动作用的，正是在这种辩论过程当中产生了哲学。在古希腊，哲学和科学是不分的，哲学就是追求知识、寻求智慧的学问，和科学在当时是不可分的。古希腊出现了各种文学和艺术、诗歌、戏剧，戏剧也是在辩论过程中产生的。你们都知道有几大喜剧几大悲剧，都是这个时期产生的。当然最重要的代表人物还是在哲学方面。和苏格拉底同时期的在中国就是孔子。我觉得苏格拉底和孔子有相通的地方，比如他说你不要把你不知道的东西说成是知道的，用孔子的话来说就是"知之为知之，不知为不知，是知也"。可见这些先哲们在探讨一些问题时，是有共同的取向的。什么叫正当的辩论，是有一个共同的标准、共同的心理的。苏格拉底没有留下任何著作，他留下来的一些话都是他的学生柏拉图记录下来的。在第二个时期里，在哲学界有两大人物——苏格拉底和柏拉图。在这个时期里，也有很复杂的现象，比如说雅典民主已经在希腊本土成为一种典范,但是这种民主还是很粗糙的,甚至可以说是很原始的,它是一种"直接民主"。我觉得它是一种没有经过修饰的民主,带有相当大的本能性:群众说了算。五百人议事会可以决定苏格拉底的生死,而不顾他的意见是不是正确的。到这个时候,雅典的民主已经有点异化了。但就是雅典式的民主,希腊式的民主,它给欧洲文明播种了一颗很好的种子,只是它在希腊时期不可能成长成一个非常完美的事物。苏格拉底的死是一个悲剧,死于雅典的民主,而民主制度是欧洲文明的源泉之一,这是矛盾的,也是辩证的。

现在我们要了解苏格拉底的思想,只能通过他的学生柏拉图的记录。柏拉图写了很多的"对话集",就是以苏格拉底为主,他和周围的学生、朋友一起谈话,有的是学生提问,苏格拉底回答,有的是苏格拉底请一位学生开讲。然后他加以可长可短的评论。我在读这些书的时候确实觉得这体现了一种很自由的气度,学生要是不同意苏格拉底的话,就说他不同意,他就讲他的道理。柏拉图有一篇东西叫《蒂麦欧》,说的是有一次苏格拉底问蒂麦欧正在想什么,他说他在想两件事情,一件是在想"梭伦改革",梭伦是更早的时候,可以说是希腊文明刚刚兴盛的时候,雅典的一位首席执政官。他说梭伦的改革,他是听他祖父的一个朋友讲的,接着他转述他祖父的朋友追述梭伦改革的往事。"梭伦改革"实在是了不起,用两句话来概括就是"对内民主,对外进攻"。用我们自己的话来讲,梭伦认为首先应该把我们自己的事情管好,主张解除奴隶的负担。"梭伦改革"是在公元前594年到公元前558年,内容包括以下这些:发布了一个"解负令",取消当时奴隶欠奴隶主的债务(非常繁重,当时已经快要引发暴动了),当时的奴隶欠奴隶主的钱,在他们家的门口都立一个牌子,写上欠了多少钱,叫作"记债牌"。梭伦的第一项改革就是将这些"记债牌"拔掉,还有就是禁止人身奴役、买卖奴隶,废除与土地无关的工商业债务,禁止输出谷物,等等,这是为了发展本国的农业,同时又搞好外贸。外邦人可以获得雅典的公民权。我觉得这在那个时候还是相当有眼力的,在希腊真正的希腊人说不上有多少,很多都是外来人口,从小亚细亚来的。再有一条就是奴隶人身安全,杀人要偿命,把治安的问题提上日程。再有就是废除贵族政治上的世袭特权,而代之以按照财产来分配权力。另外就是设立元老院和四百人议事会,四百人议事会里提出的东西交给元老院去处理,人们把这两项叫作"梭伦船上的两支锚",从中可以看出后来代议制的一些雏形。最后一条十分重要,首创了"陪审法庭",邀请有公民资格的人陪审。到公元前4世纪左右的这一段时间,政治、法律、文学、艺术都日渐发达,所以说这一时期是希腊古文化最为繁荣的时期。

第三个时期从公元前400年到公元纪元,也就是到罗马占领希腊,把希腊变为罗马的一个行省,希腊就等于是亡国。这个时期有两件大事。一件大事是亚历山大东征,亚历山大东征是很了不起的。亚历山大是希腊北部的一个比较落后的城邦——马其顿的国王,马其顿人民很强悍,在文化文明方面都远远比不上雅典。但是亚历山大凭借他的武力,不但把希腊本土征服了,而且还扩张武力,向东向西扩张,东边打到小亚细亚、波斯,打到现在的北非,往南一直打到印度。我们发现公元前4世纪的时候,希腊人已经知道中国人了,但是我们查不到很多的记载,最古老的记载是公元前4世纪,在古文献里提到了"seres"这个字,这个词的词根是"丝"的意思,蚕丝、丝之国,这可能是希腊古文献里第一次提到中国。因为他打到印度了,一些人跑到中国是可能的,当然主要是很多稀奇古怪的传说了,说看到"丝之国"里面的羊毛是长在树上的!还有的说"丝之国"的人做买卖非常狡猾。亚历山大有一个非常高明的老师,他就是亚里士多德。亚历山大大帝武功最盛的时候,也是他的文治非常发达的时候,他继承了古希腊的各种制度,特别是亚里士多德在文化教育方面规划了很多东西。本来希腊的教育是自然而然这样下来的,到了亚里士多德的那个时候,教育制度就有一点眉目了,把希腊的一种精神继承下来了。亚里士多德说你或者可以做农夫,或者做官,或者去做买卖,但是教育是最需要看重的。也是在亚里士多德的手里面,教育的分科逐渐有了眉目,比如说文法、逻辑学、动物学、几何学、气象学等。所以第三个时期的前半部分,公元前三百多年亚历山大东征这段时期,及其以后的一段还是非常繁荣的,雅典的发展势头还是很可观的。亚历山大从印度打完仗回来,走到巴比伦突然得病死亡,年仅33岁。后来亚里士多德就继续做他的学问,做他的教育事业去了,成为继苏格拉底以来的哲学的集大成者。这个时候希腊的国运已经不太行了,我想这里有一个原因就是雅典的民主制度不是全境的,不是整个希腊都这样。再有就是它的民主制度都是短命的,经常是贵族的民主制度与独裁专制的国王——也就是僭主轮换,一个时期出来一个僭主,变成独裁政体。这个僭主搞不下去了,群众造反,贵族又把他推翻,变成"民主制度",它不是一个一贯的东西。早在公元前5世纪的时候,罗马已经起来了,到了公元纪元之前不久,越来越强,后来罗马帝国吞并了希腊,把希腊变成了一个行省,古希腊的历史也就结束了。我这样说是非常粗线条地讲这个古希腊的历史,现在人们对希腊又开始注意起来了,比如说有写希腊哲学史的,有写希腊思想史的,实际上思想史和哲学史也不大分得开。但是现在还没有人写一个比较全的、整体的、一看就明白的"希腊史",因为实在是太难写了,从什么时候开头很难找到。一想到那个远古的时候,比如说荷马史诗,大家都知道,但是是不是真有荷马这个人呢?还是众说纷纭的。

前面我主要把古希腊从公元前5000年到公元前6世纪末这一段历史的轮廓讲了一下。下面要讲**三次战争**和**四次改革**(讲战争并不是要讲战争的过程,那个可以在书上找到),这几次战争对于古希腊的命运起了非常重要的作用。

三次战争

第一次战争是希波战争,就是希腊—波斯战争。希腊—波斯战争实际上不是一次,里边有好多好多战役,所以在英文里边希波战争叫 Persian Wars。这些战争的意义在于雅典联合了斯巴达,联合了其他的城邦,把一个非常分散的希腊团结在一起,同一个比希腊要强大得多的波斯进行战争,最后把它打败了。

关于希波战争，同学们主要去看希罗多德的《历史》，这部书非常好看，翻译的也很好，上下两册。这部书的前一册就是讲波斯的情况，讲埃及的情况，讲两河流域的情况，并没有讲到战争本身，而是为战争作了铺垫。这本书告诉我们，在那个时候波斯帝国就是当时的超级大国，就是一个霸主。它最厉害的时候东到小亚细亚，西到埃及、意大利沿岸、地中海西岸，而且占了不少希腊的领土，气势汹汹，是一个不可一世的国家。

希腊如果不把波斯打掉的话，希腊就没有出路，希腊的各个城邦都要受到威胁，所以就发生了希波战争。希罗多德这本书可以使我们了解到古希腊文明成形之前波斯、埃及等国家和地区的情况。

波斯当时的情形是什么呢？上一讲讲过，波斯当时有一个国王叫作居鲁士，这个名字在《圣经》的《新约》里面都有。他那个时候统治着波斯，成为波斯的一代霸主。他有一天晚上做了一个梦，梦见他手下一位大将的儿子闯进了他的宫殿，突然发现这个年轻人肩膀上长出来两个大翅膀，一个覆盖了亚细亚，一个覆盖了欧罗巴（这是"欧罗巴"这三个字在史籍里边最早出现的记录），他当时就感到这个梦不妙，这说明有人要篡夺他的王位，要向他夺取权力了。这个人是谁呢？这个人就是后来非常有名的波斯国王大流士，也就是他后来领导波斯同希腊进行战争的。

这次战争里边有很多故事，比如说马拉松（现在奥林匹克运动中的马拉松比赛），就是出现在希波战争中。马拉松是一个海湾，距离雅典40多公里，在这个地方雅典人和波斯人会战，战争打得很惨。在胜负初决的时候，有一个雅典士兵从马拉松海滩跑回雅典去报告前方的军情。他跑得非常快，40多公里一口气从马拉松海湾一直跑到雅典城下，大声喊："胜利了！"这马拉松赛跑就从这儿来的，就是长跑。这次战争的情况是非常惨烈的，在马拉松海滩上堆积起双方很多的尸体，自然而然的就形成了一座古坟。这座古坟据说很大，就被保存下来了。后来有人说是真的也有人说是假的，在19世纪的后期有一个考古学家对这个古坟做了考证，结果他认为这是真的。这样马拉松海湾就成了世界上著名的古战场一景了。但是重要的还不是在这个地方，重要的在于希波战争以后，雅典兴盛起来了，就是在伯里克利执政的时候。但是在希波战争快将要结束的时候，雅典与它的同盟斯巴达之间已经开始冲突了。

接下来就是"伯罗奔尼撒战争"，也是雅典的极盛时期。所以雅典的极盛时期是和战争联系在一起的。我要介绍的第二本书，就是修昔底德的《伯罗奔尼撒战争史》，也是有中译本的，商务印书馆有翻译，非常好读，它的附录很厚，但很好看，可以帮助了解这个时期希腊的民俗、社会状况、思想状况，特别是人民的精神状况。

修昔底德这个史学家，关于他个人生平的资料几乎没有，可能是遗失了，挺可惜的。不像希罗多德大家都知道，材料里边都有。希罗多德被称为"历史之父"，他的著作应该说是西方第一本完整的历史书。而修昔底德，因为他在写《伯罗奔尼撒战纪》的时候，对希腊的政治情况、文化社会情况都有所议论和评论，因此西方人把修昔底德看作是历史批评家中的第一位。

第三次战争就是亚历山大东征，过程可以看历史书《亚历山大东征记》，那个就是一本战记。主要是前两本，建议大家看一看，也不一定当作教科书似的，从第一篇看到最后一篇，你大概地翻一翻，浏览浏览，有意思的东西可以留心一下，多看几遍。比如说我讲的那个伯里克利的悼词，那就多看看，甚至像你们念古文那么念，真是可以朗朗上口。这是我讲的三次战争。另外就是几次改革。

四次改革

这几次改革应该说是雅典的民主制度从公元前1000年以来的经验的积累。这些改革的重点用两句话概括：一句叫主权在民；一句叫轮番为治。这些改革重要的有四次：

第一次是公元前600年，叫作"德拉孔立法"。德拉孔，不知道他的详细情况，可能也是一个执政官。他立了一条法，动摇了寡头政治，使得公共事务不能几个人说了算,违反这个法律的或者犯了罪的就采用极刑。后来"德拉孔"这个字就变成了"严酷"的意思。这是第一次改革。

第二次就是"梭伦改革",在这些改革里边"梭伦改革"影响最大,虽然是一而再,再而三地出现僭主政治,但是梭伦改革的思想,包括里边的一些内容,凡是改革派都是接受的。直到现在,西方的民主制度还是受他的影响的,提到民主传统时总要提到梭伦。

第三次重要的改革就是伯里克利改革。伯里克利改革发生在希波战争和伯罗奔尼撒战争之间,他改革的特点可以概括成这么几条:一、在民主政治中,贫困不能阻碍一个公民参与城邦公共事务;二、对政府工作人员实行工资津贴的制度;三、政府的工作人员从人民当中抽签产生,任期一年,一年以后再抽签(梭伦的改革到了伯里克利的时候有了直接民主的形式,同后来的代议制有所不同);四、元老院和公民会议作为决定城邦政治事务的机构,公民会议凡是18岁以上的男子都可以参加,人员由各部落推选产生,但奴隶和妇女除外,所以这个民主还是有限度的。在公民会议里边实行表决制度,参加公民会议的是推选产生的500人和所有公职人员,大家一起讨论城邦的事务。希腊民主制度或者说雅典的民主制度,到了伯里克利时是比较成熟的。

大概在公元前570年,还有一次小的改革,叫"克利斯提尼改革"。他的改革有两个具体的内容:一个是实行村社自治(部落下面的各个村社,村民自治);另一个是"陶片放逐法",有点像现在的公民投票,民意测验,就是谁对哪个公职人员有意见要揭发他,就写在一个陶片上,然后交上去,哪个人该放逐就根据这个。

这些改革不能说都完整地实行了,在那个时候也不太可能。我们现在提到希腊的宫殿如何如何,那个宫殿建筑还是很粗糙的,而留下来的一些宗教的神庙,现在都是古迹了。当时的生活状况、生活水平、人民的思想状况跟现在都不一样,我们不可能用今天的眼光去看那个时候的民主,但是它有一个精神在,有一个立下的传统在。黑格尔所说的,"想到希腊就有家园之

图二　萨莫色雷斯的胜利女神

感",就是在这个意义上说的。实际上,古希腊那个时期是战乱不断的,城邦之间的战争非常多。而且打仗的手段非常的原始,或者是非常的野蛮。真正有战争样子的,也就是我刚才说的那几次战争。现在讲希腊精神是把它抽象出来说的,不能用近代、现代的眼光去看希腊,只能是看它的精神,比如说勇敢、奥林匹克精神;提倡求知,它的哲学的根本就是求知,求智慧;爱美,大家都知道维纳斯的雕塑,那是美的标准的象征;绘画的艺术、诗歌的艺术、戏剧的艺术都是从希腊来的,几大喜剧家、几大悲剧家、几大哲学家都是从希腊过来的,这讲的都是希腊的精神、希腊的传统。希腊这个问题真要是详细地讲起来,我觉得整个是一个学科,不是我们几堂课这么讲讲就能使大家很了解,这里面只勾画了一个轮廓。这个轮廓就是三个时期,几次改革,几次战争,城邦民主或者叫城邦制度综合起来的希腊文明。由此我给同学们介绍一本书——《顾准文集》,其中有一篇是关于希腊城邦制度的。顾准是在他受到迫害,人身没有自由的情况下,去研究希腊的政治制度的。他的几句话,完全可以作为对整个古希腊文明的总结：
"希腊古代学术文化，首先兴起
于小亚细亚，那里是史诗、抒情
诗、自然哲学、自然科学的故
乡……现在（雅典时期），雅典
是希腊世界的中心，它的建筑活
动吸引了一大批建筑家、雕刻家
来到了雅典，在它的内部，兴起
了渊源于诗又超过了诗的戏剧。
它的民主生活又使得议事会、陪
审法庭和公民大会成为说话的
艺术即雄辩术的广阔用武之地。
雄辩术可以使一个普通公民成
为民众的领袖，这是讲它的民主
生活。在这种情况下，雅典总的
学术文化十分活跃，雅典公民在
政治生活中获得了广泛的支持，
希腊世界各地的知识分子也群
趋雅典，伯里克利接近的人中有
米利都自然哲学学派的哲学家
阿拉克萨哥拉斯（Anaxagoras），

图三　维纳斯立像

有雕刻家菲迪亚斯（Phidias），有希腊历史之父希罗多德，都来自外邦。著
名的诡辩学家普罗达哥拉斯（Protagoras）、高尔吉亚（Gorgias）都到过雅典，
为豪富子弟当教师，收受巨额报酬。伯里克利的下一代，就在战乱频繁的伯
罗奔尼撒内战时期，雅典的苏格拉底（Socrates）兴起为一代哲学宗师，此后
希腊哲学的四大派：柏拉图、亚里士多德、伊壁鸠鲁、斯多葛（Stoic）都起于
雅典，学派的中心也一直在雅典，直到罗马时代。"这段话我觉得顾准概括

得非常好,把我说的两段时间——一个是古希腊文明成形前的那段时间,一个是古希腊文明本身那段 1000 多年的时间——都概括在里边了,这本书还讲到了城邦的问题,大家可以好好地读一下。

我再顺便说一下,上次讲到的考试的问题,写一篇读书笔记。在我给大家介绍的书中,有一本雷海宗先生的《西洋文化史纲要》,但是这本书你是没有办法把它从头看到尾的,它是一个纲要。雷先生原来是清华大学历史系的教授,后来留学到美国,回来后到武汉大学教书,期间写了这本书。那是一个非常全面的索引。如果你已经有了世界历史的基础知识,有了西洋文明的基础知识,你要查点什么东西,或者要从里边得到什么启发,那你就参考雷先生的这本书,它是一本很好的参考书。但是问题就是你如果想从头到尾地看,那就是一本非常枯燥的书,它就是一些条目。

另外,再次重点推荐你们去看《西洋史》,陈衡哲写的。如果你们能把《西洋史》吃透,我这课就可以不上了。陈衡哲是五四时期的一个女中豪杰、女作家。她写了一本《西洋史》,胡适给它作的序。这个序上说,这本《西洋史》是非常有特色的,她用文学的笔法去写枯燥的历史,所以使得这本书非常生动,那是上个世纪写的,我向各位说一句冒失的话,我看了陈衡哲的这部《西洋史》,到现在为止,还没有看到有谁写西洋史超过她,无论从她的描述还是她的文采,当然她有一些看法你可以批评。现在陈衡哲被人注意起来了,辽宁教育出版社重版了《西洋史》,所以现在去图书馆查,可能是查到辽宁教育出版社出的《西洋史》。可惜的是,胡适的序没有给印上,不知为什么。我重点希望你们看看这本书。如果你们真的看完之后,再听我下面所要讲的,包括我现在讲的,你们都会提出一些问题或者不同的意见,这是一本很基础的《西洋史》。

好了,留下的时间大家提提问题。

课堂提问与解答

1. 请教陈先生:古希腊文明(文化)与中国古代文明(文化)有无可比

性? 如果有,最大的区别是什么?

答:这是一个大问题,并且很难讲清楚。但是我觉得有些东西有共同点,比如中国的春秋战国时期,这里的古代我不晓得涵盖什么,就拿春秋战国来作为古代,它同古希腊文明都是一种文化的起始,文化的起始和发展都有一个特点,这个特点是个蓬勃的形象,这也是黑格尔的一句话,在这种状态之下,它们的精神状态都是一种青年的状态,也就是我们所说的 youthful 的状态。所谓的"百花齐放,百家争鸣"就是在那个时候。到了秦始皇时期,到了汉武帝时期,就是"罢黜百家,独尊儒术"。就"百花齐放,百家争鸣"这一点来讲,在形象上,并不是说内容上,同古希腊的那种"自由辩论"和在学术文化上的所谓"柏拉图学园"是很相像的。

至于区别,我觉得最大的区别就是中国在古代的时候,在三皇五帝的时候开始就勾画出了中国未来的政治文化发展的一个粗线条或者叫一个"引子",叫作"专制",即政治文化上的专制。我们现在经常讲孟子有民本思想,如说"民为贵",那与"民主"还是两回事。我简单说一句话,你从我们的古圣先贤当中想要找一篇像伯里克利的悼词一样的文章出来,是找不到的。那是对人民,对普通人的尊重,让普通人参与政治生活。

2. 您讲到古希腊的民主还很粗糙,相比之下,古代中国的改革、法律和战争是否与希腊有相似之处? 中国的文明是否更精致、更细腻?

答:我只能回答第一个问题。古希腊的民主是很粗糙的,并不是很精致,它的一个很重要的思想就是尊重人民的意见,像伯里克利的一篇稿子整个讲的就是人民的利益。中国的文明是不是更精致,更细腻,这个很难比较,中国那时候的艺术现在也没有留下来,春秋战国时期现在挖出来的那些东西跟古希腊的那些雕塑比究竟谁更美一点,这是审美的问题。

3. 您认为代议制民主大致起源于何时? 是源于古希腊吗?

答:从今天来讲可以说是"源于"古希腊的,但代议制民主很难说是起源于何时。我觉得代议制民主大致是起源于英国十六七世纪,也就是英国革命以后。其实英国革命以前已经出现选举制了,但是没有成为"代议制",所以说没有一个确定的日期。

4. 民主制度为何能够在雅典建立起来?进一步说与斯巴达比较,从城邦建立这个同一起点开始,雅典为何会有几代精英人物推行改革,逐渐把民主制度在雅典建立,而斯巴达却没有?

答:这个问题提得不错。为什么能把雅典建立起来?这里有几个因素。一是雅典的地形条件,雅典的发达和希腊的向外扩张就是现在在小亚细亚等一些地方,很重要的原因是雅典离这些地方很近。小亚细亚的文化是从爱琴海的克里特岛开始,离克里特岛最近的就是雅典,所以雅典是得了人文的好处,本土涌现出了很多人,人的因素还是很重要的。雅典的经济也比较发达,商业也很发达,并且交通四通八达。这也是黑格尔的一句话,即"希腊文明从哪里来的",他说是"从海上来的"。它不是一个孤立的东西,它会从它周围的民族学到点东西,也许雅典的文化是殖民化的,雅典的经济和文化的发达都与它周围的邻国有很大的关系。这是其他的城邦,如斯巴达所缺少的。

5. 陈老师,您刚才讲到了伯里克利时代的"轮番为治"的改革。那么,请问伯里克利自己是否也在轮番为治的行列?他在雅典政治体制中居于什么地位?他是怎么保证有效推进改革的?

答:后来的史学批评家把雅典的民主制度总结出来,说是"主权在民,轮番为治"的一种政治制度。"轮番为治"就是不要世袭制,古希腊没有世袭,不是父权主义,都是经过一群人推举出来的,所以谁有能力,谁有办事的本事,谁就被推举出来,这就是能人主义。设想当时的情况,不会是像我们现在代议民主这样的制度,城邦都很小,召开公民大会说选谁,谁就被选上,那时候的选举是非常粗糙、非常原始的。这种形式在各个城邦、各个古老民族都曾有过,但雅典更典型。那时候的国王你也不能设想像拿破仑那样,也不像后来莎士比亚写的那样,他不过是一群人的头,可以叫作"国王",也可以叫别的什么,他与人民之间的距离,不像后来国王跟人民之间的距离那么大。伯里克利的那篇悼词是全体人民推举他作的,而不会推举其他人,所以他才作的。伯里克利的改革,刚才说的那几点,也是后来人总结出来的。他的改革确实使得雅典工商业发达了,文化水平提高了,教育水平提高了,雅典的普遍文明水平高于其他城邦。因此所谓"希腊精神"其实就是"雅典精神"。

6. 从对苏格拉底的审判,到十字军东征,到宗教改革,到新教的清规戒律和自以为是,我们看到的是三个字——不宽容。希望您谈谈对这方面"西方文化传统"的看法。

答:民主、自由、宽容、美好、灵感等等这些体现精神抽象的字眼都不是绝对的。比如我说自由应该涵盖它们,那你可以说是这样么? 我就可以讲在自由的这种辩论当中,对对方,对辩证的对手极不宽容。鲁迅提过自由吧? 但是鲁迅说:跟我结仇的人我到死一个都不宽恕他。我想很多东西不能绝对地对立起来,得看那种精神的实质才行。西方文化的传统,我的总的看法,我的文章已经这样写了,至少我现在还这样认为,就是两个核心:民主与科学。这是我们"五四"的时候提出来的。你说这里面有没有"不宽容"? 当然有,有很多的不宽容。另外主观上的宽容不宽容,从客观上造成的结果是什么? 作为历史学者的眼光来看,也应该做这样的分析。比如说"十字军东征",这是以后要讲的。不管从哪里的文献,从我们自己写出来的东西,或者是从西方写的这个"十字军东征"的风格来看,没有人说十字军东征不残酷,杀人盈野。可是结果是什么? 结果是一个东西方文化的融合,是阿拉伯文化进一步向西方的渗入,在那个时候的阿拉伯的文化是相当先进的。所以,看你怎么看,从哪个角度看,从历史的结果看,还是从当时一时看。在欧洲、在西方的文明里面,"不宽容"的例子那是历历可数啊。英国的克伦威尔取消了君主,他自己成立了共和国,那是第一次英国有了共和国,但他不是把查理一世国王砍了头么?怎么就那么"不宽容"呢?这个宽容不宽容要看怎么样的一个说法。政治斗争肯定残酷,但是人文精神总的是宽容和自由的,这就很复杂,这是一个残酷的现实。

7. 后来有学者提出苏格拉底与智者其实并不是截然对立的,而且智者学派并非一无可取,其与希腊的民主制度有着某种关系,如雄辩术所产生的民众领袖,还可能产生了律师职业,您如何看待这个问题?

答:我同意上面的说法。雄辩术同苏格拉底时的哲学家并没有截然的区别,都是在探讨一些宇宙的问题、自然的问题,还有人生的问题。区别就在于那个诡辩术呢,后来把它翻成诡辩,它的问题就是"诡辩"。其实苏格拉底,柏拉图的对话里写的苏格拉底,让我看也够"诡辩"的,从一个概念到一个概念,简直是偷换概念,应该说是有区别,但也并不完全是一清二楚。至于说诡辩术发展出律师,我觉得完全可能,现在你们大学生辩论会我看就有点像,一个论"正方"一个论"反方",我如果选着反方了我偏偏赞成正方的意见我怎么办?那怎么办,想办法呗,为反方辩护。我现在不愿意用sophist这个词。但是呢,确实这种辩论术,从希腊开始的辩论术啊,能够成就人才,至少展示人的口才,展示人的思维,展示人的这个思维的系统化,律师也可以从这里面出来,政治家也可以从这里面出来,参议员众议员也可以。我们现在就少这个东西,结果我们的人经常拿不出场面去,说话笨嘴拙舌,几句话说得不成样子。我们过去小的时候有一门课,就叫作"说话"课,你把一段话说得清楚。我看有点像这个"诡辩术"。

8. (1) 古希腊民主制度最辉煌的时期,是杰出领袖伯里克利个人号召力、影响力最强的时期,而其从巅峰时期衰落,则是一个群龙无首、意见不一的过程,这是否意味着精英和大众的相互制约是确保民主有效率的必要条件?

（2）古希腊时期，野蛮文明可以战胜礼法文明，这与蒙古铁骑可以逐鹿中原如出一辙，即在生产力和公共理性尚不发达的时代，国家的竞争力并不以文明的精致程度为决定因素。而当今在儒家文明与基督教文明的竞争中，我们可以看到创造更多经济福利、带入更精致化生存状态的西方文明具有更强大的军事和经济实力。在各项指标的比较中，似乎儒家文明落后了，这里边是否有一些根本因素起作用，例如思维方式、世界观、调节人际权力关系的基本规则等？

答：你这个问题，我觉得很大又很广。你这里边可以包括许多问题。我最近看到一些文章，在《书屋》上，何怀宏写的，写的雅典。他一写雅典我就马上想起今天的美国。但是有一点他没有提出，这不是批评他，古希腊跟现在这个世界差着好几千年，这些是不太一样的。如果你在讲文明的本质，那确确实实的要从西方来讲，从古希腊开始一直到现在的欧美文明，你会发现文明的本质。中国也是一样，也得这样做，才能发现文明的本质。那么作为本质来说，是说它的"本质"，不是说由本质派生出的这种"异化"的问题。怎么叫"异化"的东西呢？比如科学发展，结果造出了克隆人，发展出来炸弹、原子弹，大规模杀伤性武器，变成了摧毁文明的工具了，这是"异化"的表现。民主也可以"异化"，可以异化到"多数暴政"，这是托克维尔的看法，其实那少数可能是正确的，但是多数压倒少数，少数反而得不到认可了。苏格拉底恐怕也是多数暴政的结果，我们中国的政治文化，从古代到19世纪初，到19世纪中叶，我们是两个主义，一个是"专制主义"，一个是"臣民主义"。那西方的民主，西方的这个"文明传统"，科学和民主，会不会发生"异化"，造成不好的东西？刚才我说了，任何东西都会发生"异化"。这是我准备再继续思考的一个问题，例如西方的民主发展到今天，有没有"异化"的现象？就是它有没有反民主的现象？或者不大符合过去思想家所提倡的这种民主，这我还说不清楚。难道这个民主制度，就一劳永逸不出问题了吗？我们讲自由主义，讲自由，自由主义不出问题么？我们就不能说得那么绝对。但是本质的东西还是本质的东西，不能说我们现在还缺少民主，我们的民主制度不完善,就去责备人家的民主,说你那个民主更糟糕。而我们的任务是什么?是把我们的民主和法治搞得更好一点。不能够因为人家有毛病,我们自己的毛病就可以原谅。所以你提出的那些问题我感觉是很综合的,其中我觉得最重要的一点,是要学会一个多元的思维方式;思维方法,不是单一的。我建议你们看一本书,我也向别的朋友介绍过,看看《伯林谈话录》,就是那个英国人伯林写的。因为他的书虽然很多,但是他这个谈话录,看起来比较简单,也好读,不是那么深奥。我很欣赏他那种自由的态度、自由的心态。他提倡多元,不提倡一元。很好看,你可以看看。当然也有人批评这本书,说伯林写得太滑头,对于一些大的政治问题不正面表态,不去陷入人们所关心的问题,只是讲他个人的这个所谓的"消极的自由",有人批评他,我觉得批评的可能也有道理,但是我还是很欣赏伯林这种心态。

9. 老师刚才您讲到"异化",我想到在历史长河中民主的具体操作有所变化,这就是说伯里克利的号召力和影响力最大的时候,也是古希腊文明最辉煌的时候;此后民主制度异化了——或者说恢复其字面含义了,再无人具有伯里克利的号召力和影响力,古希腊文明也开始衰落。这是否说明民主本身就需要一种制约?民主刚产生之时就具有精英统治的某种含义?

答:伯里克利的民主应该说还不是很完善的,而且伯里克利以后,也确实没人了,后继无人。一个国家总有盛的时候,有衰的时候。特别在古代的时候,盛衰相互之间的更替是很自然的事情。

第三讲

罗马兴衰一千年

　　今天讲讲古罗马。这里古罗马的含义是从公元前 509 年所谓"共和时代"起到西罗马帝国灭亡(476)这么大约一千年。如果算上以前所谓"王政时代",那就要向前推到公元前 8 世纪了。所以"罗马兴衰一千年"只是一个很有弹性的概念。现在教学改革之后的学期是短学期、长休假,我看这也好,可以使大家能够比较自由自在地根据自己的兴趣和志愿读书,并接触社会。但是,这样也给授课带来难题,第一点就是怎么样把我这张纸列的东西十几次就把它讲完,这是一个困难。像希腊、罗马,希腊是一千年,大体上讲它的一千年,罗马大体上也是一千年,在罗马帝国以后进入了中世纪,也是一千年。一千年要在两个钟头当中讲完,这确实有一个讲什么不讲什么的问题,所以我想只能给同学们一个轮廓,然后同学们可以根据这个轮廓自己去找书读,把讲课的提纲丰富起来,这是一点要讲的。第二点呢,就是我们这个课叫作欧洲文明史论,史的成分不多,史的成分是靠大家自己去读书,主要还是一个"论",这个论多多少少带有点我的主观成分,有的是大家都一致的看法,有的就不见得,带有我个人的色彩,这一点同学们在听的时候要自己分辨。用你们所读的书,所得到的知识以及你们的思考和你们的想象力去提出你们的看法。第三点要说明的,就是整个的讲课设置,多多少少有一点是厚今薄古,主要是讲近代以后。作为欧洲文明能够对世界发生影响,包括美国和其他地区在内,主要是近代欧洲文明,所以就把希腊、罗马和中世纪讲得简单一些。我对欧洲文明的看法更多地是放在近代和当代。总起来看就是这么安排的。

正如我上次说过的,也几乎是西方人的共识,就是希腊是欧洲文明的一个源泉。当然古希腊的来源还有两河流域、小亚细亚等更远一点的。但是成为希腊文明本身所谓希腊的精神,这是欧洲和欧洲文化的一个源泉。另外也还有一个说法,叫作希腊、罗马、基督教是欧洲文明的源泉。这些说法都不错,但是得有些分寸、有些比较。

最近有一位英国学者写了一本书,这本书的名字叫作《罗马的遗产》(*The Legacy of Rome*)。人们都说希腊文明是欧洲文明的精神来源,希腊文明对欧洲和美国影响最大。这个作者说,其实罗马比希腊对后世所起的作用更大,所以他就写了一本《罗马的遗产》。他这本书我没有看过,但是我看了一篇我们中国人写的评论。在这篇评论里边,根据他的理解,就认为罗马对后世的影响确实是大于希腊。于是这篇文章就多多少少对罗马文明有所提高,对希腊文明有所贬低。

我觉得这是我们中国人的一个毛病,不大习惯于分析,要么黑就黑到底,要么白就白到底,听到一个新鲜的理论就跟着这个新鲜的理论跑,而不是自己动动脑筋想一想。我觉得这是学习、做研究工作的一个大忌,很大的忌讳。书不能不读,但是不能不用自己的脑子去想。孔老夫子说过:"学而不思则罔,思而不学则殆。"学和思是连在一起的,光是学而不动脑筋,白学;光是瞎动脑筋而不学习,也不行,那是瞎想。我觉得对于希腊和罗马文明,我们也应该有判断的能力和判断的意识,我这几句话,同学们可能已经理解了我的意思。如果做一个比较的话,我认为罗马的文明比起希腊的文明,是差得很多的!

罗马一千年的历史,有一个特点同希腊不同。希腊一直是各个城邦分散着,一小块一小块的,一个小块就是一个城邦,一个城邦就有它的自治制度,各个城邦发展的程度当然不一样,但出现了一个典型,就是雅典的民主制度,也就是我上次说的伯里克利在悼念阵亡战士的悼词里面所讲述的那些东西。伯里克利以后还有一个中心的时期，那就是马其顿国王的亚历山大东征把希腊的国土扩大了，以后希腊就渐渐地衰落，一直到罗马把希腊变成了自己的一个行省，希腊就此等于是亡国了。罗马的情况与希腊不一样，罗马是从一个点逐渐发展开来，用战争的手段，用征服的手段把罗马逐步扩大，扩大成为我们所知道的罗马帝国，覆盖了绝大部分现在的欧洲，还包括一部分小亚细亚，和一部分北非，成为跨欧洲、亚洲、非洲三大洲的这么一个庞大帝国。

远古时代，众说纷纭，有神话，有传说。关于罗马城的起源，有一种比较普遍的传说：人间女子西尔维亚与"战神"马尔斯交好后诞下一对孪生兄弟，西尔维亚的叔父因担心他们威胁自己的统治将他们抛弃。一只母狼发现了这对兄弟，不但没有伤害他们，反而哺乳了他们。这就是罗马人的始祖，所以罗马的象征是一只母狼，这当然都是传说。现在我们从古迹里面还能看到这东西的雕塑，一只母狼在给两个小孩喂奶。这"母狼"是最早发现的，小孩是后来文艺复兴以后给它配上去的，总之从传说上讲，这就是最早的罗慕洛和勒摩斯，也就是吃母狼奶长大的罗马人。而那个时候完全是个蛮荒时代。

为什么有个罗马城呢？据说最初的罗马人，就把罗马城的四周一块相当的面积挖了一个四四方方的沟，这个沟之内就是罗马城。这个罗马城里的人可能比较聪明、比较勤劳，也可能因为罗马城的地理位置比较合适，逐渐地就成为周围各个野蛮民族汇集的地方，比如说比罗马人更早的埃特鲁斯坎人（Etruscan），那是靠近罗马的。埃特鲁斯坎人在开始的时候是罗马人的对头，相互争斗，而且埃特鲁斯坎人其实也是一个比较有文化的"野蛮民族"，逐步地罗马人把埃特鲁斯坎人给征服了，慢慢罗马城就扩大起来了。和罗马城邻近的还有很多地方，一个叫作拉丁，就是我们现在拉丁语的拉丁，但是它的外文是写成 Latium。像拉丁这块地方就成为后来意大利的基础，也成了拉丁语的一个基础，这样罗马城的概念是逐渐形成了。

罗马人逐渐变得强大，一个一个征服了周围的各个部落，并且每个部落慢慢都有了自己的"行政管理机构"。历史学家说这是罗马"共和制"的开始。每一个部落,尤其是罗马本身有一个头。叫他什么呢?叫他国王?当时还没有一个国家的概念;叫他皇帝?当时也没有皇帝的概念,反正就是个头就是了。这个头呢,就成了这个地方的第一把手——元首了。现在的历史书上笼统地叫他"国王",这个是使人糊涂的。这个头在当时是选举产生的,就是当地一些人推举一个名人,有能力的人作为他们的首领。

其实中国远古的历史也是这样,黄帝和炎帝也都是这么产生的。在蛮荒时代,谁有点本事谁就去当了头。所以罗马的共和制度"republican"从什么时候开始是不清楚的。什么时候开始清楚的呢?就是后来随着罗马势力范围的扩大,渐渐地区分出来力量比较强大、知识多一些,本领比较大比较能干的这么一批人现在叫作贵族,实际上就是上层人物;另外还有大量平民,现在我们叫老百姓。贵族也好平民也好,他们在进行生产的时候都带领着一批给他们工作的奴隶,所以这个平民是自由民。这样大概公元前3世纪、前2世纪的时候,大体上贵族和平民分得就比较清楚了,而且势力不相上下。

地区扩大就需要治理,因此就产生了一种组织,这和希腊差不多,现在管它叫元老院,主要是由贵族产生的,在贵族里边选举出来的。这样在平民和元老院之间就有一道鸿沟,因为利益的缘故,就经常发生冲突,这个时候的平民不是贫困的"贫",是平常的"平",在历史书上叫作 pleb。

地区的扩大,靠的是征伐性的战争,开疆扩土,罗马自古就与战争结下不解之缘,东征西讨。这些战争和希腊城邦之间的战争不太一样,希腊城邦之间的战争就是一个城邦对一个城邦,罗马的战争是对外征服,如果把罗马的将领叫作文明人的话,那就是文明人对野蛮人的征服,遇到了野蛮人,野蛮人要抵抗,那就要打。历史上比较有名的,如公元前264年到前146年之间,打了三次"布匿战争"(Punic Wars),到公元前2世纪末,罗马占领了几乎整个地中海世界。恺撒上台后接着打,最有名的是攻占高卢,恺撒留下了一本《高卢战记》。高卢有它的古文化,是法国的祖先,所以现在法国人自称是高卢人的后代。在法国有一种有名的香烟,香烟的名字就叫作"高卢人"。恺撒征服了高卢,然后继续往北去,渡海到了不列颠,也就是现在的英国。当然在英国——当时也不叫英国,叫不列颠——受到了当地人的反抗。留下了很多古罗马式的建筑,到现在还看得见。到屋大维时期,罗马便成为跨欧、非、亚的庞大帝国,地中海成了"我们的海"。

在进行这些战争的同时,庞培和恺撒发生了冲突,因此在共和时期又进行着内战,混战中,恺撒被刺,庞培也损失惨重。恺撒被刺之后,他的养子屋大维继承他的位置。恺撒临死以前已经为共和国变成帝制准备了条件,因为当时恺撒已经是孤家寡人了,越来越孤立,元老院也不大听他的了,所以恺撒就自封为"独裁者",实际就是"行政长官"。他这个官的名字叫"dictator",就是我们现在所讲的独裁者,就是一切命令属于恺撒。恺撒死了以后,屋大维获得了无人能及的地位。公元前 27 年,元老院授予他"奥古斯都"的称号。这里边有很多故事我不去说了,有些故事是传说,比如说恺撒手下的大将安东尼打到埃及跟克娄巴特拉结婚。有一个电影叫作《埃及艳后》大家都看过。屋大维称帝的时候给自己起了个名字叫作"imperator",什么意思呢? 就是发命令者,发命令的人。你们念英文都知道有个词 imperative,就是命令式。这也就是后来的皇帝——emperor 的来源,那么 empire——帝国也是从这里来的。

屋大维做皇帝以后,在前一段时期应该说还是很有建树的,在以后一直到公元 476 年,西罗马帝国灭亡,这一个时期一直是罗马帝国时期,经历了一代一代的罗马皇帝。这些皇帝里,有些是比较贤明的、比较好的皇帝,有些是很无能的,也有的很残暴,最残暴的大家都知道有个尼禄,以暴虐著称,以施行暴政著称。大部分时间的罗马帝国应该说没有什么很大的起色,总体说来是一个逐渐消亡逐渐衰微的趋势,中间有几次"中兴",有点起色,但为时不长,比如说有一个皇帝是戴克里先,这是一个中兴之主,做了一些有起色的事情,但他也是东西罗马分治的一个起源。他在东罗马,刚才不是讲了吗,罗马帝国把东边都给占了,统一成了一个罗马大帝国了。戴克里先也经常到东罗马去,所以他是东西罗马分治的一个起源。到了君士坦丁大帝的时候索性把罗马的国都迁到了君士坦丁堡,就是现在土耳其的伊斯坦布尔,这样呢,东西罗马就分治了,西罗马帝国——大体上相当于现在的西欧,包括一部分北非;东罗马帝国——以君士坦丁堡为首都,又叫作"拜占庭帝国"。

但是到了3世纪以后,罗马就慢慢地衰微了。衰微的原因是什么?一般说,首先是仗打得太多了。如果说希腊的精神在于文化,在于自由、民主的精神,那么罗马的精神的特点就是行动(action),主要就是它的战争,到处打,仗打完了,它也疲惫了。为什么呢?罗马人,也就是它自己的人充其量也就那么一些,每打到一个地方就要管这个地方,就把这个地方变成罗马的一个行省。有一个行省就得在那里安置一个头,也就是要有一个将领,因此将领是越来越多。罗马帝国实际上是一个皇帝,但是行省一个一个各自为政,都是一个个的"小王国",所以罗马帝国到后来是一个松散的东西,这是一个原因。第二个原因实际上从共和时期已经开始,叫作腐化堕落。当将领的,当元首的,当执行官的,包括元老院里边的贵族,财富越来越集中在他们手里,因此,用我们现在的话来说就是骄奢淫逸、贪污腐化。我们看电影也能看到这些,描写古希腊特别是古罗马时候的那些电影,那些故事,都是不得了的。财富的大集中,行为的腐化堕落到极点了。

这两点是罗马帝国亡国的内因,也有外因,而且是相当重要的,就是在古罗马发展过程当中,比古罗马人要野蛮的北方的日耳曼人慢慢地发展起来了。大体上公元200年左右的时候,日耳曼人的各个部落——日耳曼人有很多部落,你们在书上可能经常会看到,比如说哥特人,西哥特人、东哥特人,都是日耳曼人,还有法兰克人,法兰克不是法兰西啊,两码事。法兰克是古老的日耳曼的一族。日耳曼人慢慢地强大起来了,越来越向罗马进逼,直到和罗马发生直接冲突,给罗马造成非常大的压力。一方面呢是罗马在腐化、在堕落,另一方面是日耳曼正以一种新兴民族的姿态向南逼近。那么在这种情况之下,罗马人越来越敌不过日耳曼人。这就是公元4—6世纪欧洲西部的民族大迁徙。什么是民族大迁徙呢,就是日耳曼人向整个西欧大迁徙,逐一地占领罗马的阵地和领土。

罗马人把日耳曼人叫作"蛮族",就是不文明的民族、野蛮民族。但是,罗马人看错了,实际上日耳曼人在向南进攻的时候、占领罗马阵地的时候,日耳曼人已经有相当的文明了。一个是它自己的文明,日耳曼人以强悍著称,以遵守纪律著称,还有它自己的土著文化;再加上它每占领罗马的一个地方就吸收了当地的文明。日耳曼人向南推进,直到公元476年西罗马帝国灭亡。在这个过程中,日耳曼人已经是一个文明民族了。由于它在这一个漫长的过程当中也吸收了罗马的文化、罗马的文明,于是形成了所谓"日耳曼-罗马文明",这个以后还要谈。

但是东罗马帝国,就是拜占庭帝国,还继续存在着,而且在文化上很发达。原因当然很多了,拜占庭帝国以君士坦丁堡为首都,那个地方没有沾染罗马的旧习气,它是正在兴起的时候。希腊文化直接影响了东罗马帝国。因为东罗马帝国的主要阵地就是希腊和土耳其这一带,所以在文化上,相当长一段时期,东罗马帝国比西罗马帝国的文明昌盛。东罗马帝国没有受到日耳曼人的侵占,直到1453年,土耳其帝国即奥斯曼帝国兴起,才把东罗马帝国灭亡。现在我们讲到的西罗马,指的是西欧这一块。到西罗马帝国灭亡的时候,中世纪开始了,这是历史的划分,中世纪的问题我们以后再说。

以上所讲的,就是古罗马的历史简述。

刚才有一位同学,写了一个条子来,我现在就把这个条子说一说,因为它和上面讲的内容有关系。

这个条子讲:"我最近看《全球通史》时提到古罗马的灭亡在很大程度上是由于技术在奴隶制的阻碍下缺乏发展动力,导致帝国无法负担庞大的疆域,但与一个同学讨论时又认为当时罗马的各个行省中已经产生了封建制发达农业,所以罗马的灭亡并不是由于经济的原因。请问从内部看,经济到底是不是导致其衰落的重要因素?"

我想这个问题,不能够用一句话来说,比如说:西罗马帝国的灭亡就是因为什么原因,就是因为经济原因,或者就是因为技术原因,我想任何一个单一的因素,都不足以使一个那么庞大的帝国灭亡,罗马帝国灭亡的原因是综合性的。比如说,罗马本来的根基是很小的,它通过征伐、战争把疆域扩得那么大,它怎么管得了？在当时那个行政手段极其贫乏的时候,它管不了。罗马帝国灭亡的原因,比较广泛的共识,就是一个:战争太多。

另外一个是经济原因。经济原因包括各个方面:既包括各个行省都有它自己独立的经济,形成不了一个帝国的经济,也包括它由于经济和财富的垄断、集中而造成各种腐化、各种人心涣散,使得帝国难以维持。

关于这个问题呢,我建议同学们读一读孟德斯鸠的一本书,叫作《罗马兴亡原因论》,你们都知道孟德斯鸠写了一本《论法的精神》,而这个"法的精神"是根据什么呢？它的根据之一就是罗马帝国的经验和教训,这本书(《罗马兴亡原因论》)不大容易读,像今天这样讲过以后,如果你们再看孟德斯鸠的这本书,我觉得可能会比较容易一点。这本书很重要,是孟德斯鸠为了他的《论法的精神》而做的前期准备,专就罗马帝国的兴衰和兴衰的原因写的。这本书有中文的翻译本子,翻得不太好,不过你们可以勉强看下去,捏着鼻子看下去。一些学术著作、一些理论著作,非要捏着鼻子看不可的,这是必要的。

图四 孟德斯鸠(1689—1755),法国政治学家,启蒙时期代表人物。他的名著《论法的精神》对后世有很大影响。

对这个问题,我就说这么几句,你不能单纯说,"就是因为这个不对,它灭亡了"。大体上来讲就是,有外面的原因,有内部的原因。内部的原因就是它实在是太大了，任何一个英明的皇帝，他都没办法很好地管理各个相对独立的行省，虽然不到尾大不掉的程度，但是已经散了架。

至于这些行省有没有封建制的因素，我觉得在经济上可能有，它的行省有自己相对的独立的经济，但不同的是什么呢？它不是天子的封地，不是皇帝的封地。所以很难说在罗马帝国的时候，内部就有封建制了，很难这样说。说它已经有了封建的因素，这是可以的。而且每一个历史时期同上一个历史时期的接续，后一个历史时期总会在前一个历史时期当中找到它发生的因素和种子。不能断然分开。

我讲欧洲的文明，我自己脑子里有一个观念，就是既注意到历史的分期，又注意到历史的延续性。也正是由于这个原因，在我的提纲里面，我不写"中世纪"，你们看看我那提纲里面没有"中世纪"这三个字，而是写的"封建时期"。因为我觉得"封建时期"比起"中世纪"来说更加能够说明那个时代的特征。而"中世纪"就容易给人一种误解，一个我们过去经常有的误解，就是"黑暗时代"，好像整个中世纪都是"黑暗时代"，这个观点早已经修正了。

那么下面我要讲一些综合性的东西。对于古罗马这一段，包括共和时期和帝国时期，在文明方面、在精神方面，有些什么可以说的。

首先，古罗马，尤其是罗马共和制的时候。已经在行政管理上、在政治管理上，出现了三种政体。他们可能是同时并存的、互相交错的，也可能是相对独立存在的，就是贵族政体、王政政体，还有民主政体。这个民主当然跟我们现在的民主不一样。这个民主是小范围的、某个地区由人民公决的这样一种政体，特别是在共和时期有这种现象；而贵族政体也表现为一种——在实质上——贵族的或者说奴隶主的民主；王政那就不用讲了，是专制的、暴君的，甚至于帝制。这三种政治体制，在罗马时期都存在过。这种存在，它是无意识的，不是说"我故意要搞一种什么样的政体"，是自然地就这么发展下来了。

比如说共和时期，在恺撒和庞培的前期，他们实行的是一种带有民主因素的管理制度,他也不叫什么官,叫作 chancellor,现在不知道翻译成执政官还是行政长官。到了恺撒的后期,他自己的野心膨胀起来了,才把自己叫作 dictator,到了屋大维,那干脆就叫皇帝,上面已经讲过了。

在行政管理方面呢,罗马是给后人留下了经验的,这个经验也是它在统治的过程当中自然而然产生的,就是行省的管理制度。因为它(罗马帝国)是从罗马这一小块地方逐步地向外发展起来的,它每发展一块地方,就把这块地方叫作罗马的行省。哪怕发展中的这块地方居民并不是土生土长的罗马人,也把它叫作罗马的行省,而且承认这里的人是罗马的公民。这些人到了罗马,享受罗马公民的同等待遇,现在我们经常提外国人到中国的"国民待遇",罗马给外省人以同等的罗马人的待遇。这样逐渐地就把罗马帝国的影响扩大了。但是后来带来了不利的后果,那就是都要跟罗马争,后来的罗马比较分散,这个是原因之一,是很重要的原因。这些将领,行省的将领不听中央的话了,分散了,而且他们之间也在你争我夺,所以在罗马帝国的后期有一段时期叫作"混战时期"。混战时期就是各个行省互相打,就像我们的军阀战争。

在政治上、在行政上罗马的经验,可以用三句话概括:行省建制、中央统制、分省管理。这都是罗马在行政管理、社会组织方面的创造。它的负面作用是产生出一大批各自为政的贪官污吏,还有就是苛捐杂税。由此动摇了罗马帝国的统治基础。

罗马给后人留下的第二个精神就是孟德斯鸠所说的"法的精神"。孟德斯鸠在《论法的精神》里面特别注意到了在罗马帝国已经形成的、带有苗头的东西,但是不完善,是什么呢?就是一个相互制约的体制。在罗马帝国已经开始有了。但是它没行得通,条件也不具备。所以孟德斯鸠提出"三权分立",这个经验在很大程度上是研究古罗马的政治、法律所总结出来的。就是立法、司法、执法三权分立,各自独立。所以说,罗马的第一个创造就是它的行政组织管理,不管它本身做的成功不成功,这是它的一个创造。是罗马精神的体现。

然后是法律。罗马到了别的地方,怎么去管理它? 它设立了一些官吏、一些将领去管;还有就是设立各种各样的法律。它的法律起先是一种习惯法,针对什么样的问题,就设立什么样的法律。最早的是在纪元前,那是传说,有一个《十二铜表法》。大概在罗马广场立了12块铜牌,每一块铜牌写一条规定。把它变成法律,这里面包括了司法权、审判权、父权、借贷权等等,统称为《十二铜表法》。这里面,实际已经包含了公法和私法的一些星星点点的东西,或说是苗头,这也是后来罗马法的起源。以后呢,就是哪个皇帝都有些法律,根据当时不同的情况有针对元老的、针对公民的、针对人际关系的、针对社会秩序的等各种法律,这些法律汇集成为了《罗马法》。

　　到公元161年时,有一个法学家叫作盖尤斯,他把这些法律综合成了一本《法学阶梯》。这是把古罗马的法律做了一个比较全面的综合。以后的罗马皇帝、罗马帝国实际上在法律上、在行政管理上建树不是很多,都是延续着共和国以来的这些东西。

　　古罗马留给后人最多的东西是什么呢? 我感觉是实物。它留下的这些东西确实能让人感受到罗马文明的精神的伟大、宏伟、深沉。留下些什么东西呢? 我想,一种是公共建设、民用设施,比如说那个引水工程,书上有的叫作水道、水道桥,你们从照片上也可以看到,非常宏伟,看了之后让人惊叹,在公元前能够有这样的伟大建筑。这种建筑不仅在罗马有,就是在罗马势力所到的地方也有,比如说西班牙也有:很庞大的水道,砖石建筑。

　　所以现在我们到罗马,到希腊这些地方,想看到一些中世纪的东西或是一些更早一点的比如说古罗马的东西,并不太难。而中国呢,就不行了,和古罗马、希腊同时代的中国存于地面的留下了什么呢,真是看不见什么,有个长城还不知道修了几次;要是说有个庙,说是哪朝哪代的,然后说已经烧了,"那是什么什么时候修的",却看不见原件。中国的古建筑看不到原件,而在古罗马这些原件到处可见。比如说那个斗兽场,有一种译名叫"格斗场",我对罗马的第一印象就是这个格斗场,真是气势逼人。那是公元初的建筑,庞大无比,从形象上来看和我们的体育场差不多,雄伟得很,十几个

门,气魄非常大,所以它的名字的意思就是"大""巨大"。但它也是罗马暴
政,君主残酷、残忍的见证。为了显示自己的政绩,让打仗抓来的俘虏、奴隶
在斗兽场里面和野兽搏斗,让兽把活人撕烂吃掉,那些君主们、高官们在看
台上观看、取笑。斗兽场是残酷的见证,但是它也确实留下了一幢千古灭不
掉的古迹。

　　罗马在建筑方面的成就,我觉得是非常惊人的。比如说凯旋门,现在都
知道巴黎的凯旋门,其实第一座凯旋门是在罗马;还有罗马的神殿,那是供
奉多神的各种各样的神殿,这一点跟雅典差不多;古罗马也有一座"长城"。
是哈德良做皇帝时建的,从北海到爱尔兰海,长112公里,比我们的小、短,
也是在山上。这种建筑非常多,比如说还有罗马广场,在罗马中心地有一块
广场,是一个很大的中心地带,由很多古老的柱子围起来,是罗马政治活动
的中心,元老院就设在这块地方;很多神庙也在这个地方,是宗教中心;还有
很多会堂一样的建筑,是商业交流的中心。从罗马广场也可以看到当时罗
马繁荣的状况。到了意大利或其他欧洲国家,凡是罗马统治过的地方,都留
下来一些罗马帝国甚至共和国时期的建筑、古迹。

　　再一个是它的雕塑,属于文艺、美术方面的,这种精神产品包括罗马神
话、史诗,比起希腊来都带有一种模仿、做作的姿态。罗马人打到希腊以后,
也就是亚历山大东征之后的希腊,那里希腊文明的遗续,罗马人接受了下
来。所以罗马的文明和希腊的文明不是断然分开的,它接续了希腊文明,延
续了希腊文明,但不是全部而是部分地延续了,而且延续的东西带到它本地
的时候带有很多模仿的痕迹。比如罗马神话,其实是希腊神话的罗马版,现
在很少人再提罗马神话里面的事情,人们一提就提希腊神话,希腊的宙斯到
罗马神话里变成了朱庇特,就是换了个罗马名字,带有很大的模仿性。

　　艺术上也是如此,比如说雕塑。出土的东西里面发现了创作于公元前
1世纪的一座雕像,这座雕像大概你们也知道,它的名字叫《拉奥孔》。
《拉奥孔》雕塑的形象非常像希腊产品,但是它是在罗马的领土上挖掘出来
的,所以有人说它是仿造。这个《拉奥孔》呀,即使看照片,我也觉得给人一

图五　《拉奥孔》雕塑

种非常震撼的力量。它描绘的是拉奥孔带着两个儿子去河边取水,河里突然出现了两条大蟒,把拉奥孔和两个儿子缠绕起来,拉奥孔和它的两个儿子的那种痛苦、挣扎,惟妙惟肖,所以被称为名作,现在摆在梵蒂冈的美术馆里,看了真让人震撼。有人说这个东西是希腊时期做的,这让考古学家他们去研究吧,但是是在古罗马发现的。《拉奥孔》取材于希腊神话特洛伊之战的故事。它影响非常大,我举个例子,除了美术家们、艺术家们从各个方面、各个角度进行研究之外,到了 18 世纪,德国启蒙思想家莱辛专门就拉奥孔写了一篇很长的应该说是德国启蒙时期的代表作,题目就叫《拉奥孔》,副标题叫作"论诗与画的区别"。为什么这样写呢?他提出一个问题:为什么雕塑里的拉奥孔不像维吉尔诗里的拉奥孔那样哀号?雕塑中不是哀号,而是一种痛苦的挣扎,维吉尔的诗中是他哀号、大哭,为什么呢?莱辛是借题发挥的,但是这成了一个经典的著作。这就说明了拉奥孔的影响,古罗马还有其他很多雕塑,保留下来了,相当的有价值。

在历史学方面呢,我觉得罗马与古希腊相比也是比较薄弱的。在罗马帝国的后期几乎没有什么有名的历史学家。早期有一些,比如像李维,他写罗马史;古罗马时候的阿庇安,他也写罗马史,但写的都是古罗马史,大多都是共和时期的罗马史,后期就比较少。但是在罗马时期由于恺撒的东征西战,以及后来日耳曼人向南发展,向南迁徙,有些历史学家记录了关于早期日耳曼人的生活风俗习惯,这是有价值的。对于了解日耳曼民族的祖先以及日耳曼人为什么能够在迁徙之后建立起一个像查理曼帝国那样的西方帝国,这是有参考价值的。比如公元初年的时候,有一位历史学家名叫塔西佗,这个人在恩格斯的眼里是一个时代的代表,一个古代罗马到罗马帝国初期这个时期的代表。他写的一本书叫作《日耳曼尼亚志》,这个已经译成中文了,大家可以去找,书中写的是古代日耳曼人的特点。

还有现在应该提一下的就是恺撒。恺撒是一个战将,征服了高卢,打到诺曼底,一直过了海,过了英吉利海峡,打到不列颠。但他同时也是一个政治家、一个作家,他应该说可能是比较早的罗马作家了。他在征服高卢的时候,把沿途的民族的风俗习惯、社会风情都记下来了,一直写到高卢,题目叫作《高卢战记》,也翻成了中文。所以我们在读世界史,或者说世界的政治史、经济史这个方面的东西时,需要看商务印书馆出的一套汉译名著。这套汉译名著是在上个世纪五六十年代的时候经过精心选择的一些西方的有代表性的经典性的书,值得好好读。而且翻译得都很好,因为那是字斟句酌来的,不是一根香烟、一本字典、一杯茶弄出来的,那是心血的结晶。

古罗马留下来很多文字的东西,比如说史诗,不仅有诗,而且有诗的理论。例如维吉尔是影响很大的一个罗马诗人。也许你们在座的人,有人看过但丁的《神曲》。13世纪的时候,伟大的意大利诗人但丁,恩格斯把他看作是中世纪的最后一位诗人,还有人说但丁是一只脚留在中世纪,另外一只脚踏向近世的伟大诗人。但丁写《神曲》,进入地狱之门,然后到了炼狱,最后到了天堂。在前半部中，这个引路人是维吉尔，这当然是他的想象了，维吉尔不可能活到他这个时候。是维吉尔引他去地狱，然后到了炼狱，最后是他那个想象中的情人把他带入天堂。我想大概看过《神曲》的同学不一定很多。你们业余时翻一翻看一看，《神曲》可以说是除去《荷马史诗》以外的西方的最重要的史诗。这是后话。

在文化方面，罗马比较弱的是什么？是哲学，这同希腊大大不同。正像我开始说的，希腊的精神是自由的。尽管打仗，但它是那种自由的、欢畅的、向上的、轻快的、内心非常充实的一种状态。到了罗马呢，它是模仿的、行动的、沉重的，或者叫作凝重的。这是希腊和罗马两者大不相同的地方。黑格尔是把希腊文明和罗马文明做过对比。黑格尔把希腊文明推崇到十分高的高度，认为欧洲人只要讲到希腊就像回到了自己的家园，是这样的。对罗马文化，黑格尔可以说是很看不起的。

我和黑格尔的看法不一致。当然我个人比较喜欢希腊文化，不太喜欢罗马文化，虽然我刚才说了很多罗马文化当中的非常使人震惊、印象深刻的东西。确实这种自由的精神、民主的精神，在希腊是自然而然的出来的。罗马不是，罗马是模仿出来的。用黑格尔的话来讲呢，在希腊的文明里边，它体现的一种精神状态，是 cheerful，是 youthful。cheerful 是欢快的，youthful 是年轻的，而罗马文化没有这样。但是，罗马毕竟是给后人留下了很多经验。比如说到了中世纪以后，这个下一次再讲了，很多东西确实是延续了古罗马的东西，这是日耳曼的功劳。日耳曼人侵占罗马以后的天下，也就是封建时期，基本上是日耳曼人做主人了。基督教是在日耳曼人的手下发展起来的，成为西方的宗教。所以从这个意义上来讲，日耳曼人的大迁徙，往南迁徙，是挽救欧洲文明，如果没有日耳曼人的南侵，让罗马文明就这样下去，那西方的历史可能不一样了，这个事情应该是下一讲的问题。

好，今天我就讲这么一些，看看大家有什么需要问的。最后我想念两段语录，孟德斯鸠的语录，大家听听怎么样。这是孟德斯鸠总结古罗马的两段语录。这一段是这样说的："自从皇帝们当政的时候起，历史就更加难写了,因为一切都变成秘密的了;行省的一切公文信件都送到皇帝的办公厅。人们能够知道的只有暴君们的愚蠢和大胆所不愿隐藏的东西,或是历史家们所能猜到的东西而已。"你们可以查《罗马盛衰原因论》,再去琢磨琢磨这段话到底有什么含义。下一段话:"没有比在法律的借口下和装出公正的姿态时所做出的事情更加残酷的暴政的了。因为在这样的情况下,可以说不幸的人们正是在他们得救的跳板上被溺死的。"溺死就是掉在水里淹死。这两段话都比较"弯弯绕",但是都能懂的。这两段话可以作为对罗马帝国兴亡的一种总结性的评论。

课堂提问与解答

1. 有个同学问我,日耳曼人大迁徙原因是什么,据说与汉帝国抗击匈奴有关?

答:首先呢,什么叫大迁徙?这个大迁徙是后人总结出来的,历史学家们管这个事情叫大迁徙。而大迁徙的标志就是日耳曼人占领罗马,就是从北向南逐步推进,一直到对方的西罗马帝国,实际上的迁徙那是老早就开始了。这个迁徙的开始我觉得是一个说不清的东西,历史上没有什么明文记载。大体上呢是一种蛮荒时代,后来变成游牧民族,到处游荡,是这么样一种状况,说得比较多的一点呢,就是印欧民族的迁徙。现在已经没有这样一个民族叫印欧民族,这是很远古时候的一种称呼,大体上是属于北方印欧一带,用我们现在的话讲,是指印度的西方、欧洲的北方,这么一带的人到处迁徙。把他们的语言也带到各个地方,往西走就是带到西方,所以讲西方的语言属于印欧语系就是这个道理。这个印欧语系的人,支派是越来越多,越来越纷杂。而日耳曼人呢,他的祖先,谁也不知道是谁了,这属于考古学家、人类学家的研究范畴。

印欧语系往西北发展的这么一支,在早先时候叫条顿族。希特勒说他是雅利安的纯种,就是说他是印欧族的纯种,在我们现在来讲已经没什么意义了。对我们说来还有意义的是日耳曼族真正成为了一个庞大的集合了很多很多部落的民族。这个日耳曼族开始的时候是在北边,在北海这一带,那么从天然地理条件来说,自然要向南发展,自发的也好,主动地想发展也好,自然而然地向南发展。往北就是海,也有的渡了海到了不列颠,大量的是往南发展。这是日耳曼族兴起的一个自然原因。特别在中世纪的时候,匈奴人、阿拉伯人这些东方民族,因为各种原因到欧洲去,所以欧洲的文化里面含有东方的文化,这是一个原因。

2. 罗马从共和制走向帝国制是否历史的必然?如果是,那么原因是什么?

答:这两个问题其实是一个问题了。如果我说是历史的必然,那么这个问题回答过于简单。那么我说罗马的共和制度是一种很不完善的共和制度,我们在古罗马的典籍里边,没有发现说这个制度是 republic system,没有人这样说。在当时非常初始的人民群体中,需要选出能人来管理,一个能人管不了那么多事情,就在比较有知识的、比较富有的所谓贵族里边,组成一个元老院来共同管理政治。那么这个就是 republican,就是共和制。而共和这个字在当时是带有空想性质的。不像我们现在,到了 18 世纪以后,民主共和,那是公开叫出来、有明确的内涵和外延的口号。那个时候没有,那个时候就是要治理这块地方。共和制就是大家一块来治理,这是柏拉图的空想。柏拉图的名著,咱们翻成《理想国》,对不对?但他的原文是 *Republic*,按照我们现在的词汇来讲应该翻成“共和国”。但是如果翻成共和国的话,我觉得会产生一个理解上的错误,就是把我们现在所认识到的共和套在柏拉图的身上,实际上不是的,那个时候它是一种想象的自然而然产生的共同治理办法。共和制,现在叫民主制,是我们给它加的。

那么罗马从共和走向帝国制,这个走向是历史发展,你叫它必然也可以。应该说从古罗马来讲,实行帝制比起实行共和是前进了一步。因为古罗马时候的共和是个什么状态呢?刚才我已经讲了,几乎是一个没有统一管理的状态。贵族和平民已经争得不可开交了,元老院对恺撒也不满意。

而失去了元老院的支持,那恺撒的共和就没有了根基。更何况在古罗马的共和时期,还有很多平民的暴动,还有战争等等。因此恺撒才自称 dictator,我们现在叫作独裁者,在他那个时候,应该译成什么呢?好像不能译成独裁者,我也不知道应该翻译成什么。我们的很多古罗马的书就把它音译过来,叫"迪克塔托",现在是叫作独裁了。dictator 的意思是什么呢?就是"我说你听",我怎么说,你怎么服从,这叫 dictator。这个词的来源,你们学外语的时候,老师念一段,你们把它记下来,是不是?叫 dictation,叫听写,对不对?听写这个词 dictate,就是我说你记。那么这个时候,恺撒作为一个 dictator,他已经实质上开始了帝制的统治。不过他没有完成就被人刺死了。所以到了他的养子屋大维,就不叫 dictator 了,而叫 imperator 了。imperator 其实还是命令的意思。imperator 变成后来的 emperor,就是皇帝,然后把他统治的地区叫作 empire,就是帝国,就是这么过来的。你说它是历史的必然也可以,它就是沿着这个发展的趋势过来的。

屋大维还有一个称号呢,刚才没说,叫作"奥古斯都",奥古斯都的意思就是"第一个"。那么到了屋大维手里边,应该说是他挽救了古罗马的衰落。因此罗马变成了帝制,但这个帝制呢也没有日久天长,最后还是灭亡了,被日耳曼灭亡了。这叫历史的命运吧,你管它叫历史的必然也行。

3. 罗马的衰亡和帝国制的开始几乎同时,这是巧合还是必然?如果是必然,二者间的联系是什么?

答:我想刚才我的话已经说了这个问题,罗马的衰亡和帝国制的开始几乎同时,不能这么说,还是有一个很长的过程,几百年的过程。屋大维执政初年和他以后的几代皇帝都还是罗马帝国的兴盛时期,后来才慢慢衰亡的。帝国时期实际上是一个朝代时期。每个朝代,都免不了这个命运,开始兴盛,最后衰亡。唐朝诗人李商隐讲了句话:"历览前贤国与家,成由勤俭破由奢。"中国的历代王朝没有逃脱这个命运。对于罗马帝国来讲也是如此,但是罗马帝国以后,中世纪以后,不再是朝代的历史了,西方的面目已经改变了,这是以后的事情。

4. 您刚才提到了罗马的法律遗产,这也是人们提起罗马帝国时最常想到的,既然罗马在历史上有如此崇尚法制传统、如此严格的社会结构,意大利又是对罗马文化继承最多的国家,不仅历史遗迹仍存留在意大利本土,语言、生活、思维方式、意识形态也应该如此,甚至资本主义萌芽也产生在这里。那么如何解释意大利后来的政治动荡、经济欠发达以及犯罪组织黑手党等的兴起等一系列问题呢?

答:这个问题提得好呀,不过这应该是一本书的题目。我去意大利就有这个印象。我没法跟当地人说我的安排,明天干什么,后天干什么,大后天干什么。你只能说明天干什么到时候再说。浪漫的不得了,自由的不得了,一点也不像他们的祖先。但是有一点,他的生产照样维持。给我印象最深刻的是,我平常跟他们在一起的时候,看到的都是刚才我说的那样松松散散的样子。但是我去参观他们的菲亚特工厂,那纪律非常严格的。因此意大利,不管换了几任总统,换了几任总理,战后大概有四五十个吧,今天一个总理明天一个总理,对于它的基层生产没有妨碍。真是没有妨碍,它该是怎么生产还是怎么生产。

意大利民族是个非常奇怪的民族,确实他们没有继承他们祖先的那种严谨的风格。我想这里边有一个原因,我只能想到这一个原因,就是从古罗马包罗马帝国——罗马帝国的后期已经不行了,真正行的也就是共和国时期和罗马帝国的前三分之一——这段历史离它后来的这段历史,中间隔的时间太久了。被日耳曼人一冲呢,这个意大利包括罗马在内,都分成了一小块一小块的,是一个分裂的局面。地域比较好的,地势比较好的,交通比较发达的地方,就发展得快一些,比如像威尼斯。城市管理得比较好一点的,像马基雅维利的故乡佛罗伦萨,它的民族的苗头就发展得比较早。有些地方就落后得一塌糊涂。意大利变成了非常畸形的国家,长期不统一,而且长期被人欺负,这个命运同它祖先的命运大不相同。罗马帝国的时候只此一家呀,所以罗马在只此一家的时候有一个称呼,你们大概知道,叫作"罗马治下的和平",就是 Pax Romana。就是天下之土全是罗马人的,这个盛世老早就不见了,几个世纪以后都不见了。而后来的其他民族,比如说像英国,比如说像法国都很快就超过了它。

现在的意大利对古罗马时候的精神我觉得继承得太少了,古罗马的一些颓废的东西它继承得太多了。现在的意大利,或者它的民族或者它的民族性,所体现的最多的应该是十七八世纪以后的近代欧洲的传统,不是古罗马的传统。古罗马的传统只是一种怀念性的,一种对自己古代文化的自豪。我觉得这种断裂并不稀奇,从历史上来看,这是很自然的一件事。

5. 您讲过做研究需要考虑历史的分期,又要关注历史的延续,希腊文明、罗马文明、日耳曼文明差不多是在同一地区先后出现的,肯定有继承与发展。罗马文明本就是西方文明的一个源头,又怎么理解日耳曼大迁徙挽救了西方文明呢?

答:历史的分期是必要的,为了研究起见是必要的,但是你不能断然分开,断然给它分开的话会造成误解。因为不可能分得那么清楚,比如中世纪就是中世纪,跟古代一点关系都没有,或者是近代跟中世纪的关系中间也一点联系都没有,那是不可能的,这不是史实。所以虽然这些文明都是在同一地区先后产生的,但是它互有交叉,互有交叠。你看罗马文化继承了希腊文化,那是有的。日耳曼征服了罗马,但是它也继承了罗马的文化。在这个时期里往往是征服者继承了被征服者的文化,然后加上它自己的东西,就产生新的玩意,新的东西。这里边还没有谈到他们所接受的东方文化,西方所接受的东方文化。你比如说这拜占庭,刚才讲了是新政的一段时间,后来西欧对于希腊哲学的继承主要是通过拜占庭,通过东方,甚至于通过阿拉伯。真正保存了希腊文化的是拜占庭,是阿拉伯人。那么这种交叠,这种传播是非常复杂的,而且也非常动人。

6. 为什么说日耳曼大迁徙挽救了西方文明？

答：应该说挽救了欧洲文明吧。因为那个罗马帝国再这样下去的话，它那个文明真的就要完蛋了。而日耳曼正在兴起，它每往南移这么一步，就吸收一些罗马的文明，当然间接的也就吸收了希腊文明。因此到了日耳曼把西方统一起来的时候，有了一个对欧洲文明的挽救的责任。它确实是挽救了欧洲文明，否则的话（历史是没有讲否则的啊，现在姑且讲否则了），就是罗马帝国那个样子再继续下去的话，那欧洲的文明就要被摧毁了。

7. 罗马的扩张是不是在用野蛮冲击文明，导致欧洲文明的倒退或停止？

答：这得看怎么说。我觉得罗马的扩张不能够简单地说是用野蛮冲击文明。在那个时候可以讲，罗马本身在它那个周围环境当中，它所冲击的地方，相当多的地方是比罗马要落后的，比如说它冲击了高卢，冲击了希腊，冲击了北非、小亚细亚，确实它用野蛮的手段冲击了地方的文明，但是冲击的结果呢，是它吸收了这些地方的文明。在历史上用野蛮的办法冲击了先进文明而被先进文明所同化了的例子是不少的。在历史上专凭一个武力就可以推进文明，这不是一个单一的办法。罗马打倒希腊，把希腊变成自己的一个省，但是希腊的文明影响了罗马的文明，是被征服者影响了征服者。日耳曼征服了罗马，当时的日耳曼是比较"野蛮"的，罗马人也管他们叫"野蛮的民族"。其结果是"野蛮的民族"征服了文明的罗马，而又吸收了被征服者的文明，变成了比罗马文明更前进一步的日耳曼罗马文明。

这是一个非常复杂的过程，但是文明的发展就是这样的。像美国的麦当劳征服了全世界，哪儿都是麦当劳，但是你要问问中国人的话，他还是想吃中餐，从根本上是征服不了的。更何况美国文明的根子还是在欧洲。这个文明的问题是很复杂的，不是一个单一的问题。

8. 与希腊民主比较，罗马式民主从其机构设置（如元老院）到规范上更具有现代民主特征,为什么说古希腊民主是源头?

答:这么说吧,罗马的民主也好,希腊的民主也好,都有机构设置问题,元老院在希腊也有,这也是自然而然形成的。一个地方,或是一个城邦或是一个民族,想要治理它,必然有个头,必然有一群人,这群人是比较有钱的,比较有知识有地位的这么一群人,那么组成元老院这是很自然的事情,希腊也有,罗马也有。但是说,作为民主的精神来讲(这是作为精神来讲,不是作为民主的机构来讲),这个源头确实在希腊。这个怎么讲呢?一句话两句话讲不清楚。它有一个内在的东西在里边,一个很自由的一种精神。罗马是带有一种模仿性的,而且从头到尾,即使它是民主的机构设施也带有相当大的人为成分,不像希腊那么自然,这属于精神层面。所以说古希腊是民主的源头的意思也是指的精神。你如果讲罗马的民主也是一种精神,那也可以理解,但是比起希腊的话,它就不像希腊那样具有想象力。这个一句话半句话说不清楚。你们多看一看罗马的东西,也多看一看希腊的东西,慢慢地你们会体会到。我建议你们看看顾准的一篇讲希腊的文章,以一个中国人的方式理解希腊的民主自由精神。那很好看,大家可以看一看。今天就到这吧。

第四讲

从罗马帝国到封建时期

上次课我们讲了古罗马文化，今天我想再补充一两句。我们说了许多古罗马文化的情况，那么古罗马文化到底给后人留下些什么？用我们现在经常说的话就是既有经验又有教训。现在我们讲欧洲文明，一提欧洲文明的来源就是古希腊、古罗马文明，好像留下来的都是应该继承的东西。但是，按我的理解，我们应该了解它的精神而不是某一项具体的东西。比如，古罗马给后人留下的两种精神财富，一是它的法律精神，一是行政管理方面的经验；但是它的哲学是比较弱的。当然，罗马的艺术、文化、美术、建筑、雕塑等，这都是它的成就，但是对后世有影响的比较集中的还是法律和行政。它的具体法律条文到近代以后的欧洲国家是否还能用呢？那不一定。它留下的更多的是一种精神。所以孟德斯鸠后来写《论法的精神》时，就是讲这种"精神"。其实罗马的法律精神也是从希腊继承的，但是罗马的时间长，皇帝多，后来又演变成罗马帝国，一个个皇帝下来，过几个皇帝一个法，过几个皇帝一个法，所以把这些习惯法综合起来就成为《罗马法》了。这是一种精神，用法律来管理国家，用法律来管理行政。

罗马本来是一个小城，从这一点起家，逐渐扩大，每扩大一个地方就设立行省，每个行省都有他的头儿，执行管理职能，就像现在的省长。这种行政的管理也是罗马的创造，就是因为有个帝国的原因，所以把这些行省统一起来了，不像希腊那样是一盘散沙的状态。但是也要看到古罗马留下的非

图六 奥古斯都像

常残酷的东西。从"奥古斯都"屋大维称"皇帝",到西罗马灭亡,皇帝有的
是好的,比较英明,有的则非常残酷,是暴君。比如像尼禄,是一个最典型的
暴君。还有许多其他的暴君。古罗马的灭亡,诚然是由于日耳曼的民族大
迁徙;但是它的内因,主要还在于它的腐败。腐败的根源在于这些暴君。他
们继承了祖先的业绩,给罗马帝国人民什么影响呢? 首先使罗马的平民很
陶醉,感觉到我们这么庞大的帝国,东征西讨,几乎把整个欧洲都占领了。
另外一方面,由于罗马帝国骄奢淫逸(现在我们称之为不正之风),贪污腐
化横行,民风怠惰,到后来已经几乎"国将不国",就像《红楼梦》中说的"内
囊却也尽上来了",即使日耳曼人不来,它自己也难以支撑下去。说到这
里,我建议大家看一本书,就是孟德斯鸠的《罗马盛衰原因论》——顺便强
调一下,我在讲课的时候会讲到一些书,希望大家记下来,有空的时候看一
看——孟德斯鸠写这本书的用意是为写《论法的精神》做准备,《论法的精

神》这本书就是孟德斯鸠在研究罗马经验以后写出来的。所以《罗马盛衰原因论》是很值得一读的。读了这本书以后再读《论法的精神》就比较容易理解。在孟德斯鸠这本书里面，有一两章专门写暴君和在暴君统治之下的"被腐化的人民"。我觉得这个经验教训是非常可怕的。暴君的统治固然很厉害，但是在暴君统治之下的人民的腐化，志气怠惰，沾沾自喜于这个帝国取得的所谓的成就，这是更可怕的事情。所以总的来说古罗马的经验教训，从研究角度来说，后者的意义更加现实。这些是我要补充的古罗马文化的东西。

接下来我们开始讲中世纪。一般认为中世纪始于日耳曼民族占领罗马，就是476年，西罗马帝国灭亡。东罗马帝国继续存在。我们上次已经讲过，罗马人打到东边，占领了小亚细亚、希腊一带。西罗马帝国虽然灭亡，而东罗马帝国，也就是拜占庭帝国仍然存在，而且它的文明还很昌盛，比当年西罗马帝国要繁荣得多。"中世纪"这个词是历史学家为了历史分期而起的名字。在研究历史问题，在文明史的研究上，分期是必要的，否则无法研究下去；有了分期，头脑中会有一个大体的轮廓。而分期也有缺点，就是经常看到的历史是一段一段的，这一段跟那一段不一样，或者说完全不一样，进入了另一个历史时期，而对上一时期如何过渡到这一时期的，常常简单化。比如讲中世纪，就是从公元476年开始，好像此后就换了天下，476年之前是上古史，476年之后是中古史，干干脆脆一条线。可是历史并不是这样发展的。分期是相对的，但是约定俗成，也只能这样划分，大体上公元500年左右，欧洲进入"中世纪"，也就是中古时期。而"中世纪"与近代的界限就更难划分，有各种各样的划分方法。有人说是15世纪，以1492年哥伦布发现新大陆为界，以后进入近代，以前是"中世纪"；也有人说应该是14世纪末15世纪初的文艺复兴后欧洲进入新时期；也有人把1321年意大利诗人但丁的死作为划分界线。这些都是相对的，反正中世纪和近代时期的划分大体上就在这一时期。这个"中世纪"，我们不仅叫它"中世纪"，也叫欧洲的封建时期。如果按文明的实质来说，把这一时期叫封建时期更合适，因为叫"中世纪"容易使人产生错觉。过去在读历史的时候,常常把"中世纪"叫作"黑暗时代"——"dark ages",好像从公元 500 年到 1500 年这一千年完全是黑暗的。"age"还不算,而且还是"ages",年年黑暗;而到了文艺复兴,就突然光明了。历史没有这样发展的。我们为了讲授的方便,仍把这一时期叫作"中世纪";从时代的特征来说叫封建时期比较好。关于这一时期的事情我想分几个题目来说,不是按照时间顺序一个一个说下去。这里要讲几件事情:一个是日耳曼,日耳曼民族的发展、历史;再有就是基督教文明;还有是市民社会的萌芽,也就是在这一时期的行政划分、政治体制问题。

先讲日耳曼民族。这个民族是我们在学习欧洲文明史的时候需要特别注意的民族。我们现在对日耳曼民族的印象就是德国,是希特勒,再往前就是俾斯麦,这是政治上的德意志。实际上日耳曼民族应该说是西欧文明非常有代表性的,它很古老。应该说在很远很远的时候,就像中国的三皇五帝一样,不知道有多久远,它已经是罗马北边的"野蛮民族"。在波罗的海一直到黑海一带,出现了这样一些民族,罗马人叫他们"野蛮民族",后来就统称为日耳曼民族。实际上它下面有很多种族,叫得出名称的有东哥特、西哥特、汪达尔、法兰克和盎格鲁-撒克逊。每一个大的种族下面还有许许多多小的种族。在分布情况上,大体上东、西哥特种族在黑海北岸;汪达尔种族在波罗的海一带;法兰克也是日耳曼的一支,在莱茵河一带;盎格鲁-撒克逊族主要在丹麦,在北欧一带。所以说日耳曼民族是一个非常庞大、复杂、派系众多的民族。这些众多种族是有些共同点的,比如说风俗习惯上都是原始游牧民族。从人类学上来看,体质较好,红头发,蓝眼睛,高高的个子。日耳曼民族的分布比较广,一直在这些地方游荡。从公元以前,比如说在恺撒时期,在罗马共和国时期,日耳曼民族已经有一些向南发展了,它是一个迁徙的民族。所以大家看恺撒的《高卢战记》,里面写到从罗马共和国向北方打,打到高卢。他就遇到一些日耳曼人,而且在罗马的军团里也有日耳曼人参加。所以日耳曼民族从公元前已经开始向各个地方扩散。根据恩格斯的考察,就是从古罗马的恺撒时代到公元 1 世纪这二三百年中,日耳曼民族逐渐成熟,有了自己的行政组织和行政设施,有了自己的"军团",有了自己的国王。比如说在东哥特,有了自己的国王,不过可以不叫国王,但是有这样一个首领。也就是说已经摆脱了游牧民族的野蛮状态。据恩格斯考察,这二百年是日耳曼民族变化非常大的一个时期,恩格斯所讲的是从恺撒到塔西佗时期。塔西佗大家都知道了,是公元1世纪罗马的历史学家,写过罗马《编年史》。在这个时期,日耳曼民族已经成熟了,不断地向南发展,一直到5世纪时占领罗马。所以从这可以看出,西罗马帝国的灭亡同日耳曼民族的南进是同时期的。这既说明了罗马帝国内部的腐败,也说明了它受到外部异族的压迫,最后导致西罗马帝国的灭亡。西欧的"中世纪"就是从这里开始的。所以可以看出在期限上,在历史分期上不是固定的,是一个动态的、不断变化的状态。日耳曼民族占领罗马后继续向南发展,到9世纪时出现了大家都知道的查理大帝。查理大帝把日耳曼民族所占领的地方都统一起来,建立了历史上的查理曼帝国,号称"西方帝国",相当于现在欧洲除了一部分法兰西、一小部分的意大利、西班牙以外,大部分的地方都在查理曼帝国管辖之下。此时的查理大帝与日耳曼民族已经皈依了基督教,基督教在罗马帝国的时代已经成为"国教"了。这可以说是一个阶段。

再一个阶段是9世纪。9世纪是什么状况呢?就是到了查理大帝的孙子的时期。查理大帝有三个孙子,三个孙子合不来,然后把查理曼帝国一分为三:西部归了老三,东部归了老二,中间一部分加上意大利归了老大。这也就是后来法国、德国、意大利的来源。公元10世纪时,日耳曼民族出现了一个比较有作为的皇帝,即"奥托大帝"(Otto)。此人有何特殊的地方呢?他成为日耳曼帝国的皇帝是经过了基督教教皇的册封,封他为罗马帝国的皇帝。所以在他的统治下,在公元962年,出现了"神圣罗马帝国"。大家都知道的"神圣罗马帝国"就是这个了。其中"神圣"指基督教,由日耳曼人统治,承袭了过去的罗马帝国的称号,就是正统了,所以定名为"神圣罗马帝国",The Holy German Roman Empire。神圣罗马帝国从公元1157年正式命名,一直到拿破仑战争把它摧毁。神圣罗马帝国没有管辖的地方是很分裂的,与"神圣罗马帝国"存在争斗。前面讲到分在法兰克、高卢的那一支日耳曼人,当时大家都讲拉丁语,结合当地高卢人的语言,演变成法语,后来诞生了法国。那么查理大帝到底是哪国人? 这是现在法国的历史学家和德国的历史学家还在争论的问题。

日耳曼民族有许多原始的宗教,是多神教。日耳曼人是比较分散的,就在与罗马人的交往过程中,逐渐形成了一种日耳曼-罗马文化,就是有日耳曼人原始文化特点的罗马文化。特别是在日耳曼人接受了基督教后,日耳曼就成为承袭希腊、罗马基督教文明的一个民族。所以我觉得日耳曼民族的大迁徙是好事。实际上,大迁徙不是一次就迁徙过去了,是一个过程。日耳曼民族的迁徙取代了西罗马帝国,应该说是一件拯救了欧洲文明的事件和举动,是把原来一个原始的、野蛮的、游牧性比较强的日耳曼民族变成了文明的民族。古罗马承袭了希腊的文明,日耳曼承袭了古罗马的文明,所以日耳曼文明里有希腊文明的成分。这里有几种资料要大家看。先有两篇恩格斯的论文,一篇是《论日耳曼人的古代历史》,另一篇叫《法兰克时代》。这两篇文章把日耳曼民族从原始到变成文明的民族的过程描写得非常详细、生动。这两篇文章收在《马克思恩格斯全集》第十九卷里。再有是恺撒大帝的《高卢战记》,一方面可以了解恺撒大帝的文治武功,另一方面也可以了解日耳曼民族的分布情况和他们的风俗习惯。还有塔西佗的《日耳曼尼亚志》,"日耳曼尼亚"就是大日耳曼的意思,即广泛地包括日耳曼民族的地方,从黑海北岸到莱茵河到波罗的海。另外还有比较晚的法兰克一位基督教僧侣爱因哈德,他写了《查理大帝》。这些书大家都可以看,都不长。那本《日耳曼尼亚志》非常有意思,写日耳曼民族原始时期的状态。塔西佗是 1 世纪的历史学家,写过罗马《编年史》,他距离日耳曼人的向南迁徙的过程较近。恩格斯那两篇是比较全面的研究论文,读起来不很容易。这是讲日耳曼民族,是中世纪的第一件事。

第二件事是中世纪的封建制。日耳曼民族本来分成许多部落。上次我们讲古罗马的时候,有一位同学提的问题里面提到,罗马的行省制度是否有封建制的苗头,这个问题不错。罗马帝国不可能统一管理到那个程度,它就设立了许多行省,每个行省一个头,有自己的行政管理。这确实带有一定封建制的苗头。那么日耳曼人在最初是公社制,因为种族很多,向南发展时又很分散,所以是一小块、一小群的人向南迁徙。这样等到日耳曼民族统一了西方之后,这些一小块一小块的地方就都成了查理大帝以后那些皇帝们的封地,就是明确地把这块地方给你,把那块地方给他。英文叫"fief",后来的封建主义"feudalism"就是从这里来的。所以封建制大体上从8世纪开始形成,到十一二世纪时是鼎盛时期,就是日耳曼神圣罗马帝国统治下的每一块地方都有相对的独立性。当时法国已经分离出去了,在法国也是这种情况。某人被分封到这块地方,他就治理这块地方,这地方就有一个"castle"——宫堡,是领主住的地方。其中有一个小教堂,有他自己要种的田地,有他自己的市场;如果是牧业,就有放牧牛羊的地方。好像每一个地方都有他自成一体的东西。这种情况有意思,直到现在我到欧洲去还能看到这些痕迹。我比较喜欢欧洲中世纪这段时期,因为我觉得好像欧洲的近代资本主义有许多东西脱胎于中世纪,近代资本主义并不是一个从空白走出来的东西。现在如果到欧洲去,我总喜欢去看看还有什么遗迹。当然遗迹很多了。最常见的还是教堂,到处都是中世纪的教堂。比如说圣彼得大教堂、巴黎圣母院等都是中世纪的产物。但是更有意思的是到郊区去,一小块地方就有那么一个小教堂,有一处宫殿。而现在在巴黎,我指的是大巴黎,离开市区以外的郊区,非常有意思,差不多有千篇一律的意思。它每个地方现在都叫"市"了,巴黎市是一个大市,其他地方也都是市,有一个市政府;即使很小一个"市",也有一个市政府,往往就是过去领主住的地方,但是现在把它修成现代化的了。我见到过这样一个小市,办公人员非常少,办公处的钥匙就在市长的口袋里。这么一个市,它也有一个小教堂,很小很小。然后就去看它的庄稼、工厂等等,都是它这块地方的。这就是中世纪的意义,中世纪留下来的东西。后来法国、德国的行政管理也是这一时期遗留下来的。我觉得这才是典型的封建制,就是在中世纪,这"fief"是他的,另外一个"fief"是别人的,都是由皇帝册封的,所以叫作封建制。我们战国时期有相似的东西,战国是各个诸侯并立,大的是齐、楚、燕、韩、赵、魏、秦,下面还有一些小的国家,都是封的;上面有个周天子,这个天子是架空的。神圣罗马帝国也是皇帝在上面浮着,真正治理的是这些"fief"的领主。如果"fief"与"fief"之间有什么共同的东西,比如说挖一条沟,修一座桥,彼此之间去商量。在英国也会看到这种情况,特别是在苏格兰。现在英国还是把这种东西叫作"community",相当于我们的社区。我们是现在才开始建设的,欧洲人早在封建时期便开始建设了。

这里顺便掺一些个人意见,就是我们生搬硬套西方社会发展的阶段论,把它用于中国,几十年造成很大的误会。直到现在人们还是这样说:春秋时期是奴隶制,战国时期是封建制,此后中国一直是封建社会。我们一直这样认为,一直到1840年变成了近代。近代我们又没有资本主义,西方有,我们没有,毛主席说是半殖民地半封建。我们的社会发展史是这样写的。其实这个划分阶段是有争议的,现在很多历史学家也认为是错的,就是对封建制有错误的理解。这是按照西方从青铜器时代、铁器时代这样一直划分下来的。其实在中国古代的说法中已经有定论了,这个定论就是柳宗元的《封建论》。他写得很清楚,秦始皇"废封建立郡县"。其实这种封建制度同我们春秋后期、战国时期的封建制度大体上是相似的,而我们传统的排法恰恰把它倒过来了。实际上中国的秦始皇后主要不是"封建制",主要是中央集权制、君主集权制。封建制的特点是分散,是分封,战国时期就是这样。周天子式微,各路诸侯分而统治。西方正是在这种封建体制下,逐渐发展了有自治性质的市民社会的萌芽,有些地方是比较普遍,有些地方是比较典型的现象,走得更前面一点。比如它经济发展的比较好,像威尼斯发展的比较好。它的市民制度管理就比其他地方要先进一些。再比如说佛罗伦萨,因为它地势比较高,周围地势比较低,它独立管理自己的能力就比较强,在中世纪中发展就比较靠前。再像荷兰的安特卫普,地势比较低,有它地理上的方便条件。这不是地理决定因素,但是在那个时候,交通和工农业生产不像现在这样发达,地势、地理条件是相当重要的。那么有些地方就比较繁荣,有些地方就比较落后。这种情况在中世纪是一个很大的特点,而且对后世、对市民社会的形成,有很大的影响。我们一般讲欧洲的市民社会是产生在近代,但是它的来源是中世纪。这是讲中世纪的第二件事情了。也就是说城市化——城市(city)是一个自治社会。

基督教文明应该说是西方非常重要的文明。了解西方文化,不了解基督教文明根本不行。基督教是从东方来的,从耶路撒冷来的,但是逐渐地受到了阿拉伯人的排斥和压迫,基督教徒越来越往西集中。所以它虽然生在东方,但是扎根在西方,成长在中世纪。基督教的文明非常复杂,我现在只想讲这么几点:

一个就是教会。从罗马教皇同皇帝、国家政权平起平坐的那个时刻开始,大概就是公元600多年的时候,教会也就按照罗马帝国的行政组织,分成了各种教阶、教区——这是神职人员的区别、阶层。分成各种各样大大小小的教区,每个教区有一位主教,统一在教皇的领导之下。教皇当然名义上是由各个教区的主教选出来的,他的行政管理就变成了一种政治性的管理。教皇叫pope,原来就是主教的意思。在罗马的这个pope,因为它是在罗马,神圣罗马帝国嘛。罗马帝国、神圣罗马帝国的根子都在罗马,因此在罗马这个地方的pope就变成了教皇。在开始的时候可以说教皇和皇帝是平等、平起平坐的关系,皇帝皈依基督教。从世俗这方面讲皇帝是头。从基督教会来讲,教皇是头。应该是分工明确的,但是后来的情况不同了。后来教会有了财产,有了自己的财产权,有了自己的封地,有了自己的政治化的一套东西,因此就产生了教皇与皇帝争权的问题——是让皇帝听教皇的呢,还是让教皇听皇帝的呢——变成一个二元化的东西。所以在罗马帝国的后期就发生了教皇与皇帝争权的问题。严重的甚至拿枪动刀,甚至于打仗。这是从基督教会来说。在基督教会发展的过程当中,本来应该是基督教徒在上帝面前人人平等的,但是由于基督教会分成了各种教阶、各种教区,因此,在基督教内也产生了剥削的现象、剥削的制度,教皇、主教们和神职人员,财发得

图七 中世纪时的圣母和耶稣形象(1270 年左右)

越来越大,越来越不守教规。一方面去剥削一般的基督教徒,老百姓,同时也成为反对异教徒的机构——后来有了宗教裁判所,那是很残酷的。这是基督教会这一条线。

再有一条线是基督教义。我觉得这两个东西不能完全混为一谈,但是又有联系,因为基督教会的任务是传播基督教的宗旨、传播基督教的圣谕,这是有联系的。另外有区别的是基督教义后来发展成为神学,有它自己的一套理论。基督教的神职人员不一定去深入研究这些神学的道理。正是基督教义这一部分深入人心。基督教会作为组织来讲,凡是基督徒都是属于它的,但基督教义在理论上把基督教变成了一种神学,变成了一种哲学,但是哲学是附属在神学里的,哲学神学不分家。用恩格斯的话来讲:在中世纪,哲学不过是神学的婢女。也就是说神学使用了哲学的一些道理来解释基督教义。在这个解释当中,基督教义整个的发展过程中也出现了许多派别。现在我们在哲学里研究神学时不容易说得太清楚的一个问题,就是各种派别对"三位一体"的解释。从这个解释里面,派生出来很多派。"三位一体"大家都知道,就是圣父、圣子、圣灵。这是基督教会的一个奥秘的启示——Mystery,就是他们自己也说不清楚。圣父——Father、圣子——Son、圣灵——Holy Spirit。这"三位"是"一体"的,"一体"就是一个上帝一个真神。但是这一个上帝一个真神有三种性格,中文翻译成"位格",英文就是 person。那么一个上帝分成三个"位格",又要统一在一个上帝身上。一个"位格"不是一个独立的神,而是三个要统一于上帝。其中有各种各样的解释,从各种解释出发,相互攻击,成为基督教理论上的争论。争论到最后,简单地说就是怎么证明上帝是存在的。真有一个上帝吗? 到最后就是这个问题。在这个复杂的问题当中,神学吸收了希腊哲学的一些东西,统称为"经院哲学",实际上是修道院哲学,专门研究这个东西。

但是这里面也渗进了世俗的东西。有些神父、神职人员,他感觉到除了研究上帝是否存在,研究三位一体,还有很多社会上的事情,世俗上的事情,在这里面是解释不清楚的。因此从英国出发,就有些人在讲授神学时,加进世俗知识。也可以说是神学里的"经验主义",神学里的"唯物论"。这个呢,大家去看看马克思、恩格斯写的《神圣家族》这本书,里面专门有一章来讲刚才我说的那个思想来源。这有什么意义呢? 就在于后来哲学和神学在近代史中分家以后出现了唯物论唯心论等等哲学的论证。这也说明了经验主义的老家是在英国,是英国人先捅出了一个口子。有几个代表人物,比如说罗杰·培根(Roger Bacon),他是个神学家,还有索尔兹伯里的约翰(John of Salsbury)。他们在神学里面加入了经验的东西,人的经验而不仅是神的经验。

中世纪的后期,基督教的修道院里都有研究经文的人,他们整理关于神这方面的古籍——包括《旧约》,《旧约》是在基督教产生以前的《圣经》,也就是希伯来的《旧约》。为什么我们现在能够知道古罗马甚至古希腊这么多关于神的理论的东西呢? 修道院在这里起了很大的作用,这方面的作用后来就发展成为独立的学校。由修道院的整理古代经文的部门发展成为独立的学院,第一座就是意大利的波伦那大学,第二座是巴黎大学,接下去牛津、剑桥,都是从这里脱胎出去的,大体上是在十二三世纪,中世纪的后期。在这些大学里面,教授的课程,除了神学、《圣经》必修课之外,还要学逻辑学,学文法,学数学,天文学等等学科。当然现在的巴黎大学、牛津大学跟那时候完全不一样了,但是起源是在那个时候。西方现代的教育是脱胎于中世纪的,这也是中世纪的一个贡献。

当然,中世纪或者叫作封建时期,有它的"黑暗时期"。真正的"黑暗时期"是日耳曼人占领罗马以后,就是公元500年左右确实是"黑暗时期"。这个时期为什么是黑暗时期呢?首先罗马帝国已经是一个烂摊子了,根本拎不起来了。再有基督教立足未稳,正在发展。从公元500年左右到公元八九世纪,这个时期比较乱,也可以叫作"黑暗时期",几乎没有什么可以称道的建树。

从查理大帝之后慢慢不太一样了,出现了我刚才说的那些现象。这些现象有的是积极的,有的是消极的。我们暂时不要去做价值判断,看历史是怎么发展下来的。但是它给后人留下了精神财富,封建制度的鼎盛时期差不多是十二三世纪。我们姑且可以这样说,假如说文艺复兴是十四五世纪的事情,那么这个文艺复兴的积累是在中世纪。不可能是中世纪黑暗一大通后突然出现光明。在封建社会的鼎盛时期,也就是封建制度比较确立的那个时期,有很多光明的东西在孕育着。刚才我已经说了一些。其实 Renaissance 这个词中文翻译成"文艺复兴",我觉得翻译得不大对。在意大利那个时候 Renaissance 并不只指文艺。当然是从文艺开始的,比如达·芬奇、拉菲尔、米开朗基罗这些人从文艺开始。但它的主要精神是人文精神。而且 Renaissance 的意思是让希腊罗马的古文化复兴起来。Renaissance 不是 naissance。英文 rebirth,再把它升华起来。其实在中世纪的鼎盛时期、封建鼎盛时期,至少有两次小的复兴。一次是奥托大帝时,罗马教皇封他为皇帝,建立了日耳曼神圣罗马帝国。在这个时期普及拉丁文、用拉丁文整理古籍,可以叫作小的"复兴",也可以说是日耳曼神圣罗马帝国最发展的时期。第二次是12世纪,也有一个小的"复兴"。这个"复兴"是在封建制度发展得比较饱满、成熟的时期，因此文学、艺术、哲学等等各个方面都有涉及，有一种蓬勃的气象。这个时期西方倒是有个名字，叫作"12世纪的复兴"。有一本书就叫《12世纪的复兴》。作者是一个美国人，是研究中世纪的一个专家，书名叫 *The Renaissance of the Twelfth Century*，作者叫 Haskins。这本书你们在图书馆应该能够借到。我觉得正是有这些小规模的文艺复兴或者叫作枝节的文艺复兴才有可能造就十三四世纪

图八　达·芬奇《圣母、圣婴与圣安妮》
（文艺复兴时期，1508—1510 年左右）

的但丁——大家都知道，但丁是意大利诗人。恩格斯说他是欧洲中世纪的最后一个诗人，是近代的第一个诗人。这句话几乎已经成为西方史学家的共识。我们研究马列，研究马克思恩格斯一般是从政治的角度理解，无产阶级革命、社会主义，很少从学术上理解。我觉得至少对于研究西方历史学或者西方哲学是一个不足的地方。恩格斯对中世纪、对日耳曼都有很精辟的西方史学界都承认的东西。但丁是西方史学界都承认的，只是说法不太一样。比如有人说他是一只脚踩在中世纪，一只脚迈向近代。你们也许很少有机会去看看这些东西。我觉得不妨看看，现在有不少翻译本，过去只有些

片断的翻译本子,现在有全译本。但丁的贡献在哪里呢?在于但丁在一个
模糊的、新旧混杂的时代写出了《神曲》。《神曲》三部曲——《地狱》《炼
狱》《天堂》。当然读《神曲》比较困难,但你知道了它的时代背景,我觉得并
不困难。你设身处地去想,你也是处在但丁的地位,你会感到《神曲》的震
撼力。他描绘的那个地狱,假设是古罗马诗人维吉尔带领他进入了地狱之
门。在进入地狱之门的时候看到了各种牛鬼蛇神在地狱里煎熬的惨痛情
况。后来研究但丁的人,都很仔细地去研究里边讲到的什么怪物指的是什
么人。然后进入炼狱。最后,他理想中的情人把他带进"天堂"。那就是
说,你想想,在 13 世纪、14 世纪初,就有这样的思想,这是在中世纪开始的
时候所不可能想象的。但丁这个人,就可以看作中世纪不是铁板一块的证
明。而且他主张用意大利文来写作。要知道,那个时候拉丁语教会语言是
官方语言,但丁却用意大利文写《神曲》。而且他写了一篇文章,很长的文
章,叫作《论俗语》。在写《神曲》的同时写了另一部著作,叫作《新生》(A
New Life)。你们想想在那个时候他要求要有 new life,是什么样的 life? 它
的震撼力是非常之强的。当然他已经感觉到了基督教发展到他所在的时
代,这个世界是不能再继续下去了。他要把他的想法以及对这个社会未来
的期待写出来。这是他写《神曲》和《新生》的本意,可以这样说。但他又没
办法去实现它。所以神曲又包含了他内心的矛盾。

　　同学们大概都知道,巴金在作为无政府主义者的时候,他的精神状态就
有点像但丁,就觉得这个世界、这个社会实在是黑暗,他要摆脱这个社会,但
又没有办法。他寄希望于无政府主义。"巴金"就是无政府主义代表的两
个人物名字中的字母,巴枯宁、克鲁泡特金,合起来是巴金。但丁代表着一
个时代,一个时代的期望。我建议你们在看小说的时候,看现在很多的新小
说的时候,抽出点时间看一看巴金的作品。巴金对但丁简直是佩服得不得
了。这老先生能把《神曲》里边的序言,或者叫前面几句话吧,都给背下来。
总之,但丁对过去巴金无政府主义的信仰,影响是非常大的。现在,但丁已
经过去这么长时间了,在西方,没有人忘记他。但丁的研究还是一门非常热

门的属于中世纪的学问。

中世纪我再讲两个问题。一个问题就是"十字军东征",这大家都知道的。"十字军东征"一共八次,由教皇发起,各国国君领衔。现在看来,"十字军"是拼凑起了一批以基督教徒为骨干的杂牌军。对社会不满的、打砸抢的、流氓无赖,全凑在一起。教皇说了,在东方,在耶路撒冷,在那些地方,地上流的都是牛奶和蜜,黄金到处可以捡起来。那个时候西欧的经济比东方要差得多。当然名字上叫"十字军东征",每人身上戴一个十字架。名义是要从穆斯林手里面把基督教诞生的地方耶路撒冷夺回来。这是一个很神圣的名义,进行了八次。这八次十字军东征在研究中世纪的历史学当中是一门专门的学问,就是"十字军东征史"。我们不可能这样去研究它。在这二百年中进行了八次,烧杀淫掠,不知道死了多少人,非常残酷。有的时候,穆斯林也打回来。

但是,我们有些事情要历史地看,就是跳出当时的历史条件,去看这段历史,那才能知道什么叫历史,否则的话,"十字军东征"一无是处,除了杀人放火没别的。但是这个"十字军东征"促进了东西交流。很多十字军的战士留在了东方,很多的东方人随着十字军流到了西方,是一次东西方文明的融合。"十字军东征"大体上是从 1096 年到 1291 年,不到二百年,进行了八次,反反复复。这是一件事要说的。

再一件事要说的,就是我们现在到国外去,最近《参考消息》不是经常登吗,我们的旅游团在国外失态,坐没坐相,站没站相,给人家印象很坏,说中国人不文明。我们说中国是"礼仪之邦",可是现在有一些中国人真的是不讲礼貌,很丢人。其实我们对我们的"礼仪之邦"也理解得不准确。所谓"礼仪之邦"的意思,是在古代、宗法社会的时候,对于不同阶层的人士,相互之间如何对待的问题,这是"礼仪"。但现在我们就简单化了,"礼仪之邦"就是"讲礼貌"的意思。因此我们商店里面、电车上都写着,文明服务,做文明乘客,北京人要做文明市民。现在把"文明"都讲成"礼貌"的意思,这个太简单化了。

那么西方的文明礼貌从哪里来？从中世纪来。它是几个世纪几个世纪地培养下来的，差不多最早从 11 世纪开始吧。不是有很多的封地吗，每一个封地，每一个封建的诸侯，上边有皇帝（emperor），再小一点的是国王（king of kingdom），再小一点的诸侯叫亲王（princes），他们都有一个小宫殿（palace），这个小宫殿一旦建立起来了，就成了一个局面了，他就要定一些人与人之间待人接物的规矩。就先用笔写一写文明礼貌须知这一类的东西、小册子。你吃饭时应该怎么样，吐痰要吐在一张纸上，不要随便吐痰，这些都有的。这些东西在中世纪就有小册子写着，挺有意思的。那我建议你们再看一本书，作者叫埃利亚斯，是 20 世纪三四十年代的一个社会学家，他写了本书，叫作《文明的进程》，有中文翻译本子，三联书店出的，两卷本。其中有一卷就专门讲我刚才说的这个问题。他引了很多很多他收集到的小册子，就是在中世纪晚期写的这些文明礼貌的小册子。我觉得和我们现在提倡的差不多，有些东西真的差不多。不要随地吐痰啊，吃饭要讲"吃相"啊，不要吧唧嘴啊，都有的。

但是那个时候，这种文明这种礼节是从宫廷里面出来的。那种宫廷都是很小的，因此宫廷同老百姓之间的距离，不像我们的皇帝同老百姓之间那么大。大的诸侯国、小的国家都有宫廷，有许多中间阶层。比如基督教的教士，有很多是老百姓。而当时的知识分子，大部分是集中在教会里的，他们跟老百姓的关系是比较密切的。比如说骑士，大家都知道的，中世纪的骑士，跟宫廷和一般社会之间的距离，不像我们想象的那样大。

讲近代的文明礼貌，是从西方的中世纪开始的。其实我们现在所讲的通用礼仪也都是跟着西方学的。比如"握手"，古代的中国人大概不握手。鲁迅说过，中国的礼貌过去不是握手，是自己的手跟自己握，是作揖，鲁迅还开玩笑说我们这个比较卫生。那现在的握手礼是从西方来的，很多的一些文明礼貌，都是中世纪创造的。我前面提到陀思妥耶夫斯基写的一篇散文，讲他到德国旅行的观察体会，我也有同感。这不是"崇洋"，人家文明的习惯真的是几个世纪养成的。

我有一次到意大利去，一位女教授，年纪有50岁左右，请我到她家去吃饭，她的儿子，跟我们一起坐在沙发那儿。那个男孩子吃水果，吃完之后，就把核放在沙发的边上，妈妈就赶快跟他用英文说了一句话，大概是为了让我听，跟那孩子说："please!"那孩子赶快把核扔到垃圾箱里去，非常自觉。这种文明礼貌的教育，它是几个世纪下来的，我觉得这是欧洲中世纪一件值得说一说的事。

最后呢讲讲东罗马帝国。刚才讲了西罗马帝国，是在476年，被日耳曼灭亡了。东罗马帝国还在。日耳曼人虽然赶到东罗马去，但是不足以占领东罗马。东罗马帝国，也就是拜占庭帝国，它的首都在君士坦丁堡，也就是现在土耳其的伊斯坦布尔。东罗马帝国还包括了北非一部分、中东一部分。拜占庭帝国还是非常繁荣的，在文明上的成就也非常大。在那个时期，拜占庭帝国要比西欧发达得多。在文明上，在文化上，也是非常繁荣的。比如说东罗马帝国的皇帝查士丁尼，是很有代表性的东罗马的一个皇帝。在他的那个时期，公元6世纪了，西罗马帝国已经灭亡了，在他统治的时期里，有几件事可以称道。第一，它直接继承了希腊传统，因为他的帝国就在希腊、小亚细亚这一带，所以直接继承了柏拉图、亚里士多德的希腊传统；第二，这里商业发达。而且它所临近的地区，比如波斯，在商业上也很繁荣；第三，它承继了希腊的雕塑、建筑及艺术方面的遗产；第四是在法律方面，刚才讲到了《罗马法》，但是把《罗马法》汇总起来，有几位罗马皇帝都曾经做过这个事情，做得最全的是拜占庭帝国的查士丁尼时期，当时成文的东西有《民法大全》《法理汇要》《新律》，还有一个叫作《学说汇纂》。所以拜占庭帝国在文化方面是既有希腊、罗马的东西，又有基督教的东西，也有阿拉伯文化，这是一个鼎盛时期，是一个很繁荣的时期。它有它自己的宗教，宗教当然也是基督教。但是拜占庭帝国又从基督教分出一个"正教"，大家都知道那就是"东正教"。"东正教"的意思就是我是正统的，同罗马分庭抗礼。"正统"的英文是"orthodox"，就是从这里来的——正教。

但同时拜占庭帝国的外患也很多。其实它内部也潜伏着忧患。比如它一个相当主要的民族是斯拉夫人,成分非常复杂,所谓大斯拉夫人。大斯拉夫下面又有很多小的民族。比如说现在的巴尔干这个地区那么多的民族。笼而统之就是有个大斯拉夫,分成很多民族在那儿争来争去,到现在还是这么乱糟糟的。至于说土耳其,你也可以说它是属于阿拉伯帝国的,但它又不完全属于阿拉伯地区。它又有小亚细亚甚至中亚的突厥人这方面的因素。非常强悍,非常厉害。斯拉夫族是分裂的,阿拉伯、土耳其也对拜占庭帝国是强大的威胁。到 15 世纪,土耳其就变成了一个大的帝国,就是大家都知道的奥斯曼帝国。这奥斯曼帝国就非常厉害,在 1453 年把东罗马帝国灭掉了。所以罗马帝国这一段就完了。

几个概念大家要分清楚:罗马帝国,神圣罗马帝国(日耳曼那个神圣罗马帝国),现在说的拜占庭帝国不是日耳曼的神圣帝国,而是原来那个罗马帝国发展到东边去的一个帝国。在十二三世纪拜占庭帝国时期,阿拉伯人曾经大量地流入西欧。特别是沿着地中海到西班牙的阿拉伯人,把西班牙变成一个阿拉伯在西方发展的重镇。西欧在十一二世纪的时候,拿到希腊文原版的亚里士多德的经典还是通过阿拉伯人之手。当时有一位阿拉伯的学者,叫作阿维洛伊,他在西班牙。他和他的学生、他的信徒,把很多经典,也就是希腊文的经典,带到西欧,使得西欧有了原原本本的亚里士多德全集。阿维洛伊的学问也是后来哲学家的总结吧,叫作阿维洛伊主义。

从这里可见中世纪也是一个东西文明的大融合的时期。而且这个融合还应该推得更早一点。比如日耳曼人,我刚才说过,在古老的时候,黑海北岸有一堆日耳曼人。这些日耳曼人是东哥特人,西哥特人。然后往西发展。在往西发展中有一个因素,就是阿拉伯人,向西欧进军。所谓进军就是流进西欧。还有一支就是匈奴人,因为中国的汉朝把匈奴往西赶,他们的后裔,流到了西欧。那么阿拉伯的文化、小亚细亚的文化,都在中世纪的封建时期、鼎盛时期流入西欧。所以西欧的封建时期、中世纪时期,是东西文化在西欧的一个大交汇时期。

当然这个时期还有其他很多因素,也都和欧洲有很多关系。比如说宗教的因素。耶路撒冷这座"众神居住之所"，犹太教、基督教和伊斯兰教都根据自己的传说奉之为圣地，现在还闹得不可开交。最近我在《世界知识》上看到一张照片，看了之后真是让人惊心动魄。就是照了耶路撒冷的三个古迹在一块儿。一个是最老的基督教堂，一个是最早的清真寺，还有一堵墙是犹太教的"哭墙"。这个地方怎么能搞得好，非乱不可。这个场景让我觉得历史沧桑，风云变幻。读点历史有什么好处？读点欧洲文明有什么好处？不仅是欧洲文明，包括我们中国的文明。回顾一下历史有什么好处？我想就像我们看天文一样。我有一个朋友，他是研究国际问题的，他的夫人是天文台研究天文的。他的夫人跟他开玩笑说你研究这东西有什么意思，宇宙多大啊。我在读历史时也有这种感觉。读了历史之后至少对我有一个效果——我感觉到我很渺小。

中世纪这一段大体上应该到什么时候截止呢？我说不清楚。是有一个渐进的过程，慢慢地近代就出现了。所以我把中世纪后期，或者说 13 世纪——大体上，不是一个固定的时期——叫作封建时期的后期。封建时期的后期，大体上就进入近代了。应该说是从地理大发现——哥伦布发现新大陆，还有天文学革命，从哥白尼开始，再下面就是文艺复兴、宗教改革、启蒙运动，这就慢慢进入了欧洲的近代文明。今天我们就讲这些。看看大家有什么问题。

课堂提问与解答

1. 您刚才讲到查理大帝的孙子将日耳曼帝国分成了三个部分，并且成为了后来欧洲的许多国家，比如法国、德国等，而现在德国似乎已经成为古代日耳曼和整个日耳曼民族的代名词。那么为什么其他国家没有这样继承日耳曼帝国呢？是地理的因素吗？谢谢。

答：这个问题问得很好，不过是我以后要讲的问题。分为三块之后，只有在现在这个德国的范围里面，还包括荷兰、比利时一部分，法国的洛林这一部分，称为日耳曼帝国。法国分出去了，法国的老根是高卢。到了法国的时候就逐渐形成了法国的传统,而且后来法国也有几段比较繁荣的时期,所以它和古代的日耳曼几乎没有关系。意大利也是,意大利大部分不属于日耳曼神圣帝国。意大利继承了罗马的传统,拉丁系统的传统,所以也没有完全继承日耳曼传统。另外还有一点,日耳曼现在叫作日耳曼帝国,它并没有紧紧地覆盖住整个欧洲。它是杂居的。所以在十六七世纪以后,大概是《威斯特伐利亚和约》以后,大体上划分了近代国家的面貌。倒是日耳曼民族没有统一,还是那么分散,成为各诸侯国,意大利也没有统一。实际上,在欧洲大陆上的民族国家,也就是法国、荷兰这些国家。有一个分化演变的过程,以后要讲。

第五讲

中世纪在欧洲历史上的地位

上一次讲到中世纪，走马观花，有一个用处，就是形成了一个轮廓，大体上知道中世纪是怎么回事；但是也有一个问题，就是不得要领。所以今天我们还是继续讲中世纪，讲欧洲的中世纪在欧洲历史当中起着什么作用。换一句话说，也就是它的历史地位。因为过去把欧洲的公元 500 年到 1500 年这大体上一千年笼统地叫作中世纪，这就给人们一个印象，就在于这个"中"字。中世纪，为什么是中？那是说，上面接着西罗马帝国的灭亡，下面接着地理大发现、文艺复兴，进入近代了。所以中间这段就叫作中世纪。

实际上，中世纪这个概念，不管它多么地不科学，多么地不说明时代的本质，都已经叫开了。所以我也用这个词，中世纪。它实际上是什么呢？中世纪的本质，是北方的日耳曼人取代了罗马帝国的地位，按照他们自己的方式，同西欧的大部分人民融合起来，接受了被他们征服的罗马帝国的文化，皈依了基督教，把基督教变成了西欧的宗教，同时也接纳了希腊在哲学、文艺等方面的遗产。这个就是中世纪的概念。它的历史地位是什么？

首先，中世纪或者叫作欧洲的封建时代，对欧洲历史有一个大的贡献，这个贡献就是促使欧洲，特别是欧洲西部，在近代时期成为民族国家的欧洲。欧洲原来就是一大片，西罗马帝国灭亡以后，日耳曼人就进来了。日耳曼人进来以后，你们回想一下我讲的，慢慢地就发生了变化。本来看样子是统一的,实际上各个地方在发生分裂的这个趋势,在查理大帝以后就开始形成了。查理大帝好像是把西欧统一了,但是他的孙子将其一分为三,上次讲过的,一部分变成了后来的法国,一部分变成了后来的德国,一部分变成了后来的意大利。在这个时候,民族国家还没有形成,但是民族国家的方向在这个时期已经定下来了。

当时最早变成了民族国家形态的,在大陆就是法国,在海外就是英国。这两个国家是最早从一个比较笼统的西欧分化出来的民族国家。日耳曼民族在西欧散见各地,有的地方日耳曼的因素多一些,有的地方日耳曼的因素少一些,但是它统一不起来。建立了日耳曼的神圣罗马帝国,也只是维持一个形式,下面分很多小的政治实体。因此日耳曼人,即德国人,有一个历史上的情结,就是说,我们都是日耳曼人,同一个种族的,为什么不能形成一个"国家"?

日耳曼民族形成了自己的所谓民族国家,是在19世纪。你们念国际关系史,三十年战争打成那个样子,日耳曼民族是越打越分裂。这是日耳曼民族的命运。但是他们有个情结,就是他们得成为一个国家,得成为一个民族国家。

民族国家这个观念、这个方向,在欧洲中世纪的时候形成,而且固定下来。当时的人们意识到自己民族的前途必须是一个有主权的、独立的民族国家,有自己的文化,有自己的语言。日耳曼是如此,意大利也是如此。但是他们都没有能够像法国、英国那样形成一个民族国家,没有在当时、近代的时候就形成民族国家。当然还有其他的原因,到19世纪后半叶,意大利才统一,德国才在俾斯麦的统治下变成德意志帝国。

形成民族国家还有一个语言问题。在基督教统治西欧的时候,各个国家都皈依了基督教,法定的语言是拉丁文。现在我们看到的很多经典著作,甚至一直到十六七世纪,还是用拉丁文。英国的弗朗西斯·培根(Francis Bacon),差不多是第一个用英语写作的思想家,但他的名著《新工具》还是用拉丁文写的。所以这个拉丁语的统治,在中世纪是一个特点。但是与拉丁语同时存在的,还有各个民族的方言。拉丁语成为基督教神学的语言,也就是知识分子的语言。对于民族国家来说,语言是一个很重要的因素——都讲同样的话。

比如说法国,它也是拉丁语系,但是在法国分出去以后,古高卢的那块地方变成了法兰西——法兰西和法兰克不完全是一回事,法兰克是一个族称,法兰西是一个国族之称。国族,nation,咱们现在把 nation 都译成民族,这个不十分确切。有国家形态的民族才叫 nation,所以我感觉应该译成"国族"比较好。那么法兰西当地的语言,最早要推到上古去就不用说了,最早在西欧普遍使用的一种土语就是克尔特语(Celte)。然后各个地方的民族语言在克尔特语下面有很多各种各样的本地语言。像法国,它就属于拉丁语系中的罗曼语系统,也有条顿族的语言,就是日耳曼的语言在里头。它形成了一个国家之后,慢慢地,它的语言就发生了变化,变成了法兰西所独有的语言,那就是后来的法语。当然这中间要经过一段古法语的发展过程,像十五六世纪,甚至于 17 世纪,有些哲学著作是用法语写的,不过是用古法语写的,其中还有罗马语的成分。这是讲法国。

日耳曼比较简单,它就是条顿族下来的日耳曼人,但是因为种种缘故,统一不起来。意大利也简单,是拉丁语系的,而且教皇就设在罗马。这也是他们产生民族国家比较困难的一个因素,就是教皇在罗马,但是世俗的统治者是日耳曼帝国的皇帝。所以教权和王权之争在中世纪后期是非常厉害的。

英国是另外一种情况,大体在公元前 55 年、前 54 年,罗马的恺撒打到不列颠,因此不列颠受罗马的统治,在罗马的占领下有 400 年左右。但是罗马人在不列颠留下的文化遗迹比较少。罗马鞭长莫及,隔着一条英吉利海峡,而且罗马的重镇毕竟是在大陆。这样就使得不列颠这块地方,由于受罗马的控制比较小(我觉得这是一个因素),罗马的遗迹比较少,它的自由度就比较大。后来诺曼底人潜入不列颠,又把法国的文明和一部分德国的文明带到了英国。英国就在这种条件之下,根据自己的语言文化条件,10 世纪以后,发展出自己独特的,现在我们大家都在学习的英语。英语的老祖宗也是克尔特语。这样子,英国就成为一个比较早的民族国家,建立起自己的王权,而且从 1066 年以后,它的领土上再没有外国人侵入,这是英国的独特性。老是英国人到大陆去,比如说,英国就曾经占领了法国的相当一大部分。为什么有英法百年战争?就是法国人要把这块地方收回来,就要打仗,把英国人赶出去。在法国出了一个女英雄,"圣女"贞德。其他的一些国家就是很小的了,像荷兰、比利时,都是很小的,不足道。比较大的就是这几个国家。

东边的情况不一样,西罗马帝国灭亡以后,东罗马帝国继续存在,就是拜占庭帝国,还是很繁荣的,文化等各方面都是很繁荣的。这样东罗马帝国反而能够保存希腊文化的主要内容。因为拜占庭帝国就在希腊,它的首都在君士坦丁堡,就是现在的伊斯坦布尔,所以希腊语在当时,在东罗马,占有一个相当重要的地位,甚至是统治地位。一直到 15 世纪,奥斯曼帝国起来,把东罗马帝国灭亡,整个的罗马帝国才不存在了。东边的这块地方就变成了土耳其的势力。说的简单一点,就是土耳其统治了一大批斯拉夫族的民族国家,也就是现在巴尔干的情况。

东欧和西欧是不一样的。在中世纪相当长的时期,很难说是到什么时候为止,东边一直是比西边发达的,东罗马比西罗马要发达。拜占庭帝国文化非常辉煌,原因之一,是它拥有希腊的文化传统,几乎是完整地保存了希腊的文化传统。而西欧反而没有。罗马帝国接受的希腊文化非常零碎。后来日耳曼来统治的时候,也没有能够大规模地引进希腊的文明,特别是在进入中世纪后期的时候,战争太多,比如像最大的十字军东征。十字军东征,我讲过了,是有东西交流的意义,但是文化的意义比较小,商业的意义比较大。这就是说,发展到了十三四世纪的时候,欧洲,特别是西欧——东边的欧洲还是奥斯曼帝国在统治的——要走民族国家这条路是定了的。

文艺复兴的时候,一个很重要的理论家马基雅维利,大家都知道他写了《君主论》,但是同样重要的一本著作是《佛罗伦萨史》。他在这里边讲了意大利的各个邦国的情况。而马基雅维利自己真正的思想，是认为整个意大利民族应该统一起来，但是当时的条件不允许，这是不可能的。日耳曼就更不用说了。一直到近代，慢慢地这些国家的因素都出来了。歌德曾经有一句慨叹的话，他说："德意志啊，你的祖国在哪里？"想想看，都19世纪初了，日耳曼还没有一个自己的民族国家。

所以我就想到现在，冷战以后，两个德国统一，除了一些偶然的因素以外，还有什么东西使得德国人那么激动呢？就是那么一股冲劲一下就把柏林墙推倒了，就从东边往西边跑。还有很多偶然的因素，你们念国际关系史都知道，这个民族的情绪，民族的感情，一个民族要使自己的民族变成国家的这个情结在欧洲是无所不在的。为什么巴尔干老在打？民族关系不好，宗教情况比较复杂，但是根本的一个原因就是，在巴尔干，一直到现在还没有形成民族国家的影子。

民族国家，这是欧洲文明史的一个特点，在其他地方没有。在欧洲大陆，这是一个普遍的愿望，或者是说不出来的愿望。民族国家的意思，就是大体上一种统一的语言，一种基本的文化，然后一个国家主权。这是欧洲民族国家的概念。当然里边会有小的区别。比如说法国，就并不都是法兰西，布列塔尼那地方是另外一个族。像西班牙也是，有些地方是小的民族。但是从大体上的趋向来讲是这样的。

我们有一些文章，现在看起来还有没有这样写的我不知道，把我们自己，中国，也叫作"民族国家"。我觉得这不对。"民族国家"的概念产生自欧洲，在欧洲的概念当中就是刚才我说的那种，说得简单化一点就是一种语言，一种民族，一个国家。当然在欧洲还有一个条件，宗教。中国不是这个情况，你要讲中国是"民族国家"的话，实行起来就会产生一些政治上的后果，也不是中国的国情。所以费孝通先生有一句话说，中国是"多民族的统一国家"。单纯地讲是"民族国家"就不太合适，不恰当。但是现在，我还经常看到这类的文章，讲我们中国作为一个主权独立的"民族国家"如何如何，这在理论上是站不住的。

这就是恩格斯讲的那句话了,说中世纪对近代欧洲的一大贡献就是产生了"民族国家"。你们看 17 世纪的《威斯特伐利亚和约》,要是没有民族国家的话产生不了这个和约。这个应该说是中世纪的功劳。

与民族国家的产生结合在一起的是什么呢? 是产生了"市民社会"的萌芽。罗马帝国的初期,在它最辉煌的时候,也是从共和国时期开始,一直到罗马帝国的初期,它做了一件大工程,就是道路的建设。咱们现在叫公路。在古罗马所统治、覆盖的地区,道路条条畅通,"条条大路通罗马"。欧洲的路当然现在也不稀奇了,是在中世纪时期、罗马帝国以后,慢慢形成了所谓公路网。道路纵横交错,再加上水路,这就利于一些独立的政治实体存在和发展。日耳曼神圣罗马帝国下面又有很多诸侯国,实际上日耳曼神圣罗马帝国是一个"虚"的东西,下面都是些小的国家。神圣罗马帝国,我过去讲过了,统治者叫 Emperor——皇帝,下面小一点的国家,是 king,下面再小一点的是 prince,亲王,反正是都有个小头目管着这些地方。这些地方小,容易产生"自治"的思想。这个在欧洲也相当的普遍。我有一次在伦敦,去参观他们的 community,community 到处都有,就带我去了一个,实际上咱们现在叫"社区"。我到那儿去,问过他们,我想这种制度、这种自治力,当时是 20 世纪 80 年代,已很发达了。社区里边,什么都有。他们说这里边的一个精神就是"自治",自己管理自己。我问他们像这样的一种精神从什么时候开始,他们很肯定地说就是从中世纪开始的。这形成了一个历史的习惯。社区这个组织就是市民社会的具体而微的体现。黑格尔《法哲学原理》里专有一章讲"市民社会"。他那当然是讲理论,我建议你们看一看。看看就是丰富一下理论上的知识吧。《法哲学原理》这本书已经译成中文了,商务印书馆出版的汉译名著里面有。它里面讲了很多比如自然法等这些历史上的、很难懂的问题。对于我们学习国际关系的同学来讲,我建议你们就看最后一章,或是最后两章。一个是讲"市民社会",还一个是讲"国家的产生"。他讲的国家的产生,我觉得没有我现在讲的这么通俗。黑格尔总是想把简单的东西说成很复杂。比如说国家的形成,国家的形成有一种特性,我觉得他说得非常准确——国家的存在就是"排他性"的存在。我觉得懂得了这个道理之后,对于国家之间有摩擦、有斗争、有冲突就不奇怪了。国家的本性就是"排他性"的,当然他有很多论证。这本书,特别是最后的两章,学国际关系的同学是应该好好读一读的。比较难读,但是值得硬着头皮把它弄懂。与民族国家的成立和观念的形成、市民社会的形成相伴随的是工商业的发达、发展。如果没有工商业的发展,很难谈得上市民社会。欧洲的商业发展得比较早,中国其实也是比较早的。当然欧洲有欧洲不同的情况,比如很早它就有很多"联盟",完全是商业联盟。河道又比较多,又靠大西洋、地中海、北海这些地方,很早它就同阿拉伯世界、同北非等等都有贸易往来。

欧洲到了近代它的眼光、它的视野,更有一个很大的转变,就是从向内转向向外。这是中世纪和近代世界一个很大的分界线、分野,是观念上的分野。这就是15世纪末由哥伦布开始的发现"新大陆"。我曾经说过这中世纪的终结线划在哪儿,是一个模糊的界限。你不能指定说是哪一天、哪一年,甚至是哪一世纪变成了近代,变成了近代社会,它是模糊的、渐进的。但是如果一定要举出一个年代来作为标志,便于我们思考历史上的问题,那么我说是1492年,就是哥伦布发现美洲。哥伦布发现美洲,历经千辛万苦,到了美洲之后打印第安人,杀了不少印第安人,反过来印第安人也杀了不少欧洲人。这要算细账的话,那就很难说了。但是我们历史地看问题,哥伦布发现"新大陆",不是一个孤立的事件。接着他以后,大家都知道的,就是出现了欧洲的这股航海潮流。麦哲伦绕地球一周,葡萄牙的达·伽马到了亚洲。达·伽马到亚洲的时候不能从陆路走。如果从西欧到亚洲从陆路走,是可以通过去的,但要碰上土耳其人拦路。黑海这个地方,用汤因比的话讲,已经变成土耳其的"内湖"了,属于土耳其的势力范围,你过不去。所以必须绕一个大弯子,绕过好望角,然后往东走,风浪非常之大,然后一直到印度、到印度洋。好望角这个地方当时还不叫"好望角",那个地方风浪非常之大,没法靠岸,再加上暴风雨,条件非常艰难,你想想看吧,十五六世纪那时候的条件,所以船上的人就给这个"角"起了个名字叫"暴风雨角"。绕过了这个暴风雨角,沿路和阿拉伯人发生了很多冲突,牺牲也不少。但是他终于到了印度洋了。回程的时候又绕过"暴风雨角"。回来的时候葡萄牙国王说,这个暴风雨角得改名字,改成"好望角",改成"希望之角"——the Cape of Hope。"好望角"的名字就是这么来的。这些事情、这些冒险说明两个问题。一个说明欧洲内部它的工商业的发展,特别是商业的发展已经使得欧洲人的眼界要向外看了,不满足于把商品从地中海卖到北海、卖到波罗的海或是卖到什么地方去,它要再出去,出得远一点。哥伦布是要到印度、到中国的,结果发现了美洲。当时的教皇有一道敕令,这个敕令是给葡萄牙、西班牙规定了一个分工——西班牙往西发展,葡萄牙往东发展。而且他给葡萄牙的手谕是这样说的:"凡是葡萄牙所经过的地方,所占领的地方,今后永生永世属于葡萄牙。"这个教皇气派挺大的,当然"永生永世属于葡萄牙"是不可能的,但是这反映了一种欧洲人的眼光。这眼光你可以批判它为"扩张主义"。你为什么到别处去横行霸道啊?但是这就是我要说明的第二个道理,就是这种航行、这种冒险,当然不止他们这两个了,麦哲伦不是航行了一圈嘛,说明什么呢?说明了地球是圆的,东边和西边是可以连成一片的。印度洋、太平洋、大西洋、波罗的海都是可以连起来的。这对人们的历史地理观点确实有了不起的影响。

我记得有一次,美国的一个历史学家叫布尔斯廷(Boorstin),很有名的一个历史学家,已经七八十岁了,就是在纪念哥伦布发现新大陆五百周年的时候到中国来,那是个由头,主要是来参观访问。开了一个座谈会,我也参加了。有一个参加者,我们的一个中国朋友,就问他:"哥伦布到美洲去,杀了多少印第安人?你对这个事情怎么看?"老实说,我当时脸上有点发烧,提历史问题哪能这样提啊?布尔斯廷一句话没回答。那他怎么回答呢,他说我应该替哥伦布道歉,还是怎么的?我们现在做这门学问,要的是一个头脑、一个思想、一个视野。杀了一百多万印第安人不是小事情,但我们现在讲的是历史,是讲历史对未来的意义。我看过一个电影,也是美国人拍的,就拍哥伦布到了美洲。电影写实地描写了哥伦布怎样带着人杀印第安人，当然印第安人也杀他们的人，两边打，印第安人打不过他们。西方人并不讳言这个东西，这是事实，问题是我们现在所要探讨研究的是一种历史观。维也纳大学有一位历史学家写了一本《欧洲思想史》(*The Intellectual History of Europe*)。我有一位在美国的朋友把它翻译出来了，据说写得非常好。在里边他提到一个有关12世纪的标题是"历史的诞生"。我这位朋友给我写信，他有点不明白，为什么12世纪是历史的诞生呢？这本书我没看过，他在信里就随便一提，我感觉这个"历史的诞生"就是一个历史观的诞生，就是不再局限于一个地方，眼睛放到全球去了。从12世纪开始就有这个东西了，就有这个苗头了，我讲的就是这个意思，到哥伦布的时候实现了。因为从哥伦布以前就开始了试探，好几次没有成功，半路回来了。葡萄牙有一个叫亨利的王子，他的绰号就叫"航海家亨利"，他提倡去航海、去探险，但他自己没去过。他的提倡反映一种眼光。接下来可能就是你们所熟悉的了，东印度公司成立、葡萄牙占领澳门、西班牙打到拉丁美洲去等等，所谓殖民时期。中世纪的意义我就讲这些，讲城市、国家、民族国家，这个观念的形成。

下面我来讲中世纪对欧洲的第二大贡献——基督教文明。

我们应该将基督教当作一种文明来对待。马克斯·韦伯写过一本书，叫作《新教伦理与资本主义精神》(这里的新教当然是宗教革命之后的新教了)。说明基督教对西方文明的影响巨大。例如，撒切尔夫人经常说"我们基督教文明如何如何"，然后下面完全是讲其保守党主张。基督教文明的影响无处不在，这能说明西方人真相信上帝吗？我看未必，因为在许多西方影视中经常可以看到嘲笑上帝的镜头。但是基督教文明为什么就有这么大的作用呢？因为作为一种文明，基督教是人心的凝聚力，在西方历史上曾经是理性的代表，直到理性回归于个人的文艺复兴时期。那么，基督教文明何以有这么大的力量和魅力呢？我想是在中世纪期间，基督教表现出的两个方面使得它成为中世纪的支柱，即基督教的政治化和基督教的理论化。

第一,基督教的政治化。

其产生的恶果是非常之多的,一个恶果就是基督教会的机构、组织、人员设置等完全按照罗马帝国模式而设。教皇像是皇帝,其下又设主教,并且教会有自己的财产,从而使得教会既是一个宣传教义的机构又是一个行使镇压权力的机构。大家都知道历史上常讲的教会里黑暗的一幕。文艺复兴时期的薄伽丘所著的《十日谈》中就主要揭露了教会的黑暗。稍后一点的还有,如伊拉斯谟的《愚人颂》,现在已有了中译本,对教会是嬉笑怒骂。但是伊拉斯谟是一个虔诚的基督教徒,所以他要求改革基督教会而不是基督教义。他和马丁·路德是殊途同归。马丁·路德是主张用激烈的手法,发动群众;而伊拉斯谟是认为根据理性就可以改造教会。他们都是宗教改革的提倡者,但是走的路子不一样。伊拉斯谟更具人文主义色彩,建议大家看看他写的那本《愚人颂》,很好玩的,也有译成《愚神颂》的,我看都可以,大概来说还是"神颂"更好一点,因为出面说话的是一位神,然后就把基督教里面各种各样的神讽刺一通,以及教会中那些黑暗、腐败的东西,这时已经接近现代了。

总之,教会成为了一种政治组织,后来又有了"宗教裁判所",那就更厉害了,布鲁诺就是死在它手中。教会成了镇压异己者和非基督教徒的这么一个组织。但是同时,基督教会又宣传基督教义,所有的基督教徒都是它的成员,教会的力量又非常之大。

另外,基督教在政治上的第二个恶果表现在它的分裂上,第一次宗教分裂是东西教派的分裂,即西方基督教、东方东正教。上一次有一个同学给我递了一个条子问"基督教和东正教都有哪些区别?"区别呢,礼仪上是一种,礼节、仪式等等是有区别的。但是根本的区别是东方的东正教,也就是拜占庭帝国的东正教,其意图是要和西罗马帝国分庭抗礼,这是政治上的。所以,东正教之所以要叫作正教就是这个道理,即"我是'The Orthodox'",以明确自己的正宗地位。第二次宗教分裂是宗教改革的时候新旧教的分裂,这里暂时不讲。

基督教内部和东正教内部分成好多"派别"，我们都不去细讲了。过去我们常常忽视了东正教的影响，比如，我们一提起欧洲，一般来讲是西欧，也确实是现在的西欧代表了欧洲的发展方向，且越到近代越明显。但是在中世纪的时候就不是这样了，当时的拜占庭帝国要比西欧繁荣得多，文化也发达得多。东正教同西方分庭抗礼的表现之一是当时西方的基督教的官方语言是拉丁语，而东正教的官方语言则是希腊语。这个希腊语的影响力不可忽视。《圣经》中的许多词汇都来自希腊文，是从希伯来文翻译成希腊文的，我想是它的方便之处，都在东边，从希伯来语翻成希腊语比较容易。所以《圣经》旧本是希腊文，当时东正教是使用希腊语传教、讲教的。而且东正教在土耳其征服东欧之前，就散布在各地。拥有十五个分会，如俄罗斯教会、罗马尼亚教会、阿尔巴尼亚教会等等，以及中东的叙利亚教会、马耳他教会均属东正教，影响力巨大。后来，俄罗斯成气候之后，就想要在希腊的东正教内夺权，并想把俄罗斯教会作为东正教的中心。

　　政治化的教会也有其积极的一面，如发展教育，在修道院中整理古籍、古代的经书，慢慢后来又加上了天文学、逻辑学等等，发展成后来的大学，这是教会做的一件好事。但从整体上来说，教会确实是一个政治性的，甚至于是镇压性质的组织。

　　但是我们讲基督教文明，不能只看这个。基督教文明是什么呢？我想就是对基督教教义的解释。大家都知道基督教的根本大法是《圣经》，分《旧约》《新约》。那么，如何去解释它，里面有很多问题如"三位一体"啦，上帝是不是存在啦等等，怎么去解释它便成为基督神学的任务，基督文明不能脱离基督教神学。这个基督神学可分为两段讲，一段是"教父派"。"教父派"的重要成员之一便是圣奥古斯丁，北非人。他原来也是一个异教徒，后来皈依天主教，成为教父思想的集大成者。他解释了上帝创造万物的教义，他的一本著作就叫《上帝之城》，这本书相当重要。他之所以要写这本书，就是为了回答非基督教徒的一个问题，即罗马帝国为什么衰亡？因为在当时有一种意见说，罗马帝国之所以灭亡是由于皈依了天主教，当时的基督教还立足未稳啊。圣奥古斯丁认为罗马帝国的灭亡恰恰因为没有坚定的信仰。因此,圣奥古斯丁就设计了一个理想国,"上帝之城"。一切都非常理想、美好,在上帝面前人人平等,把上帝尊奉为唯一的真神,大家都信仰这个真神。他还写有另外一本书,《忏悔录》,即向神的"告白"(这与卢梭的《忏悔录》不同)。现在已有了商务印书馆的中译本,大家不妨翻翻看看。

第二,基督教的理论化。

以上便是历经三四百年的教父派神学,后来教会有了学校,有了寺院、学院,逐渐地教父派就发展为正式的经院哲学或经院神学。神学理论进入了第二段。经院哲学继承了圣奥古斯丁的理论,但更加深究。它不仅仅相信上帝存在,相信上帝是唯一的真神,而且涉及很多古希腊时候就已经提出的,到了近代哲学里还在提的一些有关经验和理性的关系的问题,也就是一般和个别的关系的问题,这个问题到了近代哲学,甚至于到了中国哲学都有讨论。冯友兰先生在 20 世纪 30 年代建立他的"新理学"时,就讲一个众相、一个殊相,其实就是那个时候的一般和个别。在这些问题上,经院哲学派争论不休。一种认为一般是真正实在的东西,个别只是众相下面的具体问题。另一种则认为只有个别才是实存的,所谓一般只是一个概念问题,而非实在的。这其实就是来源于把个别看成是实存的东西,实际上就是经验主义的来源,相信感官、经验。而另外一派就发展成为后来的理性主义。本来,经验和理性这个问题在柏拉图时期就提到过,但只是一提而过。而经院哲学的知识分子就把它深入了下去。

这里面有一个很奇怪的现象,我现在还弄不太懂,我想把它弄懂。即经验派(感觉派)大多来自英国的神学家,大陆的神学家也有,但不大明确,出现时已经就到了经院哲学的后期了,大约十二三世纪。如西欧大陆的圣托马斯·阿奎纳(13 世纪),他被认为是自圣奥古斯丁以来基督教神学集大成者,他是意大利人,当时的意大利正处在分裂期,使得阿奎纳对政治也很有兴趣,他著有几本有代表性的书,如《神学大全》是完全在讲神学,讲上帝的存在……但是他有了一些创造,他把神学分成了两类,一类是"启示神学",

一切均是上帝的启示;另一类是"自然神学"。但是,他认为无论是启示神学还是自然神学,都要听命于万物之主的上帝,这条线是不能突破的。阿奎纳提出的这个启示神学和自然神学的分类对于以后的哲学却产生了深刻的影响。大体在这个时期,在英国连续出现了好几位神学家都是在认识论上强调感官、感觉、经验的作用,为什么都出在英国? 这些神学家也都到西欧大陆来过,比如这里面有罗杰·培根,不是后来的培根。还有一个是斯考特。还有一个是索尔兹伯里的约翰。他们都到过大陆,都在巴黎大学学习过。这就是神学里面的经验派,到近代之后英国就产生了实验哲学的鼻祖,弗朗西斯·培根。以后英国的哲学思想家都是沿着这个路子发展的。而大陆的都是理性主义。这个现象挺奇怪的,是英国的思想比较自由? 还是怎么样? 英国和大陆的哲学家从一开始就走的不是一条路。经验主义的哲学家大多出在英国。

基督教的神学和哲学是混在一块的,到了近代,哲学才从神学里面发展出来。因此,我说这是基督教文明对后世文明的一个很重要的贡献。

中世纪对欧洲的第三大贡献是"东西交流"。

西欧的文化在欧洲文明中最具代表性的,实际上是近代欧洲文明(自文艺复兴之后)。欧洲文明的形成过程中,东方文明功不可没,具体来说,是阿拉伯人的功劳。十二三世纪的时候,阿拉伯人将希腊哲学的经典从两河流域经过叙利亚,一直传到西班牙,使得西班牙成为第一个转运希腊哲学的基地。在这之前,罗马帝国时期以及中世纪的早期,欧洲人也了解到了一些有关希腊哲学、文艺、美术、建筑等方面的思想,但是比较间接、零碎,而更多的是接受了亚里士多德、柏拉图之后的新柏拉图、新斯多葛的理论,对于古希腊的思想则知道得较为零散。直到十二三世纪的时候,阿拉伯人成批、成套地将希腊哲学,特别是亚里士多德全集和柏拉图的著作,以及当时阿拉伯先进的文明,比如数学、天文学、医学(不仅仅是阿拉伯医学,还有古希腊的医学)以及希腊的自然科学的东西等等都经由西班牙传到整个西欧,起到了东西文化交流的作用。这是在中世纪末期,在这以后就没有这么多了。

原因我想就是西方超过了东方,还有一个原因就是,成吉思汗打到了欧洲。其实也没什么光彩的,因为成吉思汗打到欧洲后,由于内讧,就七零八落地跑回来了。所以俄国诗人普希金有一句话:"阿拉伯人给我们带来了数学,几何,天文……蒙古人来了什么都没给我们带。"那个一二百年中,蒙古人没有给欧洲带来什么。这是题外话了,总之,中世纪的时候,有一段东西方的交流。我们可以看到,有两件事,即基督教文明(诞生于耶路撒冷,扎根于西欧)和希腊文明都是由东向西传入欧洲。之后,地理大发现和航海探险后,欧洲出现了一系列的天文学革命,大家都知道是从哥白尼开始的,他第一个提出日心说,然后是伽利略,最后是布鲁诺,那已经进入了文艺复兴时期。

所以,综上所述,欧洲的中世纪表面上看起来是一个板着面孔的、非常严肃的、阴森森的一千年(500 年到 1500 年),但实际上却是孕育了西方近代文化的重要时期。特别是中世纪后期(十二三世纪以后)。

今天就讲到这里,总的题目就是"中世纪在欧洲历史上的地位"。最后讲讲期末考试问题,我把我的问题提给你们,你们去写,题目是"欧洲为什么是欧洲,中国为什么是中国?"随便怎么写,也可以设小标题,要求只有一条,就是言之有物,合乎逻辑,不要说或者少说空话。不要讲那些从概念到概念的话。说点实实在在的东西。这个题目是我还没有完全解决的,我写的书都是围绕着这个问题展开的,我还在思考,所以我把它提给你们,将来你们写出来的东西会对我有帮助。

第六讲

走向近代——文艺复兴

讲到现在,我所要讲的欧洲文明——准备在这课堂上讲的欧洲文明,差不多已讲过一半了。欧洲文明是一个很复杂的问题,它覆盖的面非常广。好像文明本身就是一个非常宽泛的概念。那么现在我所讲的"欧洲文明",它的含义就是与社会进步相联系的或者是与社会发展相联系的文明;不是什么一般性的——这个也叫文明,那个也叫文明。有些人对"文明"的理解是"文明礼貌",我讲的当然不是"文明礼貌",是涵盖比较宽泛的一个概念。所以我讲了一半以后反思,我觉得实在是时间非常紧张,难免挂一漏万,现在恐怕距离期末还有六七次课。我想我所能给的大体上是一个轮廓,是几条,同学们有兴趣的话,拿它来作参考,进一步读书,进一步思考,这样对于欧洲文明能够有所了解,并且能对了解我们自己的文明有所帮助,就是有所参照。讲比较是没法比较的,两种历史,两种历史轨迹,两种思想方法,两种精神状态,所以我不想拿欧洲的什么东西来比附中国的什么东西。这个比较我放在最后,放在最后的意思就是说从历史从文明史的发展上看中国和欧洲的根本不同,以及预示着中国的前途应该是什么样子的。以前所讲到的和今天开始讲的,可以说是课程的上下两部:以前讲的是上半部,就是上古和中古——中古就是中世纪;下半部是近代一直到当代。在上半部和下半部当中有块大界石、大界碑,这个大界碑就是文艺复兴。我以前讲过,这种分期,或者是中世纪和近代分期的界限都是模糊的,都是渐进的,只不过大体上要找出一个期限出来,不然的话历史没法研究。

这个时期,为什么说文艺复兴是个大界碑?从文字意义上讲,Renaissance 是法文,英国人也照这个念,中国把它译成"文艺复兴",加了"文艺"两个字,使得文艺复兴的意义大大地被压缩了,变小了。我不晓得这是出自谁的手译作"文艺复兴",但是好像我们就已经这样叫起来,是不是根据日文这样翻译的,我没有作详细的考察,但是确实英国在谈到 Renaissance 时,是加了一个字,叫作 Renaissance of arts。Arts 不单单是艺术的意思,也包括文学在内。在欧洲古代,arts 代表文学的意思。现在我们姑且叫它"文艺复兴",约定俗成。实际上文艺复兴包括的内容非常广泛,外延非常宽。它是一种包括文化的各个方面——这个文化也是宽泛意思的,就是涉及政治、经济、社会、文化各个方面——的复兴。它带有一个时代的特征,它反映的是一个时代的精神,这个时代的精神同以前大大不同。譬如说上古时候,主要是讲希腊这一段,希腊和古罗马的前一半,这是上古时候,有文学、有艺术、有哲学、有科学、有医学。所有的苗子都在那时候成长,有了播种的种子或是有了萌芽,但是带有很大的想象性,好像人类在刚刚看到这个世界的时候,脑子里充满了很多很神奇很美妙的想象,所以

图九 塞万提斯(1547—1616),
西班牙作家,《唐·吉诃德》的作者。

那个时候你可以叫它神话时代:从荷马时代开始到希腊神话,到希腊哲学,到希腊文学,到希腊美学等等。古罗马前一半也继承了这个东西。这么一段,是带有相当丰富想象力的一段,好像是一个新出生的小孩刚刚到这个世界上来,有很多奇妙的、美丽的想法,在这些想法当中包含很多将来要发展下去的欧洲文明的种子。再往下就是古罗马的后期一直到中世纪,这段时间我们可以看到一个什么特点呢? 看到基督教文明占统治地位的特点,这就是日耳曼罗马文化。这一段应该到 14 世纪左右,甚至在 13 世纪开始看到它的没落——封建制度开始没落,需要有一个新世纪、新时代来代替它。也就是今天所要讲的文艺复兴这一段。上古时代就是希腊罗马时代,概括一下可以叫作美学时代;古罗马和中世纪我叫它法学时代。希腊的精神是活泼的,是美的,古罗马精神是严肃的、凝重的,政治上是专制的,或者是王权专制或者是教皇专制。到了 13 世纪后期,在整个欧洲发生了一些很重要的事情,使得欧洲的局势发生了很大的变化。一件事就是西欧的地位相比东欧来说无论在政治、经济、文化各个方面都成熟起来了。当时还没有现代意义的"民族国家"的形态;nation 和 state 还没有结合起来成为一个东西。但是在十三四世纪的时候,从 nation 变成 state 的趋势已经成为欧洲特别是西欧的普遍愿望。在这期间发生了英法之间的百年战争,你们读历史都读过的。英国和法国在法国领土上打了 100 年左右。战争的起源相当滑稽,在我们看来有点不合常情。英国在法国占领了相当一大部分的"领地",它是属于法国的,但是却是英国的"领地",因为法国有一位公主嫁给英国的国王,把法王封给她的一块封地也带到了英国,就成为英国的"财产"了。后来法国查理四世逝世以后,没有继承人,于是这位公主的孙子辈英王爱德华三世,实际上就是法国那位国王的外孙子,就要继承法国的王位,想要争得这个王位,这是一种家族王朝之间的争位。争端由此开始,要我说这是一个政治上的借口。谁应该继承王位,实际上涉及经济问题,所以也是经济上的争端。原来属于法国的佛兰德尔地区,现在属于比利时,这个地方纺织业在 14 世纪比较发达。英国盛产羊毛,所以英国同佛兰德尔地区的贸易关系比较密切,苏格兰商人同佛兰德尔纺织业关系比较密切。现在法国要把佛兰德尔收回来,减少英国的影响,同时借这个机会把英国在法国所占有的领地一股脑儿都收回来,这就发生了战争。战争断断续续打了100年。大家都知道,在打到最后的时候,法国的局势有点不大妙,英国把巴黎、奥尔良这些腹地都占了。在这个时候法国有一位女英雄出现,她的名字叫 Jeanne d'Arc,是非常有名的,我们把她的名字译为"贞德"。了解法国的历史得了解这位英雄。她是奥尔良附近的一位牧羊女,只有十几岁。她在法国士气低落的时候挺身而出,号召法国的军队,而且带领法国的军队一鼓作气连续收回了英国占领的好几个重镇,把战局扭转过来了。从此以后,法国就节节胜利,一直到把英国打出去。这就是英法"百年战争",跨十四五世纪的这么一场战争。这个女孩子后来被法国内奸出卖,说她是"邪教"、巫婆,把她出卖给英国。英国就协同天主教会宗教裁判所,把这位少女烧死在卢昂广场。这件事情激起法国非常强烈的民族情绪,之后法国老打胜仗和这件事情有关。这位少女很了不起,她把英国打退以后,就把已经是不成样子的查理七世扶上了位。过了一二十年以后,这位国王给贞德"恢复了名誉"。这件事情在欧洲传颂非常广,在美国也传颂非常之广,成为法国的民族精神的象征。文艺作品里边很多都反映这位"圣女贞德"。莎士比亚写过,伏尔泰写过一首很长的诗,名字就叫《贞德》。后来在1840年、1841年左右,法国的历史学家们把当时在宗教裁判所对贞德的审判以及后来给贞德平反的那些证词,那时候都是拉丁文,翻译成法文,由此在19世纪以后,在欧洲和美国又掀起一阵"贞德热"。法国名作家法朗士为她写了传记。美国的那个很有名的作家——马克·吐温把她的事迹写成一部长篇小说《贞德》。同时教皇加封这位贞德为"圣女"(Saint),从此,Jeanne d'Arc 就有一个"天主教圣女"的称号,叫她"Saint Jeanne d'Arc"。有关她的档案文献都公开了,因此写她的作品非常之多,甚至于到20世纪二三十年代。大家知不知道萧伯纳(Bernard Shaw),爱尔兰的一位左翼作家,到中国来过,同蔡元培、宋庆龄、鲁迅关系都很好。他写了一个喜剧,用喜剧的方式写这个贞德的悲剧,剧本名字叫《圣女贞德》,在欧洲、美国演了 200 多场,风行西方。到 1998 年、1999 年,美国和法国合拍了一部圣女贞德的电影,我们这里没有上映。我讲这段故事是说明百年战争对于欧洲政局特别是英法两国政局、政治制度的影响都是很大的。"百年战争"英国打败了。以后,英国国会势力大增,国王和站在国王一边的贵族势力减弱。接下去不到两年,英国就打了一场内战,这个内战是两个贵族家族之间争夺王位的内战,一个是约克家族,一个是兰开斯特家族。这个战争你们也可能听过,叫作"玫瑰战争"。约克家族士兵身上都戴着家徽,是一朵白色的玫瑰;兰开斯特家族戴着红色的玫瑰。两个家族陆陆续续地打了 30 年之久,这都是 15 世纪的事情了。打完以后两家和好,把两个玫瑰捆在一起,由此出现了都铎王朝(Tudor),君主的名字叫亨利·都铎(Henry Tudor)。可以说从这个王朝起实行君主立宪制。当然,英国的立宪思想较早就出现了,大家也都知道 13 世纪时就有所谓《大宪章》,贵族和王权争夺统治权,最后几乎是平分天下,但后来作为一种君主立宪制度,从 15 世纪开始。这样英国从此走上一条相对于大陆来说比较民主的自由的政治制度,甚至于在解决宗教冲突的问题上(宗教冲突以后还要讲),解决得也比大陆要好,使整个英国社会气氛比大陆前进一步。法国在打完百年战争以后,百年战争它是大获全胜,因此王权进一步巩固,形成法国的非常有代表性的、有民族特点的君主专制制度。虽然那个时候欧洲的一些国家都实行三级会议的制度。三级就是教士、贵族、平民。平民也有代表,但实际上也只是形式,基本上是王权专制。这也就决定了法国以后的政治走向。但是英国的王权,虽然我说是立宪制,有点民主、自由的萌芽,但它还是王权。像其他别的国家,西班牙、葡萄牙、荷兰等,在这个时期都差不多实行了王权的制度,或者仿照英国的样子,或者仿照法国的样子。像日耳曼和意大利还形不成国家:日耳曼里边分成许多小国家,但是每个小国家都是王朝专制的国家;意大利境内有各种各样的邦国,实行各种各样的体制,有的是君主专制,有的是贵族共和制,有的就是共和制。总之,西欧在往民族国家这条路上大踏步向前迈进。这是中古时期和近代之间的一段时期,黑格尔称作从封建制到王权制这么一个过渡的时期。这是一件事情。

在中古时期以后,也就是十三四世纪以后,拜占庭帝国曾经非常辉煌,在文明鼎盛时期超过了西罗马帝国,这过去已讲过。但是到十三四世纪的时候,它的光辉渐渐减弱了,国力也越来越衰弱,终于在 15 世纪被奥斯曼帝国灭亡了。西欧赶上去了。怎么赶上的,这底下就有文艺复兴的问题。再有,也是在这个时期,阿拉伯对西欧的影响已经告一段落,应该说完成了它的历史使命了。阿拉伯国家我也说过,在古代曾经是文明鼎盛,很多哲学、科学、文学都是由阿拉伯传到西欧去的,希腊哲学的原原本本的东西,也是由阿拉伯传过去的,通过西班牙传到西欧去。到了十三四世纪,阿拉伯这个作用已经告一段落,当然彼此还有商业上的联系。这就是说,在中古以后,西方中世纪以后,历史上发生了一个重大变化,就是原来生根在东方的希腊文明和基督教文明,包括本来在西方就有的日耳曼和罗马本身的文明,全都扎根在西欧了。

根据一些历史学家的考证,西欧这块地方差不多在 13 世纪左右在动力 (energy)上就有新的进步。一个简单的机器操作,比如说是从河里提水的简单机器操作,向来是用人手或脚来控制的,到了 13 世纪发明了借助风力或者借助水力来代替一部分人手。这件事在我们现在看来简直是小事一桩,我们农村里经常有农民发明一个小东西提高了生产效率。但是在那个时候,古代的时候,这件事情就带有动力革命的意义。这是布罗代尔说的,布罗代尔是研究生产力历史的专家,法国年鉴派的历史学家。从 13 世纪以后,逐渐地西欧往前走,往前迈进。我觉得这些材料都说明了十三四世纪西欧各个方面都在活跃起来。

我们现在所要讲的文艺复兴,应该看到它是一个时代的概念。第一,它确实是从视觉上使人们感觉到这几个世纪是有了新的面貌。视觉上主要是雕塑、绘画,属于文艺方面,所以叫作"文艺复兴"。但是它所放射出的光芒不仅仅是文艺。第二,它确实是集中在意大利,可以说是从意大利发起的,但绝不仅限于意大利。在意大利的文艺复兴开始的时候,在其他的国家和地区比如说北欧,也已经有了向新时代发展的迹象、苗头。比如说英国的维格利夫写诗,他是一个神学家,就与过去老的英国古腔古调不一样了。到了16世纪出现莎士比亚,这些都可以算在文艺复兴这个时期里。但最集中的确实是在意大利。这就提出一个问题,为什么集中在意大利,为什么不集中在比如法国?法国在十三四世纪时,文化艺术相当发达,特别是骑士文学相当发达,但为什么不像意大利那样子?这个确实西方研究文艺复兴史的专家们也说不清楚。大体上的一个共识就是,那时候的意大利比较分散,没有一个统一的王权,意大利的一些城邦商业发达得比较早,比如说像威尼斯、佛罗伦萨、热那亚等等,商业欣欣向荣,每个城邦都有它自己独自管理的方式,思想比较自由。这也是一个理由。我想再有一个理由,那就是教皇一直是在意大利,在罗马。教皇在后来,十三四世纪控制力已经不行了,特别是罗马的天主教皇同法国国王的争权争得非常厉害,争得两败俱伤,最后是法国国王硬把教皇搬到法国的亚维农去,不让他在罗马住了,等于把教皇囚禁在法国。所以法国亚维农这个地方曾经有70年之久成为罗马教皇的驻地。这大大增长了法国王权的势力,还有几任教皇根本就是法国人,所以罗马教廷教皇的势力十三四世纪时式微,不像我们讲到的从中世纪开始罗马教皇在意识、思想、信仰上统一整个西欧那样的局面。所以人文主义(Humanism)这个东西应该说最早出现在意大利。当然可以在希腊文化中找到根子。但是使得基督教文明,或者在基督教文明的统治下出现人文主义因素,从而把理性经过几个世纪逐步回归给人性,这是意大利文艺复兴的一个大功劳。这里我想作为举例吧,讲一些有代表性的人。恩格斯有一句话,他说这个时代,就是讲文艺复兴的时代,是一个需要巨人,而且确实也产生了巨人的时代。为什么需要巨人?要从时代上分析,基督教文明神本主义已经到了一个阶段,非要由人来取代不可,这就需要巨人,也确实产生了巨人。我觉得这句话说得相当深刻。也就是马克思同样说的一句话,是人需要把人当作人来认识的时代。以前不是,以前是把人当作神的附属物来认识。

在这个时期,文艺复兴,意大利的文艺复兴,产生了不知道多少这种巨人巨匠。你们查查图书馆的图书去,多得很,确实是值得大写特写的。我只举四个人作为代表。

第一位是但丁,我已经讲过了。他可以说是一个不自觉的人文主义者。那个时候基督教的统治还很厉害。但丁在佛罗伦萨,是参加过政治斗争、政治活动的,后来被驱逐了,被驱逐出境,到处流浪,到处去观察,到处去体会。他凭感觉觉得这个世界应该变成另外一个样子,因此他首先把看到的世界,神话般地描绘一番。他的《神曲》,后人很多人看不懂,到现在也还是有人不太清楚。研究《神曲》成了一门专门学问,一定要深知那个时候意大利的政治经济情况的人,才能够真正懂得《神曲》所说的那个鬼是谁,那个狼是谁,那个狮子是谁,《地狱》里面的妖魔鬼怪但丁都是有所指的,都是现实的人。他把他幼年的情人贝雅特丽齐,当作一个未来的象征。但丁所向往的是什么呢?是一个没有争斗的世界。他参加了在佛罗伦萨两派的斗争。两派,一个叫作吉伯林派,一个叫作圭尔夫派,其实两派都是宗教信徒。他看到的是什么?最后他就是透露出一种愿望,向往一个人和人和谐相处、没有战争的社会。我们现在讲起来这是一件很平常的事情,但是你们必须要把它放到十三四世纪那个时代。

第二位向大家介绍的是彼特拉克(Petrach),应该说也是文艺复兴的一个代表人物,人文主义的代表人物。这个人的贡献非常大,他和但丁是同时代人,也是佛罗伦萨人,几乎是前后被驱逐出佛罗伦萨的。彼特拉克是一个书生,他研究从希腊以来的这些古籍,他也是对基督教文明进行考据的第一个人。进行考据你不要小看它,好像是一种技术性的文字工作,但是他正是从这个考据当中去体现、去体会到基督教文明的矛盾。也正是他的这些工作使他用人的眼光、世俗的眼光、现世的眼光去看待当时的社会。他写了不少诗,写了不少书信,给他的情人写的信,流传下来的,到现在也好像没有怎么太整理,据说有三四百封的样子。在他这些著作里面透露出来他的这种人文主义的思想。而且,以后西方的各个国家,除去意大利之外,包括欧洲、美国,都把彼特拉克看作是第一个人文主义者。希腊号称有人文的思想,但是能被称为人文主义者的人,一个是彼特拉克,还有一个就是宗教革命早期时候的伊拉斯谟。人文,humanism,首先是 human,是人。彼特拉克,人们称他为"人文主义之父"。

第三位,我上次也说过了,薄伽丘(Boccaccio),这也是一个文艺复兴的代表人物。薄伽丘写了《十日谈》。《十日谈》是说在那个时期,欧洲闹了一场黑死病,黑死病传染到整个欧洲,从欧洲大陆一直到英国,死的人非常多。当然这场黑死病,或者叫黑热病,有很多传说了,上帝降罪啦,或者是怎么样。薄伽丘写的这本《十日谈》,说的是在黑死病灾荒时期,跑出来七个女的三个男的,十个人跑到穷乡僻壤去,躲开这个黑死病。在那个地方,他们住了十天。这十天里面,让每个人讲一个故事,轮番地讲过来,在故事当中反映了薄伽丘对现世的看法。里面也有一些黄色的东西,但那个不是主要的。后人的兴趣,如果主要在这个地方,这就把薄伽丘给糟蹋了。在《十日谈》里面,把教会、牧师、神甫、神职人员的那种肮脏的、丑恶的东西,全都抖搂出来了。人文主义,是把自己作为一个人(human being)来对待这个社会的。但是《十日谈》没谈完,薄伽丘就死了。后人就续他这个《十日谈》,那就乱七八糟,就像咱们的续《红楼梦》,续《水浒传》,续的不是薄伽丘的本意。

第四位人文主义者,我上次也讲过了,就是马基雅维利(Machiavelli),写《君主论》的那个。后人对他有误解,误解在什么地方呢?误解就在他那本《君主论》。《君主论》给美第奇家族出主意,说你要做好皇帝的话,你必须做"暴君",什么手段都可以用,只要能成功就行,所以后人就把只要成功而不要任何道德,什么坏招都可以用的做法,叫"马基雅维利主义"。这几百年就这么传下来了。反正你要一提,这个人是"马基雅维利主义者",那总不是好人,是一个不择手段的坏蛋。我说这个看法应该全面地看。马基雅维利那个时候是佛罗伦萨的一名官吏,还做过外交官。那个时候,主要是要把各个城邦巩固起来。那么怎么巩固起来呢?他就想到政治学是脱离道德的,是超道德的,他这句话到现在还有用,是不是啊?现在有很多人在讨论这个问题,讨论国际关系和道德的关系,我看越讨论越糊涂。国际关系是权利问题,是利益问题,当然也有道德问题,但首先不是道德问题。基辛格的博士论文写的就是这个问题。基辛格的博士论文是论康德的。康德是讲道德的,道德至上的,基辛格的博士论文恰恰觉得行不通。但是,提出排除道德的政治学的第一人是马基雅维利。那你说这个贡献大不大?《君主论》里他举了一个例子,就是波吉亚——是一个小国王——是怎样运用这种根本不讲道德的行为,把他自己的国家搞好的。另外他还有一本书,就是《佛罗伦萨史》。他是佛罗伦萨人,这些人文主义者,绝大部分都是从佛罗伦萨出来的,这点也可以说明,在那个时期,佛罗伦萨是在思想上最自由、最复杂、最发达、最活跃的一个地方。他的《佛罗伦萨史》里有一个愿望,就是希望整个意大利民族能够统一起来。

　　文艺复兴时期所谓的人文主义知识分子非常之多。再要举几个例子,讲艺术方面。艺术,是一个可视形象的东西,你看了以后能够从中看到它的精神——它所代表的精神,体现出来的精神。比如说大家都非常有名的——我提的都是非常有名的人——达·芬奇。达·芬奇,现在我们最熟悉的就是他那幅《蒙娜丽莎》画像。那确实是很美的。《蒙娜丽莎》在法国卢浮宫展出,专门给它加了一个罩子,还不许人照相,不许人用闪光灯,那确实是很好的。但是达·芬奇画了很多宗教画。有人不理解了,你是人文主义者,怎么还画宗教画?我说这种看法太绝对了。文艺复兴并不反对宗教,并不反对宗教信仰,而且很多人文主义者都是基督徒。刚才我所说的这些人,包括但丁、彼特拉克都是基督徒,虔诚的基督徒。问题是他们用人的眼光来看这一切。达·芬奇的另一幅名作大家也都知道,《最后的晚餐》,耶稣和一大堆他的门徒,其中也有背叛他的、出卖他的那个犹大。那一幅《最后的晚餐》,确实精彩。我到米兰去看,放《最后的晚餐》的那个陈列室正在修。意大利人告诉我,第二次世界大战的时候,这间房子给炸掉了,整个房子给炸毁了,只有这幅画纹丝未动。这带有偶然性,不过那幅画画得确实非常好。问题在于达·芬奇准备这幅画的时候是做了大量的工作。他准备这幅画的时候画了很多素描:犹大应该是什么样子的,圣·保罗应该是什么样子的,耶稣本人应该是个什么样子的,他都做了很多素描,而这些素描留下来了,反映出达·芬奇对于人体解剖学的了解。这是了不起的创造。人头比例怎么样,身子比例怎么样,都是用数字标示出来的,所以达·芬奇也是个数学家。达·芬奇没有留下成本的著作,但是后来,逐步地发现了一些他的笔记,就是他在作这些画时候的笔记。这些笔记里面有很多很精彩的东西,比如说重视经验、重视感觉,这都是在欧洲大陆当时所没有的。他的一句名言是:眼睛是心灵的窗子。所以他非常重视画人物的眼睛。人家都说"蒙娜丽莎"无论你站在哪儿,她老在看着你:你站在左边也看你,站在右边也看你。我倒没这感觉,反正我觉得画得很好就是了。达·芬奇这一代艺术家是开拓性的、开创性的。比如说拉斐尔(Raphael),这也是大家都知道的。拉斐尔有两幅名画是很重要的。一幅是梵蒂冈教堂里画的那幅大的壁画,那幅壁画叫《雅典学院》,把希腊的哲学家一个一个地全表现在那里头,非常浩大的一幅画。画当然是第一流的,也确实反映了他的思想,反映了他这种"人"的思想。他的另一幅画《西斯廷圣母》,实在是太精彩了。他们意大利人带我去看西斯廷教堂时,有一个绘画展览,从中世纪开始一直到文艺复兴。使我确实感到了文艺复兴的伟大。从中世纪看来,那些画好像都是宗教画,文艺复兴时期的画也是宗教画,还是画的圣母、耶稣等等,但是中世纪那时的画,画面上的人一个个神情呆滞、凄苦:圣母马利亚是一脸的愁容,耶稣总是在那受苦、受难的样子。慢慢地接近到文艺复兴了,那画风突然一变,圣母马利亚变成一个非常漂亮的妇人,非常美丽、温柔,抱着耶稣——非常好玩的一个小孩。这些在我们看起来没有什么,你要看到那个历史时代的发展。再举一个例子,比如说米开朗琪罗。米开朗琪罗实际上是两个词拼起来的:"米开"就是 michel,"朗琪罗"就是 angelo,天使。这是个很伟大的雕塑家。另外他留下了一本诗集,他的诗集现在好像也已经翻译出来了。我举这么些例子来说明人文主义在文艺复兴时期的发展,并且集中在佛罗

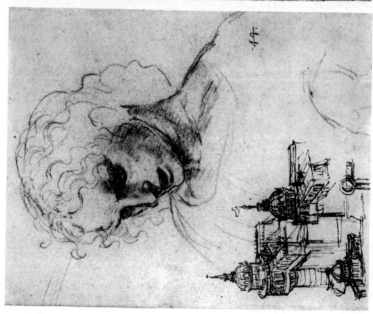

图十 达·芬奇为《最后的晚餐》所作的人物草图

伦萨的这样一些图景现象。

意大利的文艺复兴,很快地传播出去了,成为一个带有全欧性的,特别是在西欧方面的一种思想解放运动。文艺复兴涉及的面实际上不只是文艺,还有人民的自由问题,言论自由的问题,在艺术上创作的问题,学术上的发展等。经过这段文艺复兴之后,各种大学里气氛就活跃得多了。拉丁文,只是属于少数的教会里面的知识分子在使用,民族语言大大地被提倡起来。各个国家的民族语言:法国的,英国的,意大利的,包括日耳曼的,几种民族语言都应该说是从文艺复兴以后发展起来的,成为人们使用的语言了。过去,只有拉丁文是官方的。文艺复兴对人们的生活习惯、精神状态都有非常大的影响。这个影响不止于一时,也不止于意大利,它是全欧性的。讲它是全欧性的,并不是说都是接受了意大利的思想之后,才怎么样的,而是反映出时代发展到那个时候,应当活泼一点了。不过意大利比较集中就是了。那么,文艺复兴有哪些影响呢?我总结了这么几条,合适不合适,请你们批评。

第一,是对人生态度的影响。把人与神剥离,是一种人生观的态度,也是个人主义的一个基础。就是个人(individual)成为社会的组成部分,基本的部分,要表现人。我们中国,或者说古代,包括近代,对这个"人"本身常常不去怎么理解。Individual, human-being 这个东西,在我们国家的传统思想里面是比较薄弱的。这跟西方有很大的不同。这是文艺复兴的一点影响。在这以后的一些文艺作品也好,所写的哲学的文章、社会学的文章也好,都比较突出这个问题,以人为本。文艺复兴,说得硬性一点,是一个从神本主义转向人本主义的关键时刻,一个起步的时刻,还是我重复的那句马克思的话,把人当作人来认识。

第二,文艺复兴所产生的影响是社会性的。应该说它使得城邦,或者说城市,或者叫社会活跃起来。用我们现在的话来说,人们的觉悟提高了。商业、经济、文化各方面相互之间的关系,更加密切更加互相影响了。既然城邦发展了,中产阶级的意识也逐步地成熟起来。我想一个社会的发展——

我们这里专讲欧洲——没有中产阶级的作用,那个社会是发展不了的。为什么呢?在那个时代知识、技能、文化,都掌握在中产阶级手中。在中世纪的时候,中产阶级不成熟,也没有自觉的存在意识。文艺复兴推动了城邦的发展,也就推动了 bourgeois 自己的存在意识。"Bourgeois",你可以说它是市民,也可以说它是中产者。

第三,由于思想活跃了,因此在学术上,在文化方面批判意识加强了。如果说中世纪的时候,人们的内心世界主要是信仰和服从,那么到了文艺复兴以后,人们的精神世界就发生变化了,就有了他自己的意见,对现实有了批判意识。你比如说但丁,尽管他那种批评还是非常隐讳的、非常隐蔽的,但是也很露骨。到伊拉斯谟写《愚人颂》,开始对教会对神甫冷嘲热讽了。这不是从一个角度、一个侧面反映了时代的进步么?

第四,与这个有联系的,就是教育,学院制度得到了推动。

第五,推动了人们的科学思维。中世纪的科学主要表现在机械上,单纯简单的机械上,或者是化学上的炼金术等等。进入近代以后就不是了,就逐渐有了"科学思维"。到了文艺复兴以后,弗朗西斯·培根等人都有了科学的思维。近代的科学思维,如果没有文艺复兴的推动,也是不容易想象的。

图十一　威廉·莎士比亚
(1564—1616),英国剧作家、诗人。

关于文艺复兴的影响,我总结了这么几点,同学们还可以提出一些新的意见。当然,这种影响,对于各国,可以叫作播种吧。但是在不同的国家里面,所产生的结果是不太一样的。整个文艺复兴,我想它应该等于是一个新文化运动。我有一位朋友,跟我探讨这个问题。他说"文艺复兴"是不是应该翻译成为"文化复兴"。文化,意思就广得多了。因为"文艺复兴",特别是在我们中国人所理解的"文艺",那是很窄的。唱歌跳舞绘画书法,这就是文艺,再加上作家写小说。其实不限于这些。它应该是一种文化,"新文化运动"似乎应该翻译成"文化复兴"。如果把它作为一种文化运动来看,它在各个不同的国家就有不同的特点,所结出来的果实就不太一样。当然这个总的果实,体现出一个新时代到来了,一个新世纪已经到来了。也就是从此,西欧远远地超过东欧。本来文化这个东西是从东到西,这咱们讲了好久了。希腊就在东边,基督教也是从东边去的。阿拉伯在里面起了传递的作用。这都是从东到西。但是从此时起,转过来了。西欧是一节一节地上升。欧洲的东部主要是在奥斯曼帝国的统治之下好几百年,加上阿拉伯世界也没落了。这一来,差距越来越大。那现在我们来看东欧和西欧发展中的差距,近因来看,东欧是落后下来了,处于落后的地位。但是从历史上看,也是一个过程。从十三四世纪以后,东欧就越来越落后了。东欧和西欧的差别就越来越拉大。那么,文艺复兴在各国的结果怎么不同呢?

比如说在英国所表现的,文艺复兴所产生的影响,更多地是在经验哲学上,或者叫作实验科学。这个当然也是有英国自己的老根。英国自己的老根是从神学时代开始,就注重感觉,注重感官。所以在神学里面,同正统神学唱反调的第一个人是英国人,不是马丁·路德。马丁·路德是好几个世纪以后的十五六世纪时的人。我记得我过去也讲过,像威克里夫、阿斯道克斯等等这些人,在神学里面有不同的意见,文艺复兴的影响,更加对它有促进,有推动。英国主要是在这个方面,可以更大而化之地讲,在应用科学、实验科学上有了英国的特色。

文艺复兴对法国的影响也是很大的,尤其是对政治哲学产生了很大的影响。一直影响到启蒙运动时卢梭、伏尔泰等人。当然基础是人文主义的,这没问题。

对于葡萄牙和西班牙这两个沿海地区的影响是什么呢?是航海。当然,文艺复兴与葡萄牙、西班牙的航海,很难直接挂起钩来。这也是因为时代到了这个时候了,欧洲人的眼界不再只向内看了,不再只向欧洲这一个区域里看,要往外看,向海洋看。葡萄牙、西班牙是先行者。很快荷兰跟上来,英国跟上来,法国也跟了上来。这就一直联系到十八九世纪西欧的强国在世界各地建立他们的殖民地,成为"殖民帝国"。葡萄牙、西班牙是开其端的,虽然它们后来不行了。

当时的日耳曼是比较分散的,文艺复兴对于日耳曼的影响是什么呢?是宗教。日耳曼宗教问题比较复杂,一方面它有一个叫作"日耳曼神圣罗马帝国",戴着一顶"罗马"的帽子,但是它又管不了罗马教廷。罗马教廷在宗教这个范围里面还要管着日耳曼。这就有一个矛盾在里面。德意志民族,是比较传统的,不像法国拉丁民族那样活跃,比较循规蹈矩。所以有人说日耳曼是一种宗教的民族,皈依基督教比较晚,但是皈依了基督教以后,就变成了"日耳曼神圣罗马帝国"。因此宗教的影响在这个民族当中根深蒂固。但正是因为这个缘故,所以文艺复兴这种思想上的影响就推动了下一个世纪马丁·路德的宗教改革。

所以这样说起来,我的意思就是想说,文艺复兴大体上是一个从 14 世纪到 16 世纪 300 年的欧洲的文化运动,新文化运动。现在有些书,包括外国人写的书,一写意大利的文艺复兴,就讲那一点,就讲佛罗伦萨的文艺复兴这一段,好像跟其他国家没什么关系,而且讲得非常之细。我觉得这当然是很好的,了解文艺复兴在意大利的这种发展过程,这种书是应该去看的。比如说有个瑞士人,叫作雅各布·布克哈特(Jacob Burckhardt),他写了一本,有中译本,叫作《意大利文艺复兴时期的文化》。你们有时间可以翻翻看看,这么厚,非常详细,什么地区发生了什么事情。但我觉得我们还是要把眼光放宽。文艺复兴不是一个偶然事件,也不能是一个孤立事件。它在欧洲是一场普及整个西欧的文化运动。这股风,当然对东欧也传过去了。像波兰、捷克这些中欧国家,也受到一些影响。但是离西欧越远的东欧国家,受的影响就越小。所以文艺复兴基本上是一个西欧的运动,是把西欧推向近代化的第一步。这是我对文艺复兴的一点看法。我想区别近代的近古，就是文艺复兴以后，同中世纪精神世界的不同。中世纪的精神，中古的精神是人们眼睛总想着彼岸，想着天国，想着地狱，理性是由上帝来掌握的，这是中古。到了文艺复兴以后，我们叫近古也可以，叫近代也可以，眼睛是看着此岸，看着现世的。不管你写的是什么题材，你处理的是什么题材，你画出的画可能还是圣母玛利亚，但是你想到的，你看到的是现世，是此岸，是世俗，是人世间，理性从神性逐渐地回归到人性中。也可以说，在认识论上来讲，是从单纯的信仰压倒一切(一切就凭信仰，你不要问为什么，你信仰就是了)，逐步地过渡到由人自己去认识外界。信仰不再是唯一的人生态度。这恐怕是文艺复兴前后，人在精神状态上的重大区别。

课堂提问与解答

1. 胡适把中国的新文化运动翻译成"Renaissance"，那么中国的新文化运动与文艺复兴到底有什么异同？新文化运动把德、赛二先生请到中国，是否真正成功了？

答：当时在"五四"那个前后，有人把新文化运动翻成"Renaissance"，我觉得是一种借用，并不是给它一个科学的定义。意思就是说，我们的新文化运动就像当时的"Renaissance"一样，使得这个文化运动有一个新的面貌出现。但是它的科学的含义是不完全一样的。我们的新文化运动在"五四"时要冲破旧的束缚——封建主义的宗法主义的旧的束缚，提出把西方的德、赛两先生请进来，这是一种对旧制度的批判。当时不是有打倒"孔家店"的说法么？所不同的地方在于"科学"的定义。当然胡适等就把它借用过来了。当时借用"Renaissance"来表示中国的某个阶段的文化现象有好多种。你比如说有的人还把唐朝的韩愈、柳宗元提倡古文，叫作"文起八代之衰"，叫作"Renaissance"。那么他取的是什么意思呢？取的意思就是说，西方的这个"Renaissance"是从复古开始。复古，复什么古呢？复希腊精神之古，这是意大利文艺复兴的本意。那后来有人在解释这个"Renaissance"的时候，就指出了这个"Renaissance"是有两个含义的,一是复古,二是创新。这是伏尔泰讲的。这就把意大利的那个"Renaissance"的意思解释全了。我们自己的文艺复兴,没有复古那一层意思,比如像先秦文化把它恢复过来,然后再创新,没有这个意思。我们的意思还是根据我们自己的情况,我觉得还带有一个呼吁性的、呐喊性的性质。我们需要一个"Renaissance"。我还写过一篇文章,我说我们需要我们的文艺复兴。但是这个文艺复兴,绝对不能够胶柱鼓瑟地去理解,像意大利那样,先来一个复古,然后再复兴。至于"把德、赛两先生请到中国,有没有真正的成功",什么叫真正的成功?我觉得这里面有一个渐进的过程。现在不是在提倡建设社会主义的民主么?科学不是现在也在提倡么?所以,这个东西有很长的一个发展过程。我们之所以提出德、赛两先生,就是对欧洲文明的一个高度概括,特别是近代欧洲文明,我的一本书里面,我也这样写,欧洲文明核心是什么?是"科学与民主"。这两样东西都是我们中国所需要的,而且是亟需的。这点没问题,也是一个我觉得不能说什么时候就完成了的工程。什么时候才有我们比较满足的"科学和民主"?我觉得这是非常难讲的。但是我觉得重要的在于人的观念。你要不要科学,要不要民主?德、赛两个先生,我觉得概括得非常精炼。但是只是这两个字,不能够一天两天把它完成。这里面有很多很复杂的因素。总之我觉得在认识上,在全民认识上还差得很多。这里面我觉得有教育问题,有风俗习惯问题。我觉得这两项任务对于我们中国来说,任重道远。不是一天半天能办到的事情。

2. 为什么在文艺复兴中,一方面有揭露教会黑暗和腐败的作家、作品,另一方面却是对基督教的宣扬?为什么欧洲人能把教会和教义相区别?后来的宗教改革也是这种情况吗?

答:对这个问题,我觉得你需要在思想方法上考究考究。就是在思想方法上,应该复杂一点。这不是非黑即白的事情。你比如说,我将来要讲到的,伊拉斯谟是个虔诚的基督教徒,但是他对于教会的揭露不遗余力。特别是在欧洲基督教会，特别是在后期，基督教会是非常腐化的。所以有一些基督教的作家，揭露基督教里面的那些腐化堕落，同时也宣传基督教教义。因为他们认为教会的所作所为违反了基督教教义。宗教改革一个重要的东西是什么呢？就是"上帝面前人人平等"，就是我要了解《圣经》，我要了解基督教的精神，不需要你们这些神职人员、教会向我解释。我直接可以同上帝通话。说它是个矛盾现象，它就是个矛盾现象。我们不能简单地说人性回归了，对教会批判了，那就黑是黑，白是白，从来没有这样的社会。特别是这个基督教，在西欧扎根时间这么长，这么深。你说为什么做这些事情这么困难，那确实是非常困难的。这个在讲宗教改革时我还要继续讲，还要多讲一些。今天就讲到这儿。

3. 为什么我们强调文艺复兴的"文艺"方面？难道中世纪一些科学家，如牛顿、哥白尼等人的科学贡献对走出中世纪的黑暗没有作用吗？

答：你这个问题提得非常好。为什么呢？我们只强调文艺是片面的。我觉得从最开始翻译就翻错了，翻译得不准确。它本来不是文艺。文艺复兴，应该说是整个的时代的代表。这个时代里面，包括文艺，包括科学，科学里面特别是天文学，包括地理大发现，还包括开始有比较整套的科学思维。应该是包括这些内容。像牛顿、哥白尼等人的科学贡献对于走出中世纪的黑暗当然有作用，而且有非常大的作用。哥白尼，现在历史书上要讲"哥白尼革命"，叫作天文学革命。这是从"地心说"变为"日心说"，很了不起的事情，是对教会的一个很大的冲击。教会认为上帝已经安排了万物，是上帝安排了地球为中心。但是哥白尼的这本书是到他死的时候才发表的。以后坚持他理论的人，还经常受到教会的迫害。牛顿当然也是，不过牛顿也有点毛病。他讲了万有引力，这是对科学的很大推动。但是牛顿没有解决第一推动力的问题，所以他又把上帝留住了。

4. 为什么文艺复兴最早发生在意大利，人本精神开始上升，而意大利却直至 19 世纪末才实现统一?

答:对的,这是个矛盾。文艺复兴集中在意大利发生,特别集中在佛罗伦萨。可以说意大利像个发动机似的,它把这个"文艺复兴"发动起来以后,意大利就没落了。也没有再出现像达·芬奇、彼特拉克这样的巨人。这应该说是意大利历史的一个悲剧。它起了很重要的推动作用,但是它没有继续下去。很重要的一个原因,就是后来意大利这个民族变成了被压迫的民族。它发展不起来了。

5. 有人说文艺复兴时的科学精神把人的知识能力限制在物质世界范围内,使人丧失了灵性和信仰,使科学违背了人性。您怎样评价?从信仰到理性,究竟在何种意义上说是一种进步?

答:我看你这个问题还是一个思维方法上的问题。当时文艺复兴在相当大的程度上是个自发性的。就是那个时代发展到那个时候了,社会发展到那个阶段了,就出现了这些人物。并不是这些人物,先设计了要干什么,然后才有文艺复兴。那么人的认识能力,也不是只限制在物质世界范围之内,但是从认识物质世界开始,有了感觉。过去不承认你的感觉的。你的感觉算什么呀?一切有信仰就够了。所以到了达·芬奇这一些人,认为感觉是非常重要的。达·芬奇的笔记里面有很多内容谈这个问题。这就是一个进步。从信仰到了理性,当然是一种进步。信仰是盲目的,可以说,信仰不需要认识的。上帝是存在的,你需要认识么?你需要问"为什么上帝是存在的"吗?如果你要问"为什么上帝是存在的",那就涉及认识问题上去了。在中世纪的鼎盛时期,是不能问为什么的,你"信仰"就是了。后来一直到弗朗西斯·培根,提出来信仰跟认识是两码事。其实有些神学家已经开始认识这个问题,他不自觉地认识了这个问题。我不是跟你们讲过阿奎纳么?阿奎纳把神学分成启示神学和认识神学。这是一个进步,但是一个不自觉的进步。到了弗朗西斯·培根就进一步明确,信仰和认识是两件事。伏尔泰进一步清楚地说信仰是宗教的事,认识是哲学的事。到了康德,他索性建议大学里面神学系跟哲学系应该分开。所以这些认识是几百年的过程,不是一朝一夕的事情。所以说从信仰到理性,那确实是一个很大的进步,一个飞跃。

第七讲

走向近代——宗教改革

今天我们主要讲 16 世纪的宗教改革。是叫"宗教革命"呢，还是叫"宗教改革"？这两种叫法都有。从这个词的英文来看，我觉得叫"宗教改革"比较好。Reformation，R 要大写，这跟 Renaissance 的 R 要大写一样，就是说，它不是一般的改革，不是普通意义上的改革，是特指 16 世纪马丁·路德所发起的宗教改革。

事情的经过我稍微讲一讲，但我们关注的重点不在于这件事情到底怎么个过程，因为这件事情大家在书里都可以看到。重点是跟认识文艺复兴一样，要通过宗教改革，去看一个时代，即从中世纪末期到近世，从 14 世纪到十六七世纪这段时间的"时代精神"。这样，我们就比较容易理解中世纪为什么崩溃，新的世纪为什么要到来。

从 14 世纪到 16 世纪，甚至于 17 世纪上半叶，是个非常关键的时期。这几个世纪里所发生的重要事情，主要有这么几件，过去我已经讲过，现在再重复一下。第一是科学思维的产生。从哥白尼天文学革命开始，人们不再根据神的意旨或者说教会的意旨来看世界，看宇宙，看人，而是有了自己客观的观察。哥白尼天文学革命的意义就在于它是一次思维革命，引出了科学思维。第二是地理大发现，第三是文艺复兴，第四就是今天要讲的宗教改革或者说宗教革命。这几件事情综合在一起，反映了这个时代的特点：人的精神在解放，眼界在拓宽；人对世界的认识，对社会的认识，对人自身的认识,都在发生与中世纪不同的根本性变化。

宗教改革为什么会产生? 宗教改革的意义是什么? 我经常会遇到这样的问题:为什么基督教对于欧洲人,甚至对于美国人是如此重要,而其实他们并不一定相信真有个上帝。克林顿、布什就职的时候都要把手放在《圣经》上宣誓。他们真的相信有个上帝吗? 有个上帝在看着他们吗? 撒切尔夫人每次讲话,开头都要讲我们基督教文明怎么样,而她下面所说的一切政策上的事情跟基督教毫不相干。基督教对于欧洲人,对于美国人,是这么重要,这是我们中国人不太容易理解的地方。我们讲这是一个信仰,那么他们真的相信有个上帝吗? 真正说透这个话的人是尼采,他说"上帝死了"。他这么说,但他不能否定基督教文明对于西方人精神世界、内心世界的深刻影响,这种精神影响是去不掉的。现在的西方人,特别是年轻人,很少到教堂去,去了也只是看一看,玩一玩,但他们仍认为自己是从基督教文明过来的。基督教的这些东西,包括它的教会,它的教义,以及围绕基督教所发生的各种各样的事情,都给欧洲人留下了深刻印象。那么宗教改革的标志是什么呢? 它的标志是统一的欧洲教会——罗马教会不复存在。大家都知道,由于马丁·路德的这次宗教改革,天主教一分为二,分为新教和旧教。宗教改革是件了不起的事情,它的缘起是罗马教廷出售赎罪券。赎罪券的英文是indulgence。Indulgence,我们平常说是任性、宽容的意思,但是在宗教上是免罪的意思。人生来就是有罪的,有罪恶感,因此就要赎罪。教会的办法是让你买赎罪券,为教会做出贡献,这样就可以免去异教人或者是违反教规的基督教徒的罪恶。赎罪券是从中世纪开始有的,后来随着基督教的腐化、基督教会的权势化,就逐渐变成了剥削手段。几个世纪以来,一直有一些宗教改革家,反对教会出售赎罪券。在中世纪,教会把赎罪券出售给它认为的那些罪人,结果产生了许多分歧,引起反抗。在 14 世纪,就有宗教开明人士、思想比较解放的人士——用我们现在的话来说,就是先进一点的人,提出反对意见。英国的威克里夫(Wycliff),是第一个著名的反对人士。威克里夫是14 世纪的文学家、小说家,同时也是神学家。由于反对赎罪券,他遭到了教廷的惩罚,他的书被教廷焚烧了。到了 15 世纪,出现了一场反对赎罪券的群众性运动。捷克的扬·胡斯(Jan Huss)起来反对"赎罪券",结果被罗马教廷施以火刑,烧死在布拉格广场,因而引起了一场群众暴动。这是中世纪比较大的一场运动,群众烧毁了教堂,烧掉了赎罪券。现在我们到布拉格去,还有一座扬·胡斯雕像,他骑着马,伫立在一个小广场上。1968 年,在"布拉格之春"事件中,当苏联军队出兵占领布拉格时,很多群众到胡斯像旁集会。胡斯在布拉格成了一种象征,不单纯是宗教的象征,更是一个民族的象征。另外,在教会内部,像传教士、牧师等神职人员,也对教会产生了这样那样的意见和不满,觉得教会越来越腐败。我上次讲过,教会政治化了,完全学罗马帝国的那一套政治机构。从教皇到主教,到教区的神甫等等,都有自己的庄园,都圈了自己的地,向农民收取地租,而且剥削、压榨、搜刮越来越厉害。到了中世纪后期,天主教的腐败已经到了不可收拾的地步。在我给你们介绍的孟德斯鸠的《罗马盛衰原因论》里面,就讲到了这个问题。到了十五六世纪,对教会的不满情绪已相当厉害。那么,这场大规模的宗教改革为什么发生在德国,而不是在其他地方呢?这要看当时的历史背景。十四五世纪的时候,德国有这样一种社会现象:它的工商业虽然有所发展,但比起较早建立了王权集中制的英法等国,还要落后很多。在日耳曼地区,在日耳曼神圣罗马帝国内部,也没有像英国、法国这些比较先进的国家那样的中产阶级,这里姑且称之为中产阶级吧,就是城市市民。日耳曼只是一个教会笼罩下的农民国家,虽然它的名字叫作"神圣罗马帝国",但它并没有一个强有力的中央集权制度,没有英国、法国那样的中央权威。它的权威分散在各诸侯手里,神圣罗马帝国的皇帝形同虚设,是一个虚的东西,就像我们春秋战国,特别是战国时期的周天子一样。各个诸侯都有自己的权力,有自己管辖的地区,自己的"国家",姑且叫作"邦国"吧。另外他们的信仰不同。这些诸侯同罗马天主教会,也有利益上的矛盾,因为罗马教廷要收税,而诸侯自己也要收税。比如说,马丁·路德出生的萨克森王国就是这样。以上就是马丁·路德宗教改革在德国的社会背景。关于马丁·路德,有很多传记,其中有一本写得比较全,题目叫《这是我的立场》,作者是美国的罗伦·培登,现在已翻译成中文了,译林出版社出版。如果大家对马丁·路德特别有兴趣,可以看一看。

根据传记的记载,马丁·路德在年轻的时候,是一个很温和的人。他出生于萨克森王国的一个农民家庭,后来成为一名知识分子,一名神学家。在萨克森王国的维登堡有个修道院,马丁·路德年轻的时候就在这里教神学,讲《圣经》。由于他神学的造诣比较高,研究比较深,所以当时就是修道院的神学博士。可见,他一开始是神学院的知识分子,而不是一个反叛性很强的人。后来的人从他讲课的笔记中,看到了他对教会的不满。比如说他在给修道院的学生讲《新约》里边的《致罗马人书》时,就感觉到教会有些地方做得不对——腐败,搜刮民财,这些都是违反基督教本义的。这些东西出现在他的笔记里,但他自己没发表,所以无法证实他是否给学生也这么讲。这些是在他成为宗教革命的领袖后,历史学家研究他留下的东西时发现的。当时有一位农民运动的领袖,叫作闵采尔(Munser),其实他也是一位神学家,他也认为教会发售赎罪券是反基督的行为。他的思想和农民的利益联合起来,就形成了一场规模相当广泛的要求废除赎罪券的农民运动。1517年,马丁·路德写了《九十五条论纲》,就是九十五条 theses。他的"九十五条"是非常温和的,并不是想借此掀起一场翻天覆地的革命。他把"九十五条"贴在维登堡大教堂的墙上,希望引起大家讨论。"九十五条"的内容绝大部分是神学上比较玄妙的东西,说老实话,我们看的话,也不明白里边到底讲些什么。"九十五条"中关键的是赎罪券问题。马丁·路德觉得赎罪券本身是不对的,任何异教徒或者是基督教徒有了不忠于基督的行为或思想的时候,可以通过对教会的信仰、对基督的信仰,来改变自己,来"赎罪",最终成为上帝的人,而不必去买赎罪券,更不必去向神职人员忏悔。他认为基督教徒在上帝面前是人人平等的,完全可以通过对《圣经》的认识,直接同上帝对话,而用不着一层一层的神职人员作为中介。尽管他说这只是几条"theses",提出来是让大家讨论的,但这些内容否定了教会的权威,体现了对天主教廷的叛逆。这个时候,正是闵采尔领导的农民运动在各个地方发展起来的时候。这样,这"九十五条"就好像是火上浇油,把整个农民运动煽动起来。当时他还去和闵采尔联系,当然他并不是要采取联合行动。但闵采尔不愿跟他联系,觉得他这种辩论太温和。用我们现在的话来说,闵采尔想通过农民运动来推翻罗马教廷,这是个比较激进的主张。大家可以想象,农民运动是带有政治性质的一场暴动,参与运动的群众不是单纯为了反对教皇,更重要的目的是要夺回神职人员所搜刮的土地、地产。而且在群众队伍里掺杂了各种各样的人,用西方人的观点看,里边有很多"暴民",有趁火打劫者。在这么一种形势下,农民运动弄得非常激烈,把教堂烧了,把"赎罪券"烧了。由于这样一种行为,有历史学家认为,闵采尔利用了马丁·路德,使马丁·路德被形势推到不得不往前走的地步,我想这也不是没有道理的。这里面还有一层比较微妙的关系,就是马丁·路德还受到萨克森国王的保护。萨克森王国国王,是"日耳曼神圣罗马帝国"的一个诸侯王,他同罗马教廷有矛盾,同"神圣罗马帝国"皇帝也有矛盾。为建立自己的独立邦国,他也利用马丁·路德,并在暗地里支持马丁·路德。在这样几股力量的作用下,马丁·路德就变得更加激进。这个事情闹到罗马教廷后,罗马教廷就发了一个谕令,叫《斥马丁·路德谕》,说他是完全反基督的,是敌视基督的,并要他到教廷去受审、认罪。谕令到了马丁·路德手里,他一气之下,就撕毁了,这标志着他整个形象的改变:从一个温和派变成了一个激烈反对罗马教廷的革命者。此后,他发表了一系列文章,来为自己的立场辩护,如《论基督徒的自由》。他的辩论是非常激烈的,矛头直指罗马教廷。但到后来,在很大的压力下,同时也由于当时闵采尔领导的农民运动对他起了另外一种作用,他同罗马教廷妥协了。他认为罗马教廷可以自己逐步地改正这些问题和错误,并且他也支持罗马教廷和"神圣罗马帝国"皇帝对农民运动进行镇压。1517 年马丁·路德写了《九十五条论纲》;1521 年教皇发布"圣谕"威胁开除马丁·路德的教籍。接着马丁·路德写了几篇文章,包括《论基督徒的自由》《论教会的巴比伦之囚》《致德意志基督教贵族书》。"巴比伦之囚"是个典故,讲的是公元前 500 多年,巴比伦国王把从耶路撒冷掳来的大批犹太人囚禁在巴比伦的故事。总之,这几篇文章都呼吁罗马教廷实行改革。下面我要念几段话,从中可以看出马丁·路德前后立场的变化。在这个时期他说:"为什么我们不运用百般武器来讨伐这些身为教皇、红衣主教、大主教,而又伤风败俗、不配为人师表的罗马罪恶城的蛇蝎之群,并且用他们的血来洗我们的手呢?"这就已经改变了他要"讨论讨论"的形象了。在《致德意志基督教贵族书》里,他说:"我不愿意靠暴力和流血来维护福音,世界是靠语言来征服的,也还是靠语言来复兴的,反基督的人们不是靠暴力取得一切,也将不须因暴力而消亡。"这个反基督,他指的是罗马教廷。这两段话体现了他前期的立场,从农民运动兴起,到他烧毁罗马教廷的圣谕,到他受教廷审判的过程中,他的立场变得越来越激烈。但这段时期不长,大概只有三五年时间,农民运动的过激行为,对他产生了一种特殊的压力,他又转变了立场。针对农民运动,他说:"那就让他们尝尝枪林弹雨的滋味吧!否则他们还会干出千百倍的坏事来。"从此,马丁·路德基本销声匿迹,又回到维登堡乡村做神学研究去了,不再到外边活动。据此,恩格斯说他属于改良派,而闵采尔属于革命派,这个说法值得我们参考。在当时,还有一位我认为是没有出场的宗教改革家,他就是伊拉斯谟,我上次也讲过。伊拉斯谟是荷兰人,也是一位神学教授,他对罗马教廷的不正之风,对教廷盘剥人民、搜刮百姓的行为很不满,而且对教廷里边的腐败,看得非常透彻。我上次讲过他写的《愚人颂》,这本书有中译本,很好看,大家可以读一读。在 15 世纪,民族语言还没有通行,基本上大家还是统一用拉丁文写东西的时候,能写出《愚人颂》这样的作品,我觉得是非常难得的。作者笔头辛辣,读来有时令人发笑。

《愚人颂》用第一人称"我",把当时教廷里边的各种丑恶现象和社会上的丑恶现象,嬉笑怒骂地讽刺了一通。他到了意大利,看到了罗马教皇和教廷的情况,回来之后就写了一段话:"基督教教廷是在血的基础上建立起来的,也是用血来巩固的。"他决定开始写《愚人颂》,在《愚人颂》里把红衣主

图十二　伊拉斯谟(1466—1536),在宗教改革时期,他的主张与激进的马丁·路德不同,主张用理性说服教廷实行改革。

教和各种神职人员讽刺了一通。他说,我们就是傻子,我们在教廷里头就成了傻子。而我们这些傻子,这些愚人,这些普普通通的人,才是最值得歌颂的。他的《愚人颂》确实可以说是反映当时现实的文学作品。他从意大利到了英国,在英国,他认识了《乌托邦》的作者托马斯·莫尔。莫尔也因反对亨利八世为英国教会的最高首脑被处以死刑。莫尔是一个人文主义者,他反对天主教教廷中的反基督行为,主张内部改良。也就是说,伊拉斯谟和莫尔是忠于基督精神的,而罗马教廷是违反基督精神的。伊拉斯谟到了英国之后,认识了莫尔,两个人非常投契,莫尔把他既当老师,又当朋友。所以伊拉斯谟在写《愚人颂》的时候,前面有一个序言,这个序言就是他写给托马斯·莫尔的信。这个序言写得非常有意思,他说,"对不起,我用你的名字作了我这本书的书名"。"莫尔"这个名字把它变成希腊文,意思就是"愚人",伊拉斯谟很调侃地写了这封信,把它作为《愚人颂》的序言。为什么要提这个《愚人颂》,因为这本书代表了15世纪文艺复兴以后,人文主义思想逐渐在人们当中传播开来,特别是在知识分子当中传播开来的一个事例。

综合起来,这几个世纪,我觉得欧洲文明最大的进步就是人文主义的发展。从但丁开始有一点人文主义的苗头,到了伊拉斯谟就非常明确,要用人的眼光来看世界,包括教会,包括教廷。但是我们过去一些人,看问题总是非黑即白。认为你既然反罗马教廷,那你一定也是反宗教的。其实不然,这是两回事情。他们把基督教义看成一种理论，看成一种他信仰的东西。而基督教会是一个腐化的机构。这是两回事情。人与神的交错，在神学里头要体现人性，而逐渐地又把人性从神学里头剥离出来。这是欧洲几个世纪的功德。可以说从哥白尼开始，从不自觉到慢慢自觉。应该说在十四五世纪，伊拉斯谟是这样的一个代表人物，而且还是一个很杰出的代表人物。

现在欧盟要在各成员国开展一个"科学教育计划"，就是以"伊拉斯谟"命名。伊拉斯谟一生最重要的功绩，是整理《圣经》。不要小看这件事情，因为在当时，欧洲所用的《圣经》的本子，是经过罗马教廷修改的。也不一定是有意修改的，就是经过翻译、传译之类的，所以罗马教廷所用的那个拉丁文的本子，按照伊拉斯谟的看法，存在着不少的错误。但是要纠正这些错误，需要花费大量的时间。伊拉斯谟后半生的工作，基本上都是在研究《圣经》。而在马丁·路德开始学习《圣经》的时候，伊拉斯谟已经整理出一个希腊文和拉丁文、个别地方对照希伯来文的标准本子。这是后来流行的拉丁文的《圣经》。要普及基督教，马丁·路德主张通过对《圣经》的信仰，使自己成为上帝的仆人。马丁·路德的一个术语，叫"因信称义"，就是通过内心的信仰，使自己成为信仰上帝的人。靠什么呢，靠《圣经》。当时民族语言开始在社会上流行，而拉丁文是一种上层教会人士使用的高级文字。如果要普及《圣经》的真义，让所有世俗的人、不懂得拉丁文的人都能看懂《圣经》，就必须把《圣经》翻译成德文，马丁·路德做的就是这件事情。而他做这件事情所依据的本子，就是伊拉斯谟整理出来的本子，所以有一个说法，叫作"伊拉斯谟下蛋，马丁·路德孵鸡"。但是伊拉斯谟不赞成马丁·路德激烈的做法。他认为人性是善的，人可以通过自己的理智、理性来说服天主教廷，让他们恢复理性，改变他们一些错误的做法。他不赞成马丁·路德去公开地辩论。所以当日耳曼皇帝、国会审判马丁·路德的时候，马丁·路德曾希望伊拉斯谟到场为他辩护，但伊拉斯谟拒绝了。当然后来马丁·路德也妥协了。讲这些故事为的是说明一件事，就是天主教廷是不可能不变的,已经到了那个程度了,它不可能不变。

在宗教改革之后,天主教会也松动了。这是宗教改革直接的结果。信奉路德教义的教称为新教,原来天主教教皇控制的教称为旧教。新教就是我们现在所说的基督教新教,其实应该统称为基督教。这些名称有的是搞乱了,在我们国家早期的时候,刚刚引进西方文化的时候,曾经把这个基督教叫作耶稣教,把天主教、耶稣教、基督教的名称弄得很乱。其实总称都是基督教,在基督教里头又分为新教和旧教,旧教就是天主教,而新教就是基督教。新教最大的不同就是没有了那么多的清规戒律,没有一个统一宗教上的意识形态。像天主教有个教皇在统治着,而新教就没有这个东西。新教主张祈祷的方式、做弥撒的方式都要自由一些,形式可以多种多样,不一定按罗马教皇的那一套。所以后来新教变成了许多教派,这些教派并不互相冲突,而是并存的。这些教派甚至不是一个派别,就是一个小集团,一个会,那时候叫"修会"。每一派都按自己的方式去做弥撒。各个教会和平共处,所以当时新教会的出现,代表了一种思想上和行为上的解放,比较符合当时时代的发展方向。就是既不否定基督教义,而且还遵循基督教义,同时把天主教义里头种种不合适的清规戒律都抛弃掉。最早实行的是英国,英国把圣公会当作自己的国教,就是教皇和国王是平等的,教皇不能命令国王。在英国的教会要服从国王。所以英国的宗教自由比较早。

宗教改革这个问题,不容易讲清楚。我个人感觉,宗教分裂以后,从结果看来,新教比较重视理智,新教在英文中叫 Protestantism,它的字根是 protest,抗议。所以它是"抗议派",慢慢地所有新教的都成了 Protestantism。如果用比较正面的词来形容两个派别的话,旧教比较强调忠诚,对天主的忠诚,而新教侧重于理智。在两个教分裂以后,一般来说,在欧洲,所谓的旧拉丁系的国家属于天主教,像意大利、法国、西班牙、葡萄牙和南欧一带,以及现在德国的南部。北方地区一般属于新教,像北欧、英国、现在的德国北部,这些都属于新教地区。

宗教改革对于后世的影响，是特别深刻的。这一点和文艺复兴有点不太一样，文艺复兴它所产生的影响基本是在知识分子当中，知识分子在西方是一个社会的酵母，知识分子本来应该起这个作用。一个社会如果没有知识分子，就不足以成为一个社会，一个民族如果没有文化，等于没有了脊梁。知识分子就应该起这个作用。咱们中国的知识分子，我希望能在这方面起更大的作用。文艺复兴的影响基本上是在知识分子当中，而到了"宗教改革"，影响更进一步。究其原因，我觉得是因为在西方，基督教是家家户户的事情，不仅仅是知识分子的事情。因为所有人都信教，都涉及马丁·路德的"九十五条"。伊拉斯谟的一些主张，和每个人都有关系。所以我认为文艺复兴的影响侧重于知识分子，而宗教改革接着文艺复兴下来，享受到了文艺复兴所开拓出来的人文主义的影响，而把人文主义传播到了社会。因此宗教改革的影响是社会性的。换句话说，它把欧洲人民的觉悟提高了一步，因为这件事情是人人都要参与的。我觉得这是马丁·路德的功劳，不能因为他后来妥协了就改变对他的评价。

我们过去有一些比较传统的看法，把马丁·路德看成是"妥协分子"，后来不再进行斗争了，伊拉斯谟更是，只有闵采尔才是革命者。恩格斯所写的《德国农民战争》，把这个问题看得很清楚。马丁·路德是改良派，闵采尔是革命派。我并不反对这种观点。但是这个结论不能到处套，还要看它的历史环境，我感觉如果没有马丁·路德这样的人，如果没有伊拉斯谟在那里默默地做神学领域的研究，可能欧洲的基督教文明会变成另外一个样子。怎么样去改革这个教廷，我想绝对不是闵采尔的农民运动做得到的。这个是很复杂的，闵采尔的农民运动后来被镇压了，后来闵采尔自己也被处以死刑。可惜关于这段农民运动，材料不是很多。恩格斯所写的《德国农民战争》，根据的是19世纪一个历史学家戚美尔曼所写的《伟大的德国农民战争》，他主要根据这些材料来写《德国农民战争》，写这本书的意义在于"借古讽今"。这本书，同学们可以看看，里头对德国当时的社会背景和形势有不少精辟的分析，对马丁·路德也有精辟的分析。可惜里头对伊拉斯谟写得不太多,而我觉得伊拉斯谟是一个值得大大宣扬的人,所以关于伊拉斯谟这个人我想多补充几句。

我看到的咱们中国出的关于这个时期的一些书,对伊拉斯谟不是怎么太重视,觉得这个人反正是一个书生。我的看法是,他是欧洲人文主义的一个重要代表。这个人,他写的《愚人颂》,还有他的书信集,写得非常轻松,非常快活,里面讲了很多神学,使人感觉到他讲的都是我们身边的事情。所以,就是从他这个人这儿,可以看到他是个不自觉的人文主义者。不像我们现在,我们现在可以讲,我是自觉的人文主义者。他不是的,他是自己一步一步地体会到,有自己的一些体会。他死的时候是很凄凉的,非常孤寂的一个老头,死在乡间。但是他对于后来欧洲的人文主义发展的贡献,我觉得是不可磨灭的,就冲他把《圣经》校订一遍,一直流传到现在都用这个本子,这就是一个很大的功劳,非常大的功劳。

有两本书,现在都翻译成中文了,你们有兴趣看一看,挺有意思的,不枯燥。一个就是《愚人颂》,刚才说过了。还有一本,你们大家大概也知道,奥地利人茨威格,他写的《一个古老的梦》,写的是伊拉斯谟传,写得非常好。茨威格是很有意思的一个人,性格很复杂的一个人,跟罗曼·罗兰和高尔基是同时代的知识分子。第一次世界大战的时候,他就看到了战争对欧洲文明的摧毁,他感觉到极其震动,感觉到,欧洲那么辉煌的文化,经过一场战争,已经成为明日黄花了,有点失落,有些失望。他还写了一本书,叫《昨日的世界》。那本书太好看了,有空可以看看。可以了解很多 19 世纪末 20 世纪初欧洲的各种情况、文化现象。茨威格跟罗曼·罗兰有接触,和高尔基有接触。他当时在以一种非常遗憾、失落的感情写作,所以叫《昨日的世界》。这个人是和平主义者,而到了后来第二次世界大战要爆发的时候,他马上警惕到,希特勒一上台不得了了,非常绝望。夫妇两个流亡到了巴西,两人一起自杀了。他对这个世界很绝望。他写的伊拉斯谟传,里面有很多他的影子。看人文主义在欧洲的发展,可以体会到它的曲折。不是像我们现在所说的,我是自由主义者,我是某某主义者那么简单。要真正达到一定境界,需要有一个过程,要有内心的体悟,也要有生活的经历才能行。

　　下面讲一讲宗教改革的后续。马丁·路德的这一场革命,如果就革命本身来讲,我觉得是个短暂的革命,就那么几年,严格讲,就是从1517年到1525年,也就是这么几年,就是从他开始贴"九十五条"到他转而妥协,隐居起来,就这么几年。但是他这场革命所造成的影响却是长久的、全欧洲的,几乎没有一个国家不发生宗教战争的。

　　英国发生了宗教战争,这个战争的意思也就是拿枪动棒了,武斗,新教徒和旧教徒打起来了,也死了人,但是英国解决得比较快。英国与大陆宗教狂热的分裂状况不同,所以很快解决了这个问题。把基督教作为国教,把圣公会作为国教。国王同时又是英国宗教的领袖,这样就解决了国与教的矛盾。同时,在英国,各种各样的修会,像雨后春笋一样,多得不得了。刚才我讲到了,有公理会、圣公会等各种各样的教会。所以伏尔泰从英国考察回来说,如果一个国家只有两种宗教,那它要发生战争。如果一个国家里有三十几种"宗教",其实这个宗教应该说是教派,各种团体的吧,反而能够和平共处,像英国这样,过得挺好。伏尔泰并不是鼓励多组织一些教派,他的意思就是说,宗教应该宽容,在信仰上应该相互宽容,相互忍让,他是对照法国来说的。

　　法国情况就不同了。法国在德国发生这场宗教改革之后,两种教派打了三十年仗,这就是法国的宗教战争。法国的新教叫胡格诺派,跟旧教打仗打了三十年。最严重的是一次旧教对新教的大屠杀,几千人死掉,这在法国是惊心动魄的事情,而伏尔泰指的就是这个。而到英国去看一看,是实现了宗教宽容。洛克就写过一本书,叫《论宗教宽容》。伏尔泰对照法国的情况,觉得英国有宗教宽容,而法国没有。在那种教会统治下的欧洲,宗教宽容就意味着言论宽容,因为大家都是基督教徒。宗教宽容问题反映的是社会问题,是社会宽容。法国宗教战争打了三十年,最后胡格诺派认输了。法国国王签署了《南特敕令》,允许新教徒信教自由。不过《南特敕令》后来又被废除了,这是后话。

其他国家也有宗教战争,不叫宗教战争吧,就是这种激烈的冲突,像荷兰、西班牙,都有。慢慢地形成一种格局,首先在神圣罗马帝国里面形成一种格局,就是有一些国家属于新教的,有一些国家属于旧教的。在神圣罗马帝国里面就形成了旧教同盟和新教同盟,两个同盟。相信同一个宗教的结成一个同盟,相信另一个宗教的形成另一个同盟。这个痕迹到现在还有,像德国的巴伐利亚州等地信天主教,但是绝大部分地方信新教。在这个时候,捷克一带的波希米亚,原来是信天主教的。波希米亚人里有一些人要改宗,要信新教,受到了神圣罗马帝国的干涉和镇压,比如烧了教堂等等,由此就发生了旧教同盟和新教同盟的一场战争,这场战争就叫"三十年战争"。三十年战争,有两个外来户,一个是瑞典人,再一个是法国人,他们加入进来,卷到三十年战争里面。三十年战争虽然带有宗教色彩,但实际上是一个争夺领土、划分势力范围的战争。这战争一共打了三十年,你们都熟悉,从1618 年到 1648 年,签订了《威斯特伐利亚和约》。刚才有一位同学问我这个问题,《威斯特伐利亚和约》是第一个国际性的多边条约,暂时把战乱稳定下来,同时把宗教问题也基本上解决了。怎么解决的呢,就是实行旧教的这些国家、实行天主教传统的国家,也要给信新教的教徒以信仰自由。这是在《威斯特伐利亚和约》里规定下来的。这样,也就结束了由马丁·路德的宗教改革引起的欧洲各地的宗教动乱乃至战争,以后就不再发生这种宗教战争了。这是三十年战争的一个结果,但是更大的结果是,《威斯特伐利亚和约》是第一个国际公约。在这以后,就有些学者创建国际法,第一个提出的是荷兰的格劳秀斯,大家都知道。三十年战争是你们学习国际关系的范围,在这里我就不多讲了。

这里只讲宗教改革所引起的欧洲的政治和经济社会的后果。以后宗教的问题,还是不断地出现,都是一些理论上的神学上的辩论,不再有以前的那种冲突了。但是各方面的活动非常多,非常多的意思就是宗教自由度比较高,宽容面较大。基督教底下就分成很多修会,通过 society 来活动,不一定非要服从罗马教廷不可。旧教里面也有很多发展。比如,为了反对马丁·路德的新教，有一派人就成立了耶稣会。耶稣会一提起来，你们大家可能会知道，利玛窦就是耶稣会的。但是属于天主教这个大范畴里的，应该就是保守派，是反对新教的，但是耶稣会有个特点，就是加入的人不少是有学问的人，再就是他们信仰非常坚定，把传教当作自己的神圣天职，利玛窦就是这样到中国来的。这是耶稣教士，并且属于天主教派的。

另外再补充一点，刚才讲的好像是旧教天主教非常残忍，非常残酷地迫害新教徒。但是在旧教和新教的斗争当中，相互排除异己，在战争中也是非常普遍的。互相把对方看成异端，异己分子，对异己分子就不宽容，直到发生流血。在这里讲个故事，这是法国宗教战争期间发生的一件事情。这件事情引起了伏尔泰的注意，在文化上也是一个重要的事例。有一家人，叫卡拉，大多是信新教的，只有小儿子，小卡拉，却是信天主教的。后来忽然有一天，小儿子死在地窖里。这下不得了了，因此就有人说，老卡拉把自己儿子害死了。结果就把老卡拉一家全杀掉，老卡拉被车裂。因此，伏尔泰写了一本书，叫作《论宽容》，这书我已经推荐去翻译了。《论宽容》当然讲的是宗教，但实际上讲的是，一个社会应该是宽容的社会，自由和宽容是相容的。这本书，我觉得应该是个经典之作。这本书说明在宗教战争期间一个非常极端的例子。这种例子恐怕在别的地方也有，反映宗教战争所带来的一个恶果。新教对旧教也是同样的，比如加尔文，他是法国人。后来主要活动在瑞士，他对待瑞士的旧教徒、异教徒，用同样的办法，用火刑，用非人道的行为来对待。有一本书，也是茨威格写的，叫《异端的权利》，讲的就是这个问题。

宗教宽容的问题，在欧洲是个大事情，实际上也是西方人文主义、理性主义发展过程中的曲折。为什么我们在欧洲包括在美国，谈起自由主义或者理性主义来的时候，没有什么太难理解的。而在我们国家，为了一个自由主义，可以有那么多的争论。我想原因之一，是我们的历史经历没有这些曲折。我们的历史非常简单，是朝代更替。19 世纪以前就全部是朝代更替。而西方这方面的曲折，给西方人一个教训，有希腊式的理性传统，求知式的传统,再加上历史的这些曲折,西方就成熟起来。

关于宗教改革我就说这些,最后再发表一些感慨。宗教改革是 14 世纪到 16 世纪甚至于 17 世纪的事,这是欧洲近代文明不能缺少不能避免的一段。然后下面就好理解了,很快我们就会接触到近代史。关于地理大发现和科学方面的发明,这里我就不多讲了。地理大发现已经说过了,科学发明呢,我不大懂科学,但可以建议同学们看一本书,最近吴国盛写的一本书,叫作《科学的历程》。我看过它的第一版,现在据说出第二版了,这样你可以结合起来看,了解在这一段时期里面,科学的发展,科学思想的发展,科学思维的发展。当然我也会讲一点,但不可能讲得特别具体,所以吴国盛的这本书我想值得向大家推荐。

课堂提问与解答

1. 您在讲宗教改革之前,讲了文艺复兴。我想听一听您关于文艺复兴在欧洲文明史或者是欧洲思想史上的地位的看法,以及文艺复兴和宗教改革的关系。

答:我是这么一个观点,就是文艺复兴不是一下就出来的。我向来主张,要既重视历史的分期、阶段性,也要注意历史的延续性。文艺复兴不是天上掉下来的,是几个世纪下来的,但是文艺复兴是一个集中的表现,是中世纪和近世之间的一块大界石。它标志着从神本主义开始向人本主义转移。而文艺复兴对于欧洲文明的最大贡献,我觉得也就是人文主义的诞生和兴盛。而人文主义的发展,也给了宗教改革的思想家们一个文化上的支持,一个思想上的支持,具体表现在伊拉斯谟、托马斯·莫尔这些人身上,还有刚才我提到的威克里夫这些人,这些人都是神学家。所以文艺复兴,应该说,不是直接的,但是在文化背景上,给了宗教改革以支持、影响。历史是不能够假设的,假设要是没有文艺复兴这一段,宗教改革也许不会起来得这么猛烈。我想这个关系大概就是这样的。

2. 宗教改革与近代民族国家的产生有什么关系?

答:我觉得很有关系,但是这个关系不是直接的,不是说宗教改革一下子就把民族国家给造出来了。我们一般的说法是讲三十年战争以后,民族国家产生,实际上民族国家的观念是在中世纪产生的。民族国家的观念是中世纪对于近代的一个贡献,就是经过了中世纪以后,慢慢的就有了民族国家的这个观念。但是宗教改革呢,发源于日耳曼,并立即扩大到各个地区去。扩大到各个地区之后,就都带有了本地区的色彩,民族色彩。在法国,那个新教就是以胡格诺为代表,在瑞士,是以加尔文为代表,都带有本国的特色。那么,经过三十年战争以后,近代民族国家就形成了。当然,日耳曼例外。但是民族国家这个观念已经有了,而且成为日耳曼国家的一种民族愿望,民族夙愿。宗教改革里面其中有一条,就是马丁·路德所提出来的,教义的民族化,就是不要都用拉丁文的本子,他把《圣经》翻译成德文就是这个意思。宗教的民族化,当然在民族国家的形成过程中是一个重要因素。

第八讲

话说"启蒙"

今天,我想主要讲讲17世纪和18世纪。这一段,在欧洲的文明发展史里面我觉得是很关键的一段。17世纪、18世纪这两个世纪应该是欧洲文明进入资本主义的前期,这两个世纪是西欧发展的关键。从政治上讲,事情是很多的。17世纪有三十年战争;18世纪有北方战争,很大的一场战争,打了二十年,发生在俄国跟瑞典之间。战争是没有办法避免的。战争从过去的宗教战争、王朝战争逐步地转向国家体系、国家之间的战争。在三十年战争进行的过程当中,有英国革命。英国发生了内战,内战当中有一短暂时期的"共和制度"。克伦威尔做执政官,那时没有君主,后来从荷兰迎来了一个新教的君主,就是"光荣革命",这段历史我想大家都比较清楚。这段政治上的历史基本上是王权的历史,像法国。这时英国比较自由,首先是贵族获得了一点自由,宗教也比较自由,整个的气氛是比较自由的,虽然如此,但是它还是王朝,还是王治,王朝政治。法国更是如此。荷兰经过所谓"荷兰革命",从西班牙的统治下独立出来,后来也变成君主国。一般都是王朝,王治,君主制。同时,"宗教改革"之后,各个地方发生了宗教的斗争,"宗教改革"本身就是那么几年的事情。但后来的影响,影响到这个旧教和新教的争斗厮杀甚至于战争,在各个国家都有,特别在法国尤其严重。到三十年战争以后,这个"宗教改革"也差不多过去了,宗教分裂了,分成旧教新教,战争逐步转向国与国之间的战争。在17世纪、18世纪是这样一个状况。既然是这样一个局面,从政治上来讲,总的还是一个王权专制的政体。这是一方面。这个时期是一个很复杂很矛盾的时期。要按我们中国人非黑即白的看法呢,那这个 17 世纪、18 世纪就没有光明可言。君主专制这四个字就解释了。

图十三　17 世纪欧洲的农民家庭。

而欧洲情况不只是这样的,局面很复杂。产业革命就是在这个时期发生的。技术的改进,生产力的发展都是在这个时期。作为一种科学思维,不再只是信仰的思维,是客观的用人的眼光来看待世界,来看待外界,包括看待自身。从 16 世纪开始已经有这个苗头了。17 世纪就更明显了。17 世纪是一个"科学思维"时代。为什么这样叫,下面我还会讲。那么,到 18 世纪有了产业革命,生产力大大地向前推进,商业大大地发展,这是第二个方面。

我们现在要着重讲的是第三个方面,就是思想上,文化上的,人文上的。17 世纪、18 世纪是西欧文明史上的一个关键时期。有的西方学者把这两个世纪概括为"思想革命"时期,另外一些学者呢,一般也是我们中国学者们所认同的,叫它"启蒙时期"或"启蒙运动"时期。提起启蒙来,大家也都知道,最近几年,在中国的知识界当中,也有这么一种想法或潮流,我看也不一定成为"潮流"。现在某些所谓的"新左派",认为启蒙已经过时,现在已经不是启蒙时代,是后现代时代,是后工业化时代、后殖民主义时代。这三"后"来自于美国人,来自于美国很小一部分学者的看法。关于后现代主义,现在叫得很多,文章写得也很多,以为是西方都这么叫的。其实不是。欧洲这么叫也是从美国返销过来的。比如说法国,称新思潮,一种新的哲学思潮,文学界或者叫作新浪潮,或者叫其他什么的,就是这么直接叫的。这种新思潮新浪潮一般都出在法国,这些人一般都到过美国。到了美国,将它加以"美国化"了,也就是"实用主义化"了。在美国任何一件事情都是非常政治化的。其实本来这些新思潮新浪潮新哲学在法国、在欧洲没有这么深的意识形态色彩,没有这么强的政治性。福柯有什么政治性呢?但是到了美国之后一切都政治化了。德里达有什么政治性?没有什么政治性的。在欧洲,这些新的思潮只是对现实社会的一种批判。工业化走到头了,出现了这些思潮,到了美国之后干脆给它加了个"后现代主义",以致全世界都沿用这个"后现代主义"。实际上在美国,后现代主义者也只是学术圈子里面很少的几个人,比如说在杜克大学有,哥伦比亚大学有,哈佛有。我们中国把它引进来了,把它当成一种"主流思想",而这种主流思想就同反传统联系到一块,把启蒙也给反了。认为启蒙过时了。我先表明我自己的态度,我不同意这些看法。启蒙不是一个具体的东西,你要或是不要,先要弄清楚启蒙是什么意思。

在17世纪、18世纪的欧洲,一方面是王权和宗教迷信盛行,神学还占据相当的地位,虽然罗马教廷已经不占统治地位了,分裂了,但神学思想所留下来的东西还是在人们的脑子里占相当地位。另外一方面就是出现了启蒙的要求,这个事情不能小看它。欧洲的这个启蒙运动或者叫作启蒙时期,长达两个半世纪,包括19世纪的前二三十年。是怎么一回事呢?我这里想引用一下康德的意见。康德在法国大革命以后写了一篇文章,文章的题目叫作《答复这个问题："什么是启蒙运动?"》,这篇文章我建议同学们认真地看一看读一读。这篇文章有中译本的,何兆武翻译的《历史理性批判文集》中的一篇,字数不多,非常精炼。我觉得是康德经过深思熟虑,经过了对法国大革命的反思写的一篇文章,回答什么是启蒙运动。里面有这么几句话,我觉得可以从理论上来解决一下什么叫作启蒙。"启蒙"这两个字本来一看就懂,"蒙"原来是懵懵懂懂的,糊里

图十四 伊曼努尔·康德(1724—1804),德国哲学家、思想家。他在《答复这个问题："什么是启蒙运动?"》中说:"要有勇气运用你自己的理智!这就是启蒙运动的口号。"

糊涂,"启"就是把它揭开了。英国人叫"enlightenment",就是有亮光。就像柏拉图在《理想国》(*Republic*)中写的洞穴人,一大堆人在洞穴里不见天日,一个人看到洞口有一个洞,上面有亮光,他爬上来,因为在洞穴里太久了,一见阳光反而不习惯了。慢慢地习惯了,觉得亮光非常之好,大家一个一个爬上来看。启蒙了,发现亮光了。康德说:启蒙就是"人类脱离自己所加之于自己的不成熟状态"。这就叫启蒙。他讲了一些口号式的东西来解释这句话,叫作"要有勇气运用你自己的理智!""自己的"他加了重点。这就是启蒙运动的口号。他这个解释非常通俗。但启蒙不是一天两天的事情,不是一个具体的东西,我要它或不要它,是一个长期的思想转变过程,是精神状态、思维方式的一个转变时期。我想我们自己也经常会有这种时期。思想的变化在发展。不是讲某一个人,而是讲一个社会,讲某一个人群,它的思想、它的精神、它的内心世界在发生变化,这不是我们马上就能感觉到的,一定要有一个时期的发展,一个时期的磨合、思考。康德下面这句话是对法国大革命的一个总结,但是它能更好地帮助我们理解什么叫作启蒙运动。他说:"通过一场革命或许很可以实现推翻个人专制以及贪婪心和权势欲的

压迫,但却绝不能实现思想方式的真正改革。而新的偏见也正如旧的一样,将会成为驾驭缺少思想的广大人群的圈套。"一场革命能实现推翻个人专制或一种压迫,但是它绝对"不能实现思想方式的真正改革"。对此我觉得我们应该是有亲身体会的。"而新的偏见也正如旧的一样,将会成为驾驭缺少思想的广大人群的圈套。"我觉得这句话深刻至极。所以革命过去,如果没有一个思想上的真正的转变、一种思想革命,那新的偏见和旧的偏见还是会把广大人民群众束缚起来。革命不是一个人思想改造如何如何,而是一个社会怎么样。下面他又说:"这一启蒙运动除了自由而外并不需要任何别的东西。"这说到了启蒙的本质。启蒙运动是什么东西?他又重复,"那就是在一切事情上都有公开运用自己理性的自由"。他在"公开运用"下面加了着重号。为什么?为什么加了一个"公开运用"?你私下运用,那谁都能,只要你的思想认识到了那一程度,你就能私下去运用你的理性。而"公开运用"这个是有针对性的。在康德时代已经是普鲁士集权时代。当时康德也正在受着普鲁士的新闻检查制度的干扰,所以他提出言论自由,公开运用自己的理性。他又重复:"必须永远有公开运用自己理性的自由,并且唯有它才能带来人类的启蒙。""公开"两个字又是带有着重号。当时是普鲁士的时代了,他文章里写道:"如果现在有人问:'我们目前是不是生活在一个启蒙了的时代?'""启蒙了的"底下有着重号。"启蒙了的"就是用不着启蒙了,用英语表示就是被动式、过去式了,"enlightened",加"ed"了。你已经启蒙了,用不着再启蒙了。那么我们目前是不是生活在一个"启蒙了的"时代呢?那么回答是或不是,但确实是在一个"启蒙运动"的时代。我挑出这么几句话来,我觉得是画龙点睛的。再往下讲之前,我先把关于什么是启蒙,我认同的康德的看法先说一下。启蒙有一个特性,它一定是批判现实的,否则你何必要启蒙呢?你启什么蒙呢?你一切都明白了。康德在他的《纯粹理性批判》里说过一句话:"我们的时代是一个批判的时代,一切事物都必须接受批判。""批判"这两个字在我们中国常常滥用,因为我们一提"批判"就和"打倒"差不多了。分析其实也是批判。"纯粹理性批判"的

"批判"不是我们所说的批评、自我批评的意思,它是分析的,那是一个批判的时代,一个需要分析的时代。当然比分析要重一点。

那么为什么有 17 世纪、18 世纪这个时期呢? 同学们可以回想一下,文艺复兴、宗教改革。至少回想到这两个,不要再提以前。要提以前的话那源远流长,什么事情都要往历史上去推测。启蒙运动的来源,我个人认为首先在英国。不要去讲希腊,那太远了。它的起源在英国。但是英国不需要一个像法国那样子的启蒙的高潮时期。它的启蒙是渐进的。在神学时代,就是英国的神学家首先把感觉和经验的概念提出来的。就是说认识世界上的事物要通过感觉、通过经验,那言外之意呢,引申下去的话,就是不一定什么东西都要通过上帝。像当时英国这些神学家,比如邓斯·司各脱、索尔兹伯里的约翰,他们自己提这些并不一定是很自觉的。因为他们生活在英国这个社会,这个社会确实与西欧大陆相比有它不同的特色。到了中世纪末期的时候,就有很伟大的一个人物,大家都知道的,就是弗朗西斯·培根。我觉得弗朗西斯·培根这个人物非常了不起,他第一个提出实验哲学这个概念,一切靠实验,认为实验感官加上经验是认识问题的基础。弗朗西斯·培根似乎个人名誉不太好,当过大法

图十五　弗朗西斯·培根(1561—1626),英国实验哲学家、科学家,倡言:"读书使人充实,讨论使人机智,作文使人准确。"伏尔泰说:"在他以前,人们不知道什么是实验哲学。"

官,据说受过贿,受过贿之后又把钱退回去了,那反正不太光彩。还有一些
个人道德问题,因此后来有些人就抓住这些东西否定培根。我觉得他有没
有那些劣迹先不去说他,时代也很久远了。我们应该相信伏尔泰的话,因为
伏尔泰离培根也就一个世纪,比较近了。伏尔泰说培根在宫廷里的名誉不
太好,但是他的声誉,用我们的话来讲是誉满全欧,整个欧洲都知道的。伏
尔泰这样说,后来马克思、恩格斯也这样说,培根是实验哲学的鼻祖。伏尔
泰说,在培根写《新工具》这本书之前人们根本不知道什么叫实验哲学,不
知应通过实验认识世界现象。培根是很博学的一个人。我写过一篇文章做
过一个比较,拿培根和我们晚明时的徐光启来比。他们两个差一岁,培根比
徐光启大一岁,是同时代的人。徐光启当时受了利玛窦、熊三拔这些耶稣会
传教士的影响,把西方的自然科学引进中国。在晚明时期像天文、水利、农
学等等引进是相当多的。他也是爱科学的人,应该说是中国晚明时期以来
第一位有自然科学头脑的人。徐光启后来官做得很大,名声很好,人品很
高,但是他所拿到的东西,从西方所学来的东西在中国没办法推广。培根
呢? 培根写了《新工具》之后,他自己设想了一个"理想国",起名叫"Atlan-
tis",跟现在大西洋差不多的词。虚拟的,就像柏拉图虚拟"Republic"一样。
在这么一个国家,人人平等,大家都爱好科学,爱好知识。国家成立一个
"所罗门学府",大家知道所罗门是古犹太国一个有智慧的国王。后来英国
的皇家学会就是受培根的这个理想国影响在 17 世纪成立的。所以培根这
个影响就大了,非常大。我也推荐你们看一看培根的《新工具》,有翻译本,
那翻译的也是相当好的。原书是用拉丁文写的,很有意思,不难读,也不一
定要从头到尾都读。翻一翻,看一看,文字比较清新通顺,我觉得是充满智
慧的。他对希腊哲学是有批判的,他认为要按希腊哲学那么办什么事都办
不成,他那套哲学是要有一套新的工具来认识世界、认识万物。现在我们看
起来好像很平常,但在那个时代是了不起的。大家都知道培根说过的一句
话——"知识就是力量"。培根有三句话我觉得非常精彩,对诸位同学都有
用处。第一句话是"读书使人充实",第二句话"讨论使人机智",第三句话

"作文使人准确"。你们想想有没有道理？但是读书使一个人充实完满这是第一位的。现在咱们有些人倒过来了。讨论可以随便说说，先写作，读书不知道放在什么地方去了。在写作的时候应该查点什么东西就去翻书。这个当然是不可避免的，但更重要的是排的这个次序，我觉得培根的这个次序是不可变的。我把他这三句话写下来："Reading maketh a full man；Conference，a ready man；Writing，an exact man."这个"maketh"是古英文，现在是加"s"，那个时候加个"th"。我在我的研究所里也经常使用这三句话，跟年轻人讲，把"Reading"放在第一位，把"Writing"放在后面一位。我跟我们研究所的年轻人都讲要七分读书三分写，不要倒过来，七分写三分读书你就没货了，对不对？仓库没货了，人不能做无米之炊，是不是？米从哪里来？凭"Reading"来呀。所以我觉得培根以及后来的洛克，是"启蒙运动的启蒙者"。可以说如果法国的启蒙运动算一个全盛时期的启蒙的话，首要的来源可以算是英国的经验主义。为什么这样说？因为 18 世纪时法国启蒙运动处在领先地位的伏尔泰和孟德斯鸠都曾深受英国的影响。我们先不去讲孟德斯鸠，我们大家都知道他的三权分立就是从英国来的，不过由他说出来就是了，具体来说是从洛克那来的，是从英国革命经验过来的。孟德斯鸠的《论法的精神》，他叫"法的精神"不是指具体的法，不是把英国的哪个法照搬过来，他讲的是"法的精神"，是 Spirit。严复翻译的时候是翻成《法意》，是把精神拿过来了。伏尔泰更是。伏尔泰活了 84 岁，早年的时候政府不待见他，他尽讽刺人嘛。路易十五时期，伏尔泰就写了一首诗，影射贵族宫廷生活的淫乱，触怒了摄政王，被关到巴士底狱去了，那年伏尔泰才二十几岁，跟你们差不多，在巴士底狱关了 11 个月才放出来了。大约 10 年后又把他驱逐出境了，当然这中间也牵扯到个人恩怨。在被驱逐出境之前他去过荷兰，荷兰是一个比较自由的世界，那个时候是西欧的一个"理想世界"，只是它地方太小了。

被驱逐以后，伏尔泰辗转到了英国，在英国住了 3 年。这 3 年在思想上——我说的夸张一点——决定了伏尔泰的一生，让他有一个对比。他在

图十六 伏尔泰（1694—1778），18 世纪启蒙时期重要代表人物。他同时是哲学家、剧作家、诗人、历史学家、科学家，是理性和自由的坚定倡导者。

法国是被迫害的，他总是要讽刺现实，讽刺制度，路易十五不待见他。法国的社会也是奇奇怪怪的，我们中国人很难想象。它是专制的体制，但是一些侯爵夫人、公爵夫人还相当喜欢在家里办一些文艺沙龙，伏尔泰经常是座上客。参加上层的一些文化活动的是伏尔泰，被驱逐出境的也是伏尔泰。在法国的驱逐出境，一种是把你赶出法国，还有一种就是不让你在巴黎待着，到别处去。伏尔泰在国外待的时间比较长的就是这 3 年，大概到伏尔泰三十多岁。他有一个很深

刻的对比：他是被赶出来的，到了英国之后他感觉挺自由，那里空气比较自由；法国的宗教迫害还很厉害，英国的宗教已经和解了；英国有议会，议会也不像法国的三级会议那样完全是服务于国王的，英国的议会是比较自主的；英国的贵族和国王是对立的，法国的贵族跟国王是站在一边的，这个大不相同；英国的贵族以后就发展成为现在的资产阶级，法国当然也有一部分贵族发展成为资产阶级，但法国的贵族、权势阶层更多的是跟国王在一起。在这 3 年当中，伏尔泰首先看到了英国的宗教自由。在那个时期，"宗教自由"专门有一个词，叫作"tolerance"。可以把它翻译成"宽容""宽厚"，但是用在那个时期的宗教观念上，就是"宗教自由"。所有的这些使伏尔泰深受感动。最使他感动的是 3 个人：一个是培根，刚才我已经说了一些了；还有一个洛克，还有一个牛顿。这个 3 年，为什么我说影响了他一生呢？因为我们看伏尔泰的晚期著作的时候，比如说像《路易十四时代》——这是他写了二三十年的一本历史书。在《路易十四时代》里面，他还提到洛克。他在给朋

友们写的信里面也提到洛克在思想上对他的影响。另外,他觉得英国在尊重知识,尊重知识分子这个方面——那时候没有知识分子这个词——尊重科学家、有学问的人方面是法国比不上的。他正好赶上牛顿的葬礼,他看到牛顿的葬礼上,宫廷的王公大臣都参加,随在牛顿的棺材后边,一直送到墓地。他说像"国葬"一样。而就在这个前后时期,法国的哲学家笛卡尔,很凄凉地死在瑞典。当然后来笛卡尔还是受到了应有的尊重,但是当时伏尔泰所有的感受是有这么一个反差,他觉得

图十七　牛顿(1643—1727),英国数学家、物理学家、哲学家。

英国尊重知识,尊重科学。他在英国的 3 年,写了一本书,书的名字叫作《英格兰通信》,后来发表的时候他改成《哲学通信》,一共 25 封。在这 25 封信里,他分专题谈了他对英国的观感。他在一封信里面有这么几句话,他说,不久以前,在一个著名的集会上,有人争论这样一个陈腐而烦琐的问题:恺撒、亚历山大、帖木儿(蒙古的)、克伦威尔(英国的),这些人哪一个是最伟大的人物? 有人回答说,最伟大的人物一定是牛顿。伏尔泰说这个人说的有道理,他认同这个人的观点,牛顿是最伟大的人物。底下他就发挥了:因为"倘若伟大是指得天独厚,才智超群,明理海人的话,像牛顿先生这样一个 10 个世纪以来杰出的人,才是真正的伟大人物"。底下的话带刺儿了:"至于政治家和征服者,哪个世纪也不短少,不过是些大名鼎鼎的坏蛋罢了。我们应当尊敬的是凭真理的力量统治人心的人,而不是依靠暴力来奴役人的人;是认识宇宙的人,而不是歪曲宇宙的人。"这就有针对性了。他

图十八 在18世纪的巴黎,在一些学识丰富的贵夫人的客厅里,经常聚集着科学家、哲学家、作家等文化人,讨论启蒙思想,并从这里扩散到社会上去。图为1755年在若弗兰夫人的"沙龙"里聚会的知识界人士。

的这本书在法国被禁止了,书被烧了,而且下了通缉令。于是他离开巴黎,到一些穷乡僻壤去。但是这本书一直跟着伏尔泰一辈子,他后来又出版了,出版后又受批判又受阻隔。当然,最后随着社会的发展,他这本书还是被接受了。这本书有翻译本子,我建议你们看一看,非常好看,对了解伏尔泰,进一步了解法国的启蒙运动,这本书是必读书。他写的稿子大概是写得比较乱的,后人给他整理了。在整理的过程中,在这本书的后面做了很长的注释,这些注释相当于一本书,把伏尔泰的思想轮廓整个捋下来了。这本书至少对我来说是本百看不厌的书。我们现在经常传说的伏尔泰写的"中国戏":《中国孤儿》,这个大家都知道,但是他真正深刻的思想是在《哲学通信》里边。《中国孤儿》,就是《赵氏孤儿》,京戏里面有《搜孤救孤》,伏尔泰根据英国人写的本子改了,男主角变成成吉思汗了,里面加上点三角恋爱,根本跟中国的孤儿不搭界了。那不过是伏尔泰的一个游戏之作,并不是真正反映他思想的东西。伏尔泰这个人虽然是左跑右跑,东躲西藏,他本人照旧是写东西。要讲著作等身,那才叫著作等身。每年有东西出来,而且都是针对社会的弊病的,讽刺,嬉笑怒骂,批判。在他东躲西藏这个期间,他写了大量的悲剧、喜剧、哲理小说,还有一些大部头的历史著作。大部头的历史著作刚才我讲了有《路易十四时代》,还有一本大部头的我们也把它翻译成中文了,叫作《风俗论》。《风俗论》是一本历史书,也是伏尔泰创造的一个名词,叫作"历史哲学"。现在报纸上也整天讲历史哲学,历史哲学的创始人是伏尔泰,就是用哲学的眼光而不是用神学的眼光看待历史。《风俗论》两大厚本,他写了30年。

在50岁以后,伏尔泰终于逐渐发迹了,成为全欧洲闻名的人了,普鲁士的国王请他,俄国女皇叶卡捷琳娜二世也请他过去,他成为一个在西方鼎鼎大名的人物。因此,虽然路易十五对他很冷淡,但他还是被选进了法兰西学院。先是法兰西学院的院士,后来年长的时候选作法兰西学院的院长。"法兰西学院"不是一个大学,现在有两种法兰西学院,一种是学院性质的,一种是科学院性质的,可以叫作Academy。这个学院是17世纪创办的,它名额有限,共40名院士。现在咱们叫作顶尖的——都是最高级的科学家、人文学家,是终身院士,去世一个填补一个。所以法兰西学院是一个学科性非常强、声誉非常高的学术殿堂,院士都是老头老太太,没有年轻人。最近增加了一个法籍华人,叫程抱一,这个人是1948年去的法国,后来加入法国籍,他的东西我还没有看过,反正是有史以来第一个亚洲人做法兰西学院院士。伏尔泰曾经做过法兰西学院的院长,直到晚年的时候。最后到他八十几岁,他从外地回到巴黎,巴黎倾城出动去欢迎。在他84岁那年,剧院还上演了他的一部诗剧《伊莱娜》。他亲自去了剧场,全场欢迎,轰动得不得了。那个时候,伏尔泰的名声到了顶峰了。也就是这年,他死了。他的一生我觉得活得非常的丰满。

大家都知道,法国的启蒙运动时期有个"百科全书派",百科全书派并不是一个团体,也是仿自英国的。英国有一个人叫钱伯斯(Ephraim Chambers),他是英国跨十七八世纪的学者,他主持编写了自然科学的百科全书性质的书。那么狄德罗就照此也主持编写了一套书,包括自然科学、社会科学、人文科学、哲学的百科全书(Encyclopedia)。参加编这个百科全书的人,就叫"百科全书派",这是启蒙运动的中坚分子。只要一讲到法国的启蒙运动,是不能回避百科全书派的。

百科全书派有些关键人物,狄德罗是一个,达朗贝是一个。这个百科全书派里面各种各样的人并不是一派,并不是大家都是同一个观点的。其实应该译作"百科全书者"就对了。咱们喜欢加个"派"字,一加"派"就有一点麻烦,成了党派性质的团体了。其实就是这么一群志同道合,意见也不一定完全一致的人。这个百科全书派里面什么主义者都有,但是有共同点,是什么呢?就是"崇尚知识,崇尚理性,崇尚批判",它们与宗教的迷信、王权的专制、社会的各种肮脏现象是不能并存的。他们写出来的东西也并不就完全是一种正面批判性质的,很温和。比如说有一篇文章我挺喜欢看的,叫《达朗贝的梦》。达朗贝是百科全书派里面的一个重要人物,跟狄德罗地位差不多。这篇文章是狄德罗写的,说达朗贝在做梦。后来达朗贝病了,有一个护士小姐伺候他,一个医生在看护他。但是达朗贝却根本好像是醒着一样,老是不停地说。那个护士小姐就把他的话通通记下来了。护士小姐说他说的这些话我们都听不懂,就跟医生探讨。这篇文章就是探讨达朗贝的梦话,梦里的话,但是这个梦里的话讲的都是物质、生物、植物,生物怎么会有感觉

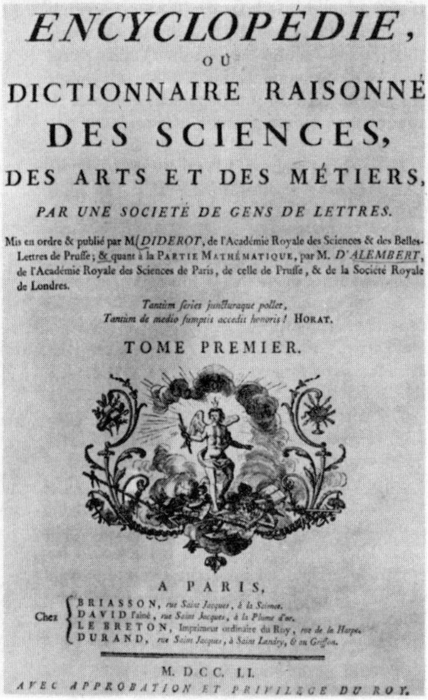
ENCYCLOPÉDIE,
OU
DICTIONNAIRE RAISONNÉ
DES SCIENCES,
DES ARTS ET DES MÉTIERS,
PAR UNE SOCIETÉ DE GENS DE LETTRES.
Mis en ordre & publié par M. DIDEROT, de l'Académie Royale des Sciences & des Belles-Lettres de Prusse; & quant à la PARTIE MATHÉMATIQUE, par M. D'ALEMBERT, de l'Académie Royale des Sciences de Paris, de celle de Prusse, & de la Société Royale de Londres.
Tantùm series juncturaque pollet,
Tantùm de medio sumptis accedit honoris! HORAT.
TOME PREMIER.
A PARIS,
Chez BRIASSON, rue Saint Jacques, à la Science.
DAVID l'aîné, rue Saint Jacques, à la Plume d'or.
LE BRETON, Imprimeur ordinaire du Roy, rue de la Harpe.
DURAND, rue Saint Jacques, à Saint Landry, & au Griffon.
M. DCC. LI.
AVEC APPROBATION ET PRIVILEGE DU ROY.

图十九 在法国思想家狄德罗(1713—1784)和达朗贝(1717—1783)主持下,于1751年首次出版了《百科全书》。这是启蒙时期最重要的文献之一。

了,感觉又怎么产生了记忆了,记忆又怎么产生了推理了,讲得非常有趣,得出的结论自然而然就是上帝不是造物主。狄德罗有一句很精彩的话:拿出一个鸡蛋来就可以否定上帝是不是存在。然后他就讲,这个鸡蛋怎么样加热加温又怎么样孵出小鸡来,这个小鸡又生蛋,跟造物主没关系。他用这样一种非常轻松的、有时候带点讽刺的嬉笑怒骂的语气来写作,带有哲理性。你把它当作哲学小说看也可以,有中文本子的《狄德罗哲学选集》。看他的那些东西不像哲学,就是说在我们脑子里的哲学是从概念到概念,看半天看不懂的才叫哲学!百科全书派不是这样的,他们是用人的眼光看世界,看物质,看心灵,这是他们的风格和特色。但是有一点是明确的,那就是批判,对现实是批判的。

再回头说那个伏尔泰,他对当时法国社会上的一些丑恶现象,特别是迷信、宗教迫害这些东西,简直是痛恨得不得了。这里面插一个插曲:伏尔泰(那时候伏尔泰大概五十岁)在给达朗贝的一封信的后面写道,不管你在什么地方,不管你现在做什么,你都要尽力"粉碎一切丑恶现象"。"粉碎一切丑恶现象"用中文一表达就没味儿了。但是这句话在当时法国文化界、知识阶层里,在社会上影响极大。"粉碎丑恶现象",或者"粉碎卑劣"也好,我不知道它应该翻成什么好,法文就是 Écraser L'infâme(踩死败类),对于说伏尔泰的性格挺有帮助的。这是一个命令式的句子,Écraser 就是把它碾碎、把它粉碎了或者把它踩成粉末那个意思。L'infâme 真的很难翻译,意思呢就是一切丑恶的东西、卑劣的东西、迷信的东西,当然也包括专制的东西在内,都要把它们碾碎。以后他再给他的朋友写信的时候,那信的一角就都会写 ÉLI 那么个简写,这成了他的一个符号了,也很代表伏尔泰的人格。这个字翻成英文都没法翻的,我看了一些本子翻的英文都不对头。语言代表一种文化。这个 L'infâme 的意思就是一切丑恶现象全归在里头了,这么一种无耻、迷信、狂妄……反正一切坏东西都在里面,我看有点像"文化大革命"里横扫一切"牛鬼蛇神"的意思,指一切坏东西要把它碾碎,是理性的、批判的。

图二十　勒内·笛卡尔（1596—1650），
法国哲学家、物理学家

启蒙运动的第二个来源我简单一点说吧，就是 17 世纪法国的哲学家们、思想家们，首先就是笛卡尔。笛卡尔被称为"西方近代哲学之父"，他主要提倡理性。以后荷兰的斯宾诺莎、日耳曼的莱布尼茨等等，虽然跟笛卡尔不尽相同，但是都是沿着他这个思路下来的。笛卡尔有一句名言大家都知道的，叫作"我思故我在"。但是我觉得我们常常忘记了"我思故我在"的一个前提，这个前提，我给他概括，叫作"我疑故我思"，我有怀疑所以我要想；"我思故我在"，我想，所以我存在。笛卡尔有这么一个彻底的东西，就是要把一切过去信以为真的东西通通打倒、推翻，重新做起，这表明了笛卡尔在思想上、理论上的彻底性。然而他这个人还是受神学影响非常重的人，他为什么写《第一哲学沉思录》呢？他给巴黎修道院的院长写信，说明他为什么要写《第一哲学沉思录》。他说信仰上帝对于信仰上帝的人、对于基督教徒，不成问题，有信仰就够了，他信他存在，所以他存在；但是你让那些异教徒，不是基督教徒的人去说上帝是存在的，那你就非得要找出充足的科学的哲学的道理来说他才行。所以，笛卡尔是抱着有神论的信仰，想要用科学的办法，用他的几何学的办法、数学的办法去说服那些非基督教徒，让他们信仰上帝。他这个目的是达不到的。（在《欧洲文明扩张史》第153—154 页我写道："上帝和灵魂的存在与否，对于信教的人来说，根本不成其为问题，光凭信仰就足以使他们对上帝的存在确信无疑，并相信人的灵魂是不随肉体一起死亡的。问题是对于不信教的人，光凭信仰便不够了；就需要哲学家们用'自然的理由'来说服不信宗教的人。……如果用这样的办法论证神和灵魂问题，使任何人都丝毫没有怀疑，对上帝的信仰就不会产生问题了。归结到一句话，用几何学那样精确的方法去处理形而上学的神学，这就是笛卡尔提出的方法。"）那怎么可能呢？信仰跟认识本来就是两回事。但是笛卡尔做了一件好事，什么好事呢？他不得不千方百计地用科学的办法去论证，但是他论证的结果都没办法证明上帝是存在的。笛卡尔的最大的矛盾是这个。但是从他这个路子就启发了后面的认识论，什么认识论呢？科学的、哲学的认识论，不是神学的认识论。总括起来可以说，英国的经验主义加上法国的理性主义汇成了 18 世纪启蒙时期的全盛时期。那么，这个启蒙时期的重要性就可以理解了。

但是法国的启蒙运动发展到 18 世纪末以后，大家都知道，就有了法国大革命。这个启蒙运动在思想上对于法国大革命不能说没有影响，但是直接的影响是什么？你可以推论好多，我本人没找到。巴士底狱的暴动怎么就是从启蒙运动出来的？这个思想影响肯定是会有的，但是我所接触到的书没有找到很直接的材料去说明它。以后就是法国大革命了。法国大革命提出来的自由、平等、博爱这些口号不能说是跟启蒙运动没关系，那还是有关系、有联系的了，特别受卢梭的影响吧。

作为启蒙运动本身，就是思想革命本身，从 18 世纪末开始转到德国。转到德国的路子就和法国不太一样了。德国的情况不同，德国的专制更厉害一些。启蒙运动到了 18 世纪末、19 世纪的前二三十年，在德国的表现形式是所谓的"古典哲学"——其实应该叫"经典哲学"，就是从康德开始到黑格尔这一段，在理论上、在哲学上有着很大的建树。但是它没有表现得像法国那样活跃、跟社会现实结合得那么密切。

刚才我也讲了，在启蒙运动时期，工业革命正在发展，以蒸汽机为代表。实际上瓦特只是一个代表，只是一个符号。工业革命在这以前已经开始了，在英国，在纺织行业。不过瓦特有一个大功劳，就是他发明了蒸汽机动力，这个动力是不得了的。那是个"动力革命"，完全代替了手工，另外还代替了风力水力这些自然的动力。用蒸汽带动机器，大大促进了生产力的发展,所以称作工业革命或者叫作产业革命的一个象征。

因此,整个 17 世纪、18 世纪,西欧在加速度地向近代发展。西欧的资本主义是怎样出来的? 17 世纪、18 世纪做了非常充分的准备——物质上、精神上、人文上,而且这个时期在西欧也确实是各种学术、文化、科学,特别是科学思维最发达的一个时期。启蒙这个东西的确是一个很好的东西,而且是需要延续的,因为新东西不断出现了。所以我对这段历史研究的结论就是,启蒙也许在西方过时了,我看也不见得,新的东西那么多,至少在中国没有过时,我们还需要启蒙。现在有些文章说启蒙过时了,我只能说我不同意。我想今天我就讲这么些,主要的就是讲启蒙运动的来源,启蒙运动的全盛时代和它对欧洲文明的影响和地位。大家有什么问题写个条子上来。

课堂提问与解答

1. 对于中国现在的启蒙,您认为采取什么形式更合适? 尤其在对待外来文化和传统文化方面?

答:我觉得这个问题可以写一篇文章了。我个人认为启蒙的落实,特别值得对中国说。我们中国现在愚昧的地方还很多,就是非理性的东西还很多。启蒙就是刚才康德说的那句话,把自己身上"不成熟"的东西去掉。"不成熟"呢有很多了,可以做各种各样的理解。首先是愚昧吧,封建吧。我们,包括一些外国人,看中国经常就是看北京,看上海,看深圳,何况就算是北京、上海、深圳,也还需要启蒙。

我觉得启蒙不是反映什么形式的问题,这恐怕要寄希望于教育的发展。而在教育方面呢,恕我直言,我们的教育有很多问题。所谓的启蒙,就是要让大家用理性来看待问题,就像康德说的,要有勇气使用你自己的理智。我想这句话我们还做不到,还差很远,有时候还是处在一种蒙昧的状态当中。在我看来,我们的启蒙最需要的,还是一句老话,就是科学、民主的精神。我最近在看电视,有一些人在回答记者的问题,要发扬民主嘛,要"为民做主"嘛,你要是对民主还做这样的理解,你说这还不需要启蒙吗? 民主就是要为民做主,谁为民做主啊？那句名言"当官不为民做主,不如回家卖红薯",是这官给你民主,你就有民主,他不给你民主,就没有民主,如果这样理解民主的话,这民主的精神就是空的。我这里讲的都是精神,一种是科学的精神,一种是民主的精神。科学有两方面,一个是基础科学,一个是技术,技术领域的。另外,民主的方面,我认为也有两方面,一个是制度,一个是精神。制度呢,你成立一个机构,就是一个机构,建立一个体制,就是一个体制,但是你得有自由的精神,没有自由的精神光有一个壳,那就是空的。五四运动从西方引进的"德"先生和"赛"先生,那个"德"——民主,是包含精神在内的。这几方面,就从知识界来说,我觉得还没有达到一个成熟的认识。

我觉得外来的文化,我们确实引进得越多越好,这样可以使我们开阔眼界,但是一定要分清楚糟粕和精华。我们现在的引进,我很担心把西方乱七八糟的东西都引进来了,而且引进得还非常像样,比西方还"西方",但是人家很精华的东西没进来,学的是最容易的、表面的、包装的东西。你要讲外来文化,应该包括它的传统。将来诸位可能还会做研究工作,西方的传统文化也需要学习,应该说是了解吧。中国社科院哲学所的贺麟先生20世纪30年代有两句话:要全面系统地学习中国的学问,同时全面系统地学习西方的学问。他说的两个全面系统不是一知半解。但是你说你将来不做这个工作,去干别的工作,那是另外一回事情,但作为一个人文学者来说,这两个"系统"是不能少的。

2. 中国和西方是不同的,不同在于中国传统社会是更成熟的农业社会,中国出现的问题是由于西方的冲击产生的,是现代资本主义的扩张带来的,所以解决这样的问题是否真的需要启蒙？需要所谓的理性？

答:你那个没有说的答案是不是就是不太需要启蒙了？或者是不太需要所谓的理性了？中国近代问题的产生是来自西方的冲击,这确实不错的。老实说,要是没有西方的"冲击",中国的大门还是打不开的,这是历史的事实。这不但是我们承认的,连康有为老人家都承认,这不需要多深的学问。

康有为给皇帝上书,他有很多"上皇帝书",其中就有一句话,如果地球没有开发,西方人不过来,中国仍然沿着老路再走一千年,也就是如此。康有为看到的问题,我觉得我们今天更应该看到。我觉得我们应该谦虚一点,我们的农业社会是否很成熟了,这个我没有调查研究过,但至少我们要承认,我们的民族,我们的社会需要启蒙,启什么蒙? 启不懂科学,不懂民主之蒙,说穿了,理性也就在这个地方。现在也有人反对理性,不是说不需要理性,是说理性妨碍自由,这我就奇怪了,不要理性的自由是什么样的自由啊? 我想建议你们看看约翰·密尔的《论自由》,把自由讲得比较全面。自由本身是包括理性的,不是非理性的。现在有一种解释是把理性解释成宿命,这是一种很奇怪的解释,好像你理性地去安排一件事情,一切按你的计划去进行,这是妨碍自由的,这种解释我还不太懂。理性诚然是从神学来的,甚至在柏拉图时候就有这个词,但是随着时代的发展,对理性的概念,大家可能会越来越加深认识。我觉得理性不是太难理解,在英文就是 common sense,常情常理。"塔利班"你不能说它是理性的,为什么不能? 因为它不符合常情常理。我觉得不能把理性太抽象化了。这个问题我就说到这里,我们还是需要启蒙的,既然需要启蒙,当然我觉得理性还是要坚持的。

3. 启蒙运动与古代希腊精神有无承接关系? 若有,您认为是什么?

答:在我看有两点承接关系,一个是对物质世界的研究,对物质世界的兴趣;再一点就是它的思辨性,也是理性,就是反复论证、反复思辨。一种开放的、容纳百川的自由的精神,就是希腊的精神;再有就是求知,是求真知,伏尔泰有一句话,这句话就是从希腊来的,叫"求真知"——"in search of truth"。找到真相,真正的东西。

4. 启蒙运动与法国大革命无太大关系吗? 那么请问法国缘何爆发激烈的革命,而非英国的渐进的、缓和方式? 其内部真正的原因是什么?

答:这回答简单一点吧,法国大革命肯定是与启蒙运动有关系的,我刚才说的只是我没有找到那条关系的线索,思想当然是有影响的,它爆发的起点是反专制、反旧制度,反对旧制度的财政、税收负担,等等。而且现在法国大革命在西方已经成为一门专门的学问。那到底它的原因是什么,真正的原因是什么?在开始的时候,什么人都有,对社会不满,对专制制度不满,就起来冲击一下,运动就是这样起来的。接下来才是精英出来领导,就是罗伯斯庇尔、丹东这一批人。我不是说它没有关系,是有关系的,但是这条线是怎么过来的,至少我没有弄明白,还没有找出原因来。后人写的文章,说罗伯斯庇尔是骑在马背上的卢梭,这话说得很动人啊,很有文学性,但是你得找出来到底这条线是怎么过去的,至少我还要继续研究。

英国确实和法国的情况很不同。英国比较早议会和王权就分家了,13世纪的《大宪章》,应该说是一个削减王权的文件,当然它是代表贵族利益,当时的农奴和农民是不可能搞出一个《大宪章》来的,它是贵族和王室之间的妥协。但是这个妥协的条件,是在国家大事上,特别是在税收、在征兵、在对外宣战这些关键问题上,没有议会的同意,国王是不能擅自动作的,这是《大宪章》的核心。但是贵族,就是未来的资产阶级,同王室分权,13世纪的时候英国立国还不久。以后沿着这个路子下来了,国王是不能专断一切的,因为有很多习惯法,处理一个事情有一个法,这些法不但约束社会、贫民,同时也约束王室,法律面前人人平等。爱德华八世不爱江山爱美人,那对不起,你下台。英国这些确实是一个渐进的过程,当然这其中也有暴力的东西,也有内战,内战的结果把国王送上了断头台,这也是血腥的,但是这整个路子下来是一个渐进的过程,这点英国人很自豪,说他们渐进的革命避免了法国大革命的暴力,白色恐怖。这话虽然出于英国人民族主义的自豪感,但是想想也不是没有道理。王权逐渐缩小了,成为"虚君"了,有这么一个"虚君"对维持英国社会有点好处。

我有一年去英国,正赶上是英国女王伊丽莎白二世的生日,她的生日就是英国的"国庆",我出去转转,到了白金汉宫的门前,那个时候已经在做准备了,准备下午的大游行。白金汉宫门前站着两个警卫,人高马大,眼睛眨也不眨,那些游客一个个找他们照相,我也照了,威严得很啊! 到 11 点钟,准时地,女王侍卫队换岗,很有意思,那些卫兵每人牵一匹高头大马,在院子里站一排,新的要上岗的站一排,叽里咕噜的说一些,估计是敬礼的话。下午就是大游行,我没有去看,我在宾馆看现场直播,女王还有家属什么的都在白金汉宫的看台上站着,两边都是大臣,首相也在内。站在观礼台上,全都是燕尾服,规规矩矩,女王一出现大家鼓掌欢呼,人群中的老太太还掉眼泪。然后就是阅兵,阅兵是一个军团、一个军团地接受检阅,军团早就不存在了,那是老军团,仪仗队。英国人像过节一样。有一个美国游客和我在一块,就我和发感慨,他感觉很"不可思议",英国就是这样保留王室,但是,说老实话王室没有什么实权了,把老百姓的税收里面相当一部分给了王室,养着他们。但随着时代的发展,英国的王室也没有什么价值了,现在女王也要交税了,原来是王室只能和王室通婚,所以伊丽莎白二世找的是希腊王子,结果查尔斯王子娶了戴安娜,现在王室的威权就更虚了,越来越虚了。但是英国作为一个资产阶级民主社会,就这样维持下来了。

但是法国情况就不一样。大革命后,就来一阵白色恐怖,革命的恐怖,互相残杀,罗伯斯庇尔把丹东杀了,然后有人又把罗伯斯庇尔杀了。这个是派性,"文化大革命"讲的派性就是从法国大革命来的。本来他们都是要推翻旧制度的,但结果互不相容,杀来杀去,出来一个拿破仑。拿破仑打着民主、正义的旗号,先是督政府,然后当了皇帝。拿破仑是以皇帝的名义,向欧洲推广法国的革命原则,很奇怪吧? 就是"平等、自由、博爱",但是他是一位皇帝,打了 15 年仗,这是法国。但英国不一样,你要是说内部真正的原因是什么,不是一两句话就能说明白的。你一定要懂英国和法国的历史。到现在,一般来讲法国人对法国大革命的历史是非常自豪的,尽管在学术界里有争论——这场大革命的结局如何,包括康德、黑格尔对法国大革命的批评,但是对法国大革命的原则是支持的。就好像英国支持他们的渐进革命一样,国情不一样,历史也是不一样的。英国早期的议会确实就像个议会,虽然是贵族。但是法国的三级会议就不同,是国王的御用工具,直到大革命前期才分裂,才不起作用。

5. 您不赞成后现代主义的立场,但是您认为,为什么会有这么些人站出来反对启蒙呢?

答:这我就不太懂,他们为什么要反对? 恐怕也不是反对,可能觉得这个东西(后现代)挺时髦的,就说启蒙过时了,大概连什么叫启蒙,中国需不需要启蒙都没有考虑,就跟着美国很少数的人喊后现代主义。我不是不赞成其立场,后现代主义没有一个固定的立场,他们没有一个共同的东西。但是从一点上,比如说是科学,它就觉得科学不行,启蒙不行,理性不行,他们并没有说现在"行"的是什么东西。在批评资本主义上,后现代主义好像很先进,但是批判的结果是什么呢,不知道。再者一些号称"后现代主义"的文章,我说的是外国人的,我看不太懂。我在法国见到德里达,很平常的一个人,但是他跟我说的几句话,我觉得很到点子上,他说:"我这个'解构主义',你首先要精通法语,我是靠着法语作为基本工具来解构它的,所以我的作品是不可翻译的。"我回国以后就让人去哲学所借一本德里达的书,那个时候哲学所没有他的书,只有一本翻成英文的,我就拿来看,老实说,我真看不懂。人家老先生已经说了:我的东西是"不可翻译的",你偏偏要翻,不是白费劲吗? 所以后现代主义这个东西,在西方据我了解,了解的人也不是很多,不像在我们中国有的人所想的那样,觉得它是多么大的一股主流思潮。但是有一点是可取的,它对现实是批判的,对当代资本主义是批判的,对现代化的负面影响是批判的,难道科学有负面影响就不要科学了? 民主有负面影响就不要民主了? 如果倒过来这样问的话,特别是对于我们中国的国情来说,就远远不是"后现代"的问题,我们现在还没有到"现代化"呢,我们现在处在"前现代"时期,离"后现代"还远着呢! 现在"后现代主义"在中国的一些知识分子当中还是挺有影响的,原因就是觉得物以稀为贵。

6. 您是否认为中国传统文化中有科学精神存在? 例如,"史官文化"的

"春秋笔法"正是一种实事求是的态度,是否也可以称作是科学的精神?

答:这个问题我建议你们自己也讨论讨论。中国传统文化中有没有"科学"精神?李约瑟已经提出了"李约瑟之谜"。你们大概也知道,他搞中国科技史,搞了半天都是技术,比如纺织机怎么改造的,水沟怎么挖的。我看过一个根据李约瑟的中国科技史办的展览,说老实话,我没有看到科学,只看到"技术"。当然有一个理论我觉得是可以参考的,春秋战国的时候,百家争鸣,百花齐放,如果发展下来的话,也许会有科学出现。但是到秦始皇以后,罢黜百家,独尊儒术,能吸收进来的都是能和儒家合起来的东西,比如说印度的佛教,中国古代的道教,这样磨合来磨合去,到宋朝的时候,磨合出来一个儒、道、释三合一的宋明理学,你说这里有科学精神,我觉得不是。有的地方,有些形而上学的东西,但是刚一露头就不再往下发展了,比如说宋朝时的张载,我们现在把他称作唯物主义,但他提出的东西就一个"气"字,我们就认定他这个"气"字是唯物主义。中国的思辨精神很差,就那么几个字,随你去解释。"史官文化"中的"春秋笔法"我和你的理解不太一样,我觉得"春秋笔法"正是不实事求是的表现。运用"春秋笔法",就是把你要批评的东西,要讽刺的东西,都用"春秋笔法"来概括,这就是我们的一个不好的地方。"微言"没办法张显"大义"。讲"史官文化"要弄清楚,史官是朝廷的一个官,左史记言,右史记事,这是史官的任务,所记的言,所记的事都是帝王的事,帝王的情。"史官文化"是个什么性质的文化呢?我建议你们看看《顾准文集》,那里说的非常清楚。要说近当代称得上思想家的,我觉得顾准算一个,不是唯一的一个,但是其中重要的一个。"史官文化"就是一切要围绕着政治、为当时的政治服务的文化。"史官文化"这四个字不是顾准的发明,是范文澜的发明,他写《中国通史简编》就有了。自从中国有文字历史以来,史官就是朝廷的一级命官,这也给中国带来一些好处,就是每朝都修史,所以我们有"二十五史",号称正史,西方就没有。我们中国历史就是如此,要是没有算清史,就是"二十四史"。基本上保持了朝代历史的发展,这也是中国史学的一大贡献吧。

7. 理性对应的英文是"rationality"吗？我理解这个词的含义是对利益得失的计算。太多强调理性是否会导致人类失去温情呢？

答：理性在英文中一般是"reason"，就是理由。"rationality"更多偏向于唯理的。"含义是对利益得失的计算"我看不出来。"reason"这个东西更是人文的东西，在我看来理性应该是人性里面最核心的那个部分，但它最早是神学理论的东西，上帝代表理性，是神学的理性。到文艺复兴以后，慢慢地理性逐渐从神学归还给了人。"太多强调理性，是否会导致人类失去温情？"你这里说是太多强调。现在有一种理解是把理性同命定论联系起来，或者是同目的论联系起来，你为了达到这个目的，有一个合理的安排，一步步达到这个目的，所以认为理性妨碍了自由的发展，但实际情况并不是这样的。如果你非要这么去辩论我觉得未尝不可，但我觉得理性的包容性应该更大点。"人类失去温情"，这个很难说，我觉得要是发扬了理性，恐怕也就包含了正确的、必要的温情，无原则的温情不是理想的。

8. 请您谈一下休谟当时的思想体系，以及其思想体系在欧洲思想体系中的位置，尤其是与康德古典哲学之间的关系。

答：你这个问题提的不错。刚才忘了提，18世纪启蒙运动的全盛时期是在法国，但在英国也有几位思想家，影响全欧洲，然后扩展到北美，一个就是你说的休谟。休谟最重要的论点还是继承经验论、感觉论，当然他在道德、幸福等问题上也发挥得很充分，但更多的是讲人的理智和感情是一致的，跟理性也应该是一致的，这倒回答了刚才的问题。他的思想体系占有很重要的位置，这是毫无异议的。康德很受他的影响。康德的东西很不好懂，拿起来就让人头疼，他的起点是经验，但是他又说光靠经验是不够的，因为经验不能解决经验以外的东西，经验以外的东西要靠什么？按他说要靠先验理性，这就比较神秘了，所以就有纯粹理性批判了。但他不否认经验，这个经验，康德所接受的就是休谟的，休谟对后来德国的影响是不容忽视的。

9. 我非常赞成您的观点,您认为中国有没有进行启蒙运动的现实性?
或者说我们有没有条件进行?

答:启蒙运动,我总觉得"运动"这个词有点别扭,但是大家都用,所以
就随口说出来了。"运动"在我们的观念里面,总是有一种做好准备,宣传、
鼓动,传达点什么东西,讨论点什么东西的意思。我觉得启蒙确切地说不是
movement,或者是 campaign,启蒙是一个过程,是 process,是人慢慢觉醒的过
程,觉悟到什么程度呢? 觉悟到康德说的那种程度——我身上还有很多不
成熟的东西,需要成熟起来。启蒙我觉得对中国来说,应该有一段我们民族
的反省过程,这个我们是有的,不是没有。比如说从严复开始,到上个世纪
三四十年代这段时期,不到一百年吧,这段时期在知识界里我觉得就有启蒙
的影子,虽然不像法国有个全盛的时期,但是在讨论。五四运动是把旧制度
揭了一层皮,然后接下来呢,很快地从国外引进一些东西,产生了一批新文
化运动的先进人物,其中各种各样的人都有,包括鲁迅、胡适,包括观点十分
对立的人。所以在上个世纪的 20—40 年代这个时期,在抗日战争以前这个
时期,正是我们国家不统一的时候,先是北伐战争,然后没有多久就跟日本
打仗了。北伐战争时候的军阀割据,有一个特点倒是给各种学说的发展提
供了条件,由于军阀是割据的,都是大老粗,因此没有一个统一的意识形态,
所以在上世纪的 20—40 年代形成了一次春秋战国以来,几千年以来真正的
百花齐放,百家争鸣。这段时期,自然科学、社会科学、人文科学、哲学,各方
面的著作是很不得了的。周谷城先生做了一件好事,把这个时期出现的全
部著作,有三千种,都复印了,由上海书店复印,统称为"民国丛书"。周先
生在前面写了总序,我前面说的是在他总序里提到的。这个时期由于没有
一个统一的意识形态,都各说各的,没有从上到下的"文禁",因而形成了从
来没有过的学术思想上的自由局面。我们稍微回顾一下历史,我们现在争
论的学术上的问题,很多在那个时候就出现了。比如说主张"全盘西化"的
有了;主张"守旧"、沿着封建的路子走下去,吸收一点西方的路子的,有张

君劢等。也有中间的，还有觉得应该继续沿着孔孟之道走的，如梁漱溟就是个代表。蔡元培先生当北大校长的时候，把各色人物都请来做教授，连辜鸿铭这样的怪老头都请来，这是了不起的气魄。这个时期我觉得有点启蒙的样子。然后就要打仗了，以后的事情大家也都清楚的。启蒙不是有没有进行的现实性的问题，而是一个过程。其实我们现在都是在启蒙当中。比如我到现在还不用电脑，老顽固了，因为我太老了，学不会，但是我能否定电脑、否定网络吗？在这个领域里面，要是我再年轻若干岁的话，我是需要启蒙的，我感觉，没有一个人能说自己不需要启蒙，说句最通俗的话，你不知道的东西，总比你知道的东西多得多。"吾生也有涯，而知也无涯"，这是庄子的话，但是他最后一句话说错了，"以有涯随无涯，殆已"，不要这最后一句。知识是没有终点的。我觉得启蒙至少现在是有现实性的。

第九讲

英、法革命

今天要讲的东西,涉及一连串的问题,如战争、革命、政治体制、工业革命、人文环境,等等。主要是 17、18 世纪这两个世纪所发生的事情。作为资本主义时代成熟的前期,17、18 世纪带有很明显的转机性质——包括所有政治上的、经济上的、文化上的和社会中的各种各样的变化。

谈到这两个世纪,我们首先就应讲它的革命和政治体制。在这之前,国家、民族间的冲突主要表现为战争,但到 17 世纪以后,革命就逐渐多起来了。革命推出新的政治体制,使这两个世纪成为否定旧制度,进入资本主义全盛时期的关键时期。

我们分析历史的时候,往往不能只偏重于一条线索,比如三十年战争,光看宗教战争这一条线就不行。其实仔细分析起来,战争打起来以后不一定就是纯粹的新教跟旧教打,还有可能新教跟新教打,旧教跟旧教打,混战一片。因此,"宗教战争"作为一个概括性的名词,其发生的线索甚至可以牵涉到很早以前去。所以我们看历史,特别是看近几百年的文明时期,就应运用联系发展的眼光来看,把历史看作一个纷繁复杂的网络,是由无数条线索交织在一起的。再举个例子:作为一个衍生出许多新的思想方法的革命时期,17 世纪从笛卡尔开始,哲学、人文等各个方面的研究都有进步,知识分子的人文思想在此期间有了很大的发展(尽管当时还没有"知识分子"这个名称),理性主义得到了发展;同时,科学技术方面也有了越来越多的创新,各种学科发展起来。从以前的天文学、数学、几何学到 17 世纪的生物学、化学、机械技术,等等,很多领域都有了长足进步。因此,事物的发生、发展,无论从横向还是纵向看,都受到许多因素推动和牵制,忽略其中任何一方面都会影响我们看问题的准确性。

三十年战争以后,17 世纪四五十年代爆发了英国内战:王室为一边,议会为一边发生了对抗——这在当时是绝无仅有的新鲜事。议会的军队最终将国王送上断头台,由率领议会军队的首领克伦威尔出任"护国公"(Lord Protector)执掌政权,之后英国国内出现了短暂的共和时期。

但这样的时期并没维持多久:到内战后期克伦威尔死后,英国又恢复到王朝专制时代,新上台的国王詹姆士二世变本加厉地对人民实行专制统治。1688 年,英国从荷兰迎进信奉新教的君主——奥伦治公爵威廉和他的妻子玛丽出任英国国王。(当时的欧洲等级森严,只有王室之间才能联姻,贵族与平民不得通婚。因此,王室间的联姻造成了欧洲大陆复杂的国际关系。死去的国王詹姆士二世的女儿,就是荷兰王室奥伦治公爵的妻子。)这就是"光荣革命"。其革命之处即在于确立了议会与王权的分权;1689 年,即威廉三世出任英王的第二年,国王就签署了一个《权利法案》(The Bill of Rights),法案规定了当时所涉及的各种权利,如:国王应有的权利,贵族应有的权利,财产权的处理方法,等等。当然,其中最关键的一条即为对国王权利的限制,并且这种限制在当时通过法案以文字的形式确立下来,削弱了王权。从此,议会权与王权分立的传统就在英国延续了下来。但是,《权利法案》也并非这一制度的起源。真正的起源是 13 世纪初英国男爵们写给当时英格兰国王约翰(John of England,1167—1216)的《大宪章》,里面规定了要国王承认贵族的财产权利及政治权利,并且在征收国税、组织军队(征兵)、发动对外战争时,所需的经费未经贵族的同意,国王不得擅自决定。这里面已经囊括了国家最重要的内政外交权。

另外,英国特殊的地缘政治环境也为其沿袭这个政治传统提供了必要的条件。英国继承了古希腊自由开放的精神和文化,而罗马人的一度入侵也在英国播下了理性主义思想的种子,从而使英国形成了虽然独立却并不封闭的独特的精神特质。得益于狭长的英吉利海峡,1066 年以后英国本土就再也没受到别国一兵一卒的侵扰。但这也并非意味着英国从此就与战争绝缘了,相反,他们把铁骑直接开到了欧洲大陆。譬如英法百年战争和西班牙王位继承战争就都是在英吉利以外打的。

与大陆隔海相望的地理环境萌生了英国所谓的"孤立主义"原则,即我只管我自己的事情——我不去管别人,别人也不要来干涉我,很有些"各人自扫门前雪"的味道。美国外交上的"孤立主义",追根溯源也是源自于英国的。但是,这一套原则在现实政治中是不可能的事情,"孤立主义"事实上更为贴切的含义是首先确保自身的完善与发展,但如若大陆事务有利可图,也要积极地去参与谋利,甚至要去干涉别人的事情,这便是英国"孤立主义"的实质。

《大宪章》的精神主要体现在贵族与国王的分权上,是削弱英王王权的"第一炮",具有很重要的历史意义,标志着现代英国政治体制的诞生。不过,虽然英国政治体制方面的改革比大陆国家早得多,但《大宪章》的执行过程也并非是一帆风顺的:国王不甘心大权旁落,有时也会反过来搁置《大宪章》,加强王权的管制。到 13 世纪 60 年代,英国的男爵们发现《大宪章》的内容并未得到充分的贯彻,便又写了一个关于分权的书面请愿书给国王,以重申《大宪章》的内容,提请国王注意。以后的十四五世纪,也就进入了国王与议会围绕着《大宪章》相互拉锯的时期。但是,《大宪章》所宣扬的精神并未在国王与贵族间长时期的相互摩擦中消沉下去,事实证明,分权制度在英国漫长的历史发展中延续了下来,保留至今。撒切尔夫人在任英国首相的时候,有一次曾谈到苏联解体以后欧洲应采取何种行动方式的问题,提出需要再写一个"Magna Carta",用文字形式把权利确定下来。即使是在英国当今的保守党内,《大宪章》也时常被引用作为其理论根据。

回溯到十五六世纪的历史,贵族力量的逐渐加强,财富的日益扩增,都是与当时商业的发展、生产力的进步和科学技术的提高分不开的。英国贵族通过16世纪的海上航运竞争后来居上,很快超过了当时的商业强国西班牙和葡萄牙,到17世纪初,英国贵族的力量就已相当强大了。英国崛起的同时,16世纪后半期,西班牙辖下的荷兰也希望从其控制下摆脱出来,独立发展。当时西班牙作为欧洲的海上强国雄霸一方,但由于英国对荷兰伸出了援助之手,于1588年对西发动战争并击退其无敌舰队,自此,西班牙落入一蹶不振的境况。荷兰北方七省从西班牙的控制下摆脱出来成立联省共和国,这就是历史上的荷兰革命。但当时国际社会却一直未承认荷兰的国际地位,直到三十年战争以后,才最终认同它是一个独立的国家。另一方面,英国击退无敌舰队的行为也向世人发出了一个信号,即表明英国要一跃成为欧罗巴的"老大"了。

1600年,东印度公司最早在英国成立,主要经营印度洋一带及好望角以东各国的贸易交换。公司事务起初只是由私人管理,由于经营有方,买卖越做越大,公司开始向国王和议会提出武装保护货物运输的要求,并获得了批准。此后,东印度公司的经营逐渐带有国家性质,成为英国的"国营公司"。对此我们可以看出,在资本主义上升时期,国王与议会由于共同的经济利益的需要,也会暂时达成一致意见。但是,由于历史发展的长期性和反复性,国王与议会的关系还是长期处于摩擦状态,相互合作又相互制约。

由于商业的发展和生产力的进步,贵族的力量也随之强大起来了。当然,这里面还有一个不容忽视的因素就是十四五世纪英国农牧业的迅速发展。众所周知,英国的工业最早起家于以羊毛为原料的手工纺织业,纺织业一发展,羊毛的供应量就得跟上去。因此,英国贵族就发起了一个"圈地运动",凡是认为哪块农田是应该"改农为牧"的,就圈定下来改作牧场使用。后来,随着纺织业的发展,"圈地运动"愈演愈烈,给农民造成了极大的损失:一部分农民进入工场,成为工人;一部分留在了牧场,从事一些稍需技术的体力活;而更多的农民则由于失去了耕作的土地,生活穷困潦倒。正是由于这个原因,我们对于"圈地运动"就往往只讲它消极的一面,即贵族迫害农民,把农民弄得流离失所,穷的更穷,以致矛盾激化;总不太说的却是它在历史上积极的一面,即"圈地运动"对工业发展的巨大促进作用。因为:首先,那时需要羊毛的国家不仅仅局限于英国,当时欧洲大陆很多地方手工业制作中的科学技术成分也都得到了长足发展。比如比利时当时的纺织业就很发达,但由于国家小,原料供应不足,需要从英国进口羊毛。也就是说,当时欧洲大陆的经济发展也是需要英国通过商业形式来予以支持的。因此,虽说一定时期内"圈地运动"改农为牧对农民来说是一种剥夺,用发展的眼光来看却不尽然,它促使一部分农民离开土地成为了工人,即后来的无产者,同时也加速了农村的资本化进程。但是,毋庸置疑,"圈地运动"的最终获益者还是英国贵族,他们已日益呈现出越来越明显的资产阶级化趋势。在17世纪初英国财富迅速积累的同时,欧洲大陆的许多地方也在生产技术方面有了显著发展,譬如比利时的列日、意大利的比萨等等,连英国人也不得不承认,它们在有些行业的技术水平方面甚至超过了英国。但总体来说,从技术发展的全面性和影响力来看,还是英国遥遥领先。随着资本主义经济的发展,新贵族和资产阶级(包括城市中的工商业资本家、手工工场主、行会行东和农村部分农场主)力量进一步增强,他们要求废除封建专制,分享政治权利,并产生了反映资产阶级要求的思想意识。议会中也形成了与专制王权对立的反对派力量,议会同国王之间的矛盾和斗争不断发展。1628年议会通过限制王权的《权利请愿书》,重申未经议会批准不得任意征税,没有法律依据和法院判决不得任意逮捕任何人。国王查理一世为得到议会拨款勉强批准了《权利请愿书》,但当议会抗议国王随意征税时,查理一世便在1629年解散了议会。此后十多年间,王权同议会特别是同广大群众之间的矛盾日益尖锐化。1640年11月查理一世被迫召开新议会,标志着英国革命的开始。英国内战爆发,断断续续打了九年,直到1649年把国王查理一世送上断头台。1649年到1660年之间,英国历史上出现了短暂的"共和时期",英国议会军队首领克伦威尔执掌了国家大权。

事实上,克伦威尔虽不是国王,但却也是一个不折不扣的独裁者。马克思曾评价他说:"克伦威尔兼有两个人的品质——一个是拿破仑,一个是罗

图二十一 17 世纪中叶,阿姆斯特丹交易所。阿姆斯特丹
取代意大利、德意志南部诸城成为欧洲金融中心,直至 18 世纪末。

伯斯庇尔。"拿破仑是法兰西皇帝,而罗伯斯庇尔则是法国大革命"白色恐怖"的头目。由此可见,虽然其执政后的头衔叫"护国公",听起来冠冕堂皇,但本质仍是十分独裁的。因此,克伦威尔死后不久,短暂的共和国时期便转瞬即逝。随之而来的封建王朝复辟,国王詹姆士二世的专制统治变本加厉。在这种情况下,英国贵族从荷兰迎来了奥伦治公爵和他的妻子玛丽就任英国新君。

在此,我们把英国的前半段历史做一个小结:

一是通过了《权利法案》,用当时的语言明确重申了《大宪章》中的内容(最初制定《大宪章》时所用语言为拉丁文),将国王与贵族的权利分辨明晰;由于生产的发展和商业的繁荣,贵族的独立性及其资产阶级化趋势也日益明显。

二是以瓦特发明蒸汽机为标志开始的工业革命。其实,把一个人发明了一个什么作为标志,说这是一个"革命"也未尝不可。但如果单说光荣革命,就是从荷兰迎来了新君的话,我们当然就解释不了光荣革命的具体含义是什么了。因为光从这一件事情着眼,而不去考虑前面贵族的变化的话,是说明不了问题的。工业革命也是一样,不能单说瓦特改良蒸汽机就可谓之"革命"了。

工业革命,我们叫它"革命",西方也有叫作"工业化开端"的。瓦特改良蒸汽机,具有重大的技术意义:它解决了动力源的问题。当时欧洲已经有一种纺纱机,叫作"珍妮纺纱机",它通过人手的操作,借助水力或风力为动力来推动运转。这在当时已经是十分先进的了。但瓦特蒸汽机的出现,是以蒸汽为动力来推动机器运转,便解放出了很大一部分人力,带有历史性的突破。因此,我们便以它为标志称之为"工业革命"。但实际上,工业革命并不是某个确定的日子或一个孤立的事件就能概括得了的,它应是几个世纪以来科学技术在生产实践中的不断积累和改进的结果。

说到"改进",我们中国也有过"改进"。李约瑟写的《中国科技史》就曾具体谈到过。但中国的改进存在一个很大的问题,就是没有一个突破性的成果。我觉得,凡是我们做事情,都得有两个过程:一个叫作"build up",就是把事物建起来。但如果建起来后就不管了,那也发展不了多少。因此,还得有一个"break through",就是打破原先的事物格局,不断去撞击那层"天花板"——一旦突破那层 ceiling(天花板),就又上升到一个新境界了。——基本上欧洲的每个世纪都曾经过这两种过程,因此他们在各个领域,尤其是科学技术的发展上,都会经常有突破。事实上,瓦特在工业革命中也起到了这样的作用。

因此,几个世纪不断积累改进的技术成果到 1780 年左右,便首先在英国掀起了轰轰烈烈的工业技术革命,并很快波及欧洲,绵延 20 年。所以,从 1780 年至 1800 年这 20 年间都可以称之为"工业革命"。那么,这期间到底发生了什么?工业革命给社会又带来了怎样的影响和后果呢?

图二十二　18世纪英国煤矿开采,为早期工业化之重要推动因素。

首先,以蒸汽为动力,加快了纺织机器的转动速度;同时,作为先进的动力源,蒸汽机又很快作为发展矿业所需的动力机器,应用到采矿业方面;在生产行业广泛进步的带动下,交通事业也要求改进动力设备,给火车提速。蒸汽机在动力上的突破,带动了英国工业圈子里各行各业的发展,18世纪后20年里,工业产值有了明显的增长。同时,发展的浪潮也已广泛扩展到了欧洲大陆。但当时大陆国家尚未经过革命风暴的洗礼,政治经济上没有英国放得开。所以,自此以后,得益于工业革命的成果,英国一直领先于欧洲大陆近百年。

其次,工业革命的另外一个社会后果就是新兴资产阶级的兴起。当然,此时所谓的“资产阶级”,成分还是贵族,但他们的思维方式已经开始资产阶级化了。同时,早期的无产阶级出现了,这是工业革命的一个很大的社会影响。工业革命改变了人们的生活方式,改变了社会结构和社会模式。

总而言之,我们看工业革命和看其他事物,都不能局限于具体的一件事上,而应该全方位、多角度地去把握。譬如说,17世纪还有很多有历史意义

图二十三 1840 年,英国冶金工人在造船厂。工业化加速进行。

的事情,如当时英国有一位叫作史密斯的船长,于 17 世纪初驾船到了美洲,回来后根据他当时的观测绘制了一幅北美地图。后来伦敦方面对这张地图作了研究确认。1620 年,第一批英格兰人坐着"五月花号"移民到美洲,带的就是这张地图。"五月花号"的这批人都是英国的清教徒,是英国绅士中的优秀分子。他们没预料到,到了美洲以后会是那样的一种境遇:上岸以后,后面是汪洋大海,前面是莽莽森林。怎么办?他们面临着何去何从的抉择。回去是肯定不可能的,于是,他们就集体写了篇《五月花号公约》,虔诚地向上帝发誓,一定要"通力合作,改善生活"。这本来在当时是一件微乎其微的小事,但谁能料到以后却由此诞生了一个后来居上的大帝国呢?这些虽然是后话,但从欧洲这方面来讲,却都是 17 世纪埋下的伏笔。

欧洲工业的发展,最初是在英国,后来也慢慢地普及到欧洲大陆,到 1880 年左右多数西欧国家基本上完成了它们的第一次工业化进程。之所以能够做到这一步,我想有几个因素。我经常说,为什么有些事情中国做不到而欧洲却能做到呢?追根溯源,这还是涉及一个严肃的学术问题。但是,至少有几个现象(注意,我现在说的还只是"现象")是可以从中看出区别来

图二十四　1837 年,法国第一条铁轨。

的。首先,欧洲的智力发展(intellectual development)是能够独立进行、不受政治和道德干预的,当然不排除也有客观上政治干涉智力发展的时候,如先前在启蒙运动一讲所讲到的伏尔泰,也曾受到政治迫害,书籍被烧,人被赶出国去,等等。但无论他被赶到哪里,他都会照样保持原先的那样一种生活方式和思维方式,即始终保持一种独立发展的人文精神。这种现象在中国古代就几乎没有,我们没法举出一个历史上没有一官半职的文人是研究科学的,搞技术的更少。现在我们动不动就举"四大发明",动不动就提《梦溪笔谈》,说是里面最早发现石油。可是,考证的东西是说明不了我们科技的发展。科学技术发展的前提,我觉得,应该是知识和掌握知识的人独立自主的活动。但这"独立"二字恰恰就是中国几千年来所欠缺的。所以有时跟西方一些学者接触的时候,他们也有这样的看法,即中国缺乏独立的知识分子。它的发展,总要借助于外物的一点什么。杜甫通过他的两句诗"致君尧舜上,再使风俗淳"抒发了自己的政治抱负:我希望当今君主是如尧、舜那样贤明的皇帝,能使整个社会的风俗像古代那样古朴淳真。最近电视里面在讲李白,说李白是如何豪放,如何藐视王权,但却没有看到李白的另一面。要么你就归隐山林,像陶渊明那样"采菊东篱下,悠然见南山",而事实上,他心里所想和行动所为还是与政治有关。这都是不行的,发展不了独立的科学;更不要说,中国独特的人文环境致使文人往往对自然科学产生一种漠视:中国古代的哲学理念和思想理论里面,都没有客观观察自然界这一条,讲的都是道德、政治。这些都是与西方不一样的。

这就是我想说的第一点。我总有这样的印象,觉得欧洲知识的流动是比较自由畅通的。即使是在王权专政的时候也是如此。马克思、恩格斯曾说过,荷兰革命是英国革命的预演,英国革命又是法国革命的预演。这个怎么体会?这个"预演"不是说它的形式,是说它的实质。实质是反对、推翻了旧制度,推翻了封建君主制度。

但就是在西方的封建旧制度下,知识的流动还是相当自由的,这包括基督教会在内。这个过去说过,不再重复,基督教教会和教义是有关联的,但是也要分开来看。教会是镇压组织,是一种权力组织,但是它的教义不太一样,从中发展出来的东西有进步的一面。西方还有独特的人文气氛,西方把人当成人来认识。就是在很专制的地方,总还有一些什么文艺沙龙、什么俱乐部等这类性质的组织。这能说跟工业革命没关系吗?这些都是人文条件、社会条件,推动社会进步的社会条件。

第二个印象不同的是欧洲实验上的发展。技术、科学的发展非常讲究方法,这方法就是实验,实验的方法,实证的方法。我们经常看到这样一些内容,现在的报纸也经常会发表一些,像《中华读书报》发表一些科学家的探测事迹。这种讲求方法的精神中国当然也有,但是非常薄弱。冯友兰先生曾经有这么一个想法:如果没有秦始皇统一中国,没有焚书坑儒,如果墨子后学能够继承下来,也许有可能发展出科学技术。但是墨子后学到了秦始皇那个时候已经衰落了,已经不行了。这是一个推测,是冯友兰1922年在美国留学的时候写的一篇文章,他思考中国为什么没有科学。其实这个

图二十五 法国数学家、物理学家、思想家帕斯卡（1623—1662）制作的第一台加减法手摇"计算机"。上面装 8 个轮子，每个轮有 10 个轮齿；向前转为"加"法，向后转为"减"法。

问题老早大家都在想，但是现在有的人偏偏说中国老早就有科学了。我觉得这个用不着争，没有什么太大意思，中国有科学就有面子了吗？问题并不在这里，是历史造成的嘛，也不是谁的责任。既然是历史造成的，承认它就行了嘛，脸上没有什么不光彩的，不必变着法子说我们早就有科学了。我们什么时候有科学？鲁迅说得好，火药倒是中国发明的，但是都用来做了烟火炮竹，传到西方去，葡萄牙制成了大炮，那这个发明有什么可吹的呢？所以这第二点就是讲求方法，中国缺乏这种实验的实证的方法，在学术上讲就是没有"实证主义"了。而西方在科学技术领域里是不断地探索，不然怎么能出哥白尼呢？怎么能出伽利略呢？就是通过不断地探索。他们总是解决了一个问题，再提出一个问题，再解决这个问题，又出来一个问题，这样不断地问题推问题，每一个问题都要求有一个实证的了解。如果经过实证还解决不了，那就继续探索和求解。这种方法是一种钻研的精神。在欧洲古文明时期，就有了这种精神。

　　第三个印象是，由于有上面的两条，西方的发明，inventions，是不断翻新的，就是 from invention to invention 这么一个波浪式的推进。

图二十六 18 世纪,法国道路修建在欧洲领先。修筑工人来自强制服役的农民,称为"苦役"。此制度至法国大革命废除。

这三条,是我个人认为为什么中国出不了工业革命的原因。老早人们就提出这个问题,从"五四"就提,提到现在了。我觉得一定要找原因的话,这些还不是原因,但这些现象是存在的。

17 世纪单纯用一个思想方法的改革来讲,这是一条线,是人文方面的,哲学思想方面的,此外还有许多其他方面的线交织着。同样,到 18 世纪,我们讲那个启蒙运动,已经讲过,不再重复。启蒙运动也不是孤零零的事件,也不是说 18 世纪欧洲就只有一个启蒙运动。英国的 18 世纪我们已经说过了。大陆的 18 世纪以法国为代表,因为法国是最强大的一个王国、一个王朝,它的独裁专政到了极点。法国和英国不同,这点我过去也说过,法国的贵族和国王站在一起。再有一条,法国的王权专政是几个世纪下来不动摇的,特别是在百年战争、14 世纪以后。把英国人打走了,法国的威信上来了。在这以后,历代的国王都是极端专制的。经过这几个世纪,到 17 世纪的时候,路易十四的专政集权已经发展到顶峰了,经济实力也发展到顶峰了。这就不矛盾?你说他专政集权,那怎么经济实力还发展了呢?这都是

图二十七　17 世纪末 18 世纪初,欧陆政治舞台
仍以王权为中心。图为法王路易十五赴教堂时受到众人围观的情景。

同时存在的,经济发展并不妨碍集权专政。路易十四可以勉强过去,维持一
个"鼎盛时期"。路易十五就稍微差一点了,而且路易十五不是一个很强的
国王,就靠黎塞留、马萨林这些首相来维持。实际上就是国王周围围绕着一
帮权臣。这是一个制度问题,不是一个皇帝的问题。到 18 世纪的时候呢,
由于种种原因,比如说,对外战争的经费耗空了国库,对农民征收的各种名
目的税使农民没有办法活下去,法国已经国库空虚、财政混乱、人民生活非
常悲惨。但是在这样一个状况下,皇帝、贵族这一帮人仍然声色犬马、花天
酒地。法国上层的花天酒地在欧洲上层也是特殊的,就是变着花样地过那
种穷奢极欲的生活。所以到路易十五这个时期,实在是维持不下去了。民
怨沸腾!路易十六也是一个很弱的皇帝。人们说他的性格是很软弱的,不
像路易十四,那是法国王朝的黄金时代。到路易十五,短期的过渡,路易十
六就不行了,过去一切封建王朝的弊病全在这个时候爆发。

图二十八 《自由引导人民》(1830 年),欧仁·德拉克罗瓦作。

在路易十六这个时期里,也有一些想要改革、改良的意思。国库空虚怎么办? 税收高,民怨沸腾怎么办? 这有些像我们清朝末年,得想些改良的办法。首先就是要解决财政问题。当时路易十六起用了一个经济学家杜尔哥(Turgot),他提出一套改革财政的方案:减轻农民的税收,发展生产,等等。行不通! 就是在那种封建体制之下,大部分都是浑浑噩噩的人,他的办法行不通。后来又起用一个人叫作内克尔(Necker),这两人都是经济学家。他也提出一些改革的方案。也行不通。这时已经到了民不聊生的地步了。于是发生了 1789 年 7 月 14 日的群众冲击巴士底狱事件,法国大革命开始。

现在法国的国庆节是 7 月 14 日,就是纪念群众冲击巴士底狱发生的暴动。这场革命并不是哪个党所领导的,或者哪个运动所引发的。现在对这个问题有很多不同的意见,包括我们中国的史学家也有不同的意见。我个人认为这实际上是暴民的暴动,自发的暴动。群众成分非常复杂,主体是农民,也有城市的工人。当时法国还是农业社会,比起英国差一大块。英国经过了圈地运动、工业化,英国的土地已经资产化了。法国却没有,所以冲击巴士底狱的主要是农民,还包括城市下层的工人、失业者,还有一些游民。他们出于一种义愤,就冲击巴士底狱。

这种冲击并不是事先没有想到的,因为民情鼎沸,谁都会有预感要出事儿。所以在这个时候,在路易十六的统治下,就开始准备一个改良的措施。除去我刚才说的杜尔果、内克尔的方案,那是在经济方面的,还有了一些学习英国的办法,就是削减王权,增加贵族的权利,给人民多一点权利,等等。这些措施已经在准备了。参加制定这些措施的有拉法耶特(Lafayette),这也是一个传奇人物。在美国独立战争的时候,法国是支持美国的。国家关

图二十九　1789 年 7 月 14 日,巴黎民众攻打巴士底狱,法国大革命爆发。

系说不清楚,法国是封建王朝,又去支持美国革命是什么道理呢?那是因为法国和英国有矛盾。英法向来是世仇,美英打仗,法国就要支持美国了。当时,拉法耶特就去美国打仗了。临离开美国的时候,在美国的议会他发表了一篇非常震动人心的讲话,说美国革命就像一座丰碑把自由升华了。回到法国后,他就是改良派之一,起草了一个文件准备实施改良。但在这个时候,暴动发生了。整个把这一套计划给打乱了。我觉得这挺像我们晚清时候的样子,那时慈禧也想改良了。我们现在把它叫作"假改良"。无论是真改良也好、假改良也好,反正是派了五大臣出洋考察。五大臣出洋,写回的条陈差不多是一个样子,就是学英国,甚至于不是学英国,是学日本。只要皇帝的位置不动,下面可以改一改;皇帝的位置万不可动,但是要立议会,等等,成立"君主立宪"国。但是来不及了,辛亥革命已经爆发。当然,辛亥革命和 7 月 14 日的暴动还不一样,辛亥革命是有领导的。但是有点儿这个意思,想改已经改不了了,已经赶不上趟了。路易十六后期就有些像这种情况,他想改良了。当然故事还有很多,比如他想改,王后不想改啦,但那是他家庭的事。总之在政治舞台上,他确实是想改了,请这个上台,请那个上台,都不中用。暴动已经发生了,规模非常之大。为什么大呢?巴士底狱里不仅关的是犯人,而且旁边有一个大军火库。把那个军火库一打开,就引发了流血斗争。这就是武装暴动。到那时候,不管是哪边都出现不了任何有理智的人。接着就是整个巴黎,然后各省都暴动了,都发生同样的起义,连锁反应。这应该说是法国大革命的第一步,是以暴动的形式出现。我认为当时是逼得人没办法时的行为。对于第一次这种自发性的革命,西方当时有两种看法,简单地说:一种是英国方面的,英国方面的主流思想认为这场暴动流传开来的影响是很糟糕的,担心影响到英国的秩序。因为英国自 1688 年光荣革命以来,经过"虚君",经过《权利法案》,国内的秩序已经相当稳定了。这个传统的秩序,英国现在要极力加以保持。法国这一闹可不得了,更何况英国国内也有人对法国这场革命表示同情。不是一般的人,是在大臣中有人同情。这样就使英国的主流思想方面忐忑不安了。尤其是大革命以后，法国组成了国民议会、安全委员会，等等，他们对宗教的政策、对王室的政策，都使英国非常担心。英国的宗教政策也是在1688年光荣革命之后，通过《宗教宽容法》确立的。他们的宗教问题也基本解决了，就是基本上信仰新教，只有爱尔兰还是信天主教。法国是天主教国，若是像英国革命把宗教也革了，首先爱尔兰会发生变化。所以英国比较担心这场暴动会对英国产生不良的影响。于是就有一位大家都很熟悉，前一段时间学者们都很热衷的埃德蒙·伯克（Edmund Burke），他写了一本书，叫《反思法国大革命》（*Reflections on French Revolution*）。他这本书全面否定了法国革命，认为这是一场暴民革命。这种暴动摧毁王室、宗教，是不能容忍的，是对自由的侵犯。另外，他还阐述了他的政治思想：人类和自然界中的其他生物一样是各种各样的，人类就要分成等级，是要有秩序的，不能没有国王。财产权是不容侵犯的。这本书后来就成了英国保守主义的理论基础。所以向来讲，英国的保守党、保守主义没有理论，是没有理论吗？有一本就是这本。他还写了很多其他的书，都是这个意思，都是对前期的法国大革命的反映。他这本书大概是在1790年写的。大革命刚爆发不久他就死了。他的这本书在英国影响很大，当然在法国就把它看成一个反动的东西。但是马上又有另外一个英国人叫作托马斯·潘恩（Thomas Paine），也是一个很著名的理论家。他写的一本书叫作《人的权利》（*Rights of Men*）。这本书正好是相反的，批判埃德蒙·伯克，两个人唱了对台戏。这场辩论非常激烈，影响也非常大，影响到了欧洲，也影响到了美国。

那么在这种暴动的革命中，势必要有人出来进行组织和领导，不可能就这么乱乱地结束了。当时出来起主要作用的就是那些知识分子。咱们现在叫"知识分子"，那时没有这个词。而从职业看，律师起一个领导的作用。那么在这些人里面，当然也有一些是官僚，是在政府中任职的，他们有革命的思想，就聚到一起了。他们共同的东西是什么呢？就是思考对这个旧制度怎么办，不仅是一个路易十六的问题。如果是的话，那就容易解决了，当然后来他也被砍了头。这是一个制度的问题。所以这些领导者在暴动发生

图三十　约翰·洛克（1632—1704），英国政治哲学家。他的政治学著作对后世启蒙思想家、对美国和法国革命都有重要影响。

以后，很快地在 8 月发表了著名的《人权宣言》，或者叫作《人权和公民权宣言》，一般就简称《人权宣言》。在《人权宣言》中，把英国革命以来的政治、哲学的观点都提出来了。例如，人生而平等自由，这个观点是欧洲包括美国在内，西方基本的观点。这句话最早出现在洛克的《政府论》中，那时候还讲在上帝面前我们每个人都是自由的、平等的。这句话在以后所有重要的历史文件中都必然以各种方式表达出来。比如

说，美国独立战争时，杰斐逊写的那份《独立宣言》就讲了这句话，法国大革命的《人权宣言》也讲了这句话。到 1848 年那场革命以后，成立的法兰西第二共和国的宪法也写上了这句话。直到最后《世界人权宣言》，也写了这句话。可见这句话的分量和历史传统意义。我觉得这不是意识形态的问题，这是个基本看法，就是人有追求生活、追求幸福的权利。在这个人权问题上，基本的一点就是人的基本权利是不能够侵犯的。从洛克到《世界人权宣言》一直都是这种观点。我们也在《世界人权宣言》上签了字，也就是承认它的普世性。这点呢，在法国大革命写得更明确一些，接着还有保护私人财产权，认为财产权神圣不可侵犯。议会是选举出来的，是民选的，等等。有一次一位同学提出，是不是启蒙运动启发了法国大革命。我记得我说很难从里面找到一条线，说它启发了法国大革命。这个问题一句话说不清楚，法国大革命的爆发是纯属自发，民情激愤，揭竿起义，是陈胜吴广式的，一场暴动冲击了巴士底狱。你说这场暴动它是启蒙运动所启发出来的，这个我

觉得说服力不强。但是启蒙运动中的一些思想对于法国大革命爆发以后的一些领导人、领导层是有影响的。他们都需要学习以前的哲学、政治思想。

特别是卢梭的《社会契约论》，对罗伯斯庇尔的影响是最大的。但也正是由于卢梭的影响，不能说全部吧，部分的影响，我觉得罗伯斯庇尔滥用了卢梭的观点，造成了后来的"白色恐怖"。他主要利用卢梭的两个观点。一个是"主权在民"，一个是要按照"普遍的意志"来办事。主权在民，主权是人民的；而普遍的意志（general will），罗伯斯庇尔演绎成为"我就是人民的代表"，到后来就变成我就是不朽的人民的捍卫者、保卫者，他就是这么个人。但是在起草这个宣言的时候，这个宣言所起到的历史作用，不能够因为罗伯斯庇尔后来的这些行为而把它否定，更何况起草这个宣言的不止一个人，是好多人，其中也有一些主张改良的人，甚至是主张实行宪君主制的人。法国大革命以后的这个《人权宣言》啊，确实代表了当时法国进步的主流思想，跟美国的《独立宣言》类似，都是这类性质的历史性文献。

图三十一　让·雅克·卢梭（1712—1778），法国启蒙时期的代表人物。他的名著《社会契约论》对后世有很重要的影响。

《独立宣言》同这个《人权宣言》还不太一样，《独立宣言》主要是针对英国的，是针对不列颠说的。所以它前一段是讲的基本人权问题，后一段完全是讲的（针对的）英王的各种各样的对美国干涉的行为、不公正的行为，等等。它是要宣布独立的。一个是北美人民自己的愿望，一个是对英国的谴责，这是美国《独立宣言》的基本内容。而法国的《人权宣言》完全是对自己国内说的，是说国内的各种权利。所谓人权的意思，就是这个"权利"的意思。如果讲自由的话，也是这个"权利"的意思。你承认不承认我的权利，我承认不承认你的权利，我尊重不尊重你的权利，你尊重不尊重我的权利，自由的根本含义在这儿。这条脉络是这样下来的：《大宪章》—洛克的思想—《权利法案》—宗教宽容—美国的《独立宣言》—法国的《人权宣言》。这条线我觉得代表了也反映了人类前进的方向。现在我们国家的学术界包括教育界，也重视对人权的研究，我觉得这是个好事情。不能人家一提人权，咱们就紧张，你得把人权问题弄清楚。

当然了，那时候法国的好日子也不是很长。通过了《人权宣言》，反响很大。当时的托马斯·潘恩等人也就是根据法国人所做的这些东西来驳斥埃德蒙·伯克和辩论自由思想的。你们可以找这两本书来看一看，这两本书在欧洲和美国影响都非常大。托马斯·潘恩既支持法国革命也支持美国革命，说简单化一点，反对的是英国的君主立宪专制，潘恩的立场是比较彻底的。但是埃德蒙·伯克呢，从是非上来讲，我觉得他也无可厚非。他有他的理念，对不对？但问题是他写出来以后呢，他攻击的是法国人民，攻击的是法国革命以后的议会，托马斯·潘恩就抓住他这点了：你们英国当时成立议会的时候，你们英国实行君主立宪的时候，法国没有人批评你，现在法国人搞这个你凭什么批评呢？两个人争的很厉害。埃德蒙·伯克在开始的时候，对法国大革命并没有太多的恶感，他在那儿观察，他像英国人和英国政府一样，是在观察。后来他进一步想了之后就反对了，他认为这个影响要是传到英国的话会颠覆英国的传统，所以他就写了这本书，对法国大革命发表了"反思"。我曾经建议我们欧洲研究所的一位青年人，他是研究英国历史的，我建议他把三个人串起来做一个理论上的比较。哪三个人呢？卢梭，埃德蒙·伯克，托马斯·潘恩。其实要归纳到理论上的话，可以归纳到卢梭这儿。就是因为有了卢梭的《社会契约论》，才有了法国的《人权宣言》，对此埃德蒙·伯克写书，批评法国大革命，然后托马斯·潘恩回到卢梭的立场上，反过来批评埃德蒙·伯克。这一场理论上的来回往返，如果好好地琢磨一下，是很有意思的。把它理顺的话，我觉得你就对法国和英国在那个时期的思想状况,以及它们的思想家所留下来的思想传统,有一个清晰的了解。这三个人我觉得都是思想家。

现在报上有一种观点,我还不太同意,就是把法国革命后来的白色恐怖、滥杀无辜的账算在卢梭头上,我觉得这是冤枉了卢梭。老和尚创造一个理论,下面的小和尚把经念歪了,你怪那个老和尚,那行吗?那是不行的。法国启蒙运动时候的一些思想家,对法国大革命的那些领导人,对法国大革命的影响如果见诸文字的话,只有在罗伯斯庇尔的著作里边有。他写道,我是读过卢梭的《社会契约论》的,点明了就是卢梭。由此看来就要让卢梭去为恐怖主义负责,为后来的白色恐怖负责,那是不合理的,是说不通的。由这个理论发展起来的话,都让理论家来负责,这个就没边儿了。比如说黑格尔、费希特、尼采,他们日耳曼的情结比较厉害,希特勒时代也经常提到他们,但要是说希特勒的思想根源在黑格尔那儿,在费希特那儿,在尼采那儿,我觉得这个联系未免太随便了点。黑格尔在搞他自己的理论体系的时候,怎么会想到我这个理论将来会推出个希特勒来呢?当然黑格尔是有点大日耳曼主义这是没错的。

1791 年,国王路易十六逃跑。先是巴黎的民众游行到凡尔赛,把国王和王后抓出来,抓到巴黎,革命政府把他们囚禁在塞纳河畔的一间房子里。在这个时候,国王的弟弟里通外国。当然这个时候的外国已经在虎视眈眈地要对法国动武了。因为当时欧洲的其他国家都是君主国家,都害怕法国的革命影响了本国的秩序,都准备武装干涉。当然首先是英国,英国和法国是"世仇";还有德国(当时德国还没有统一成一个民族国家)、意大利都在虎视眈眈地对准法国,注意法国的动向。当时是有这么一个国际背景的。在这个时候,路易十六的弟弟串通了普鲁士,忽然一下就使日耳曼人到了法国境内,交了火,日耳曼人暂时被打退了。群情激愤,把仇恨一股脑全对准国王了。这个时候国民公会就决定处死路易十六和王后。我在法国巴黎看过他们的一个展览会,就是把给路易上的绞刑架摆在那儿,后来也摆了一些他们恐怖时期杀人的东西。这在法国大革命的历史上叫作"第二次革命"。

把国王抓起来以后,群情激愤又闹了一次。这一次是各方的冲突(的爆发),保皇派、革命派、农民,打的是一团乱仗。死伤很多,有人说是一万二千人,不一定准确了。

在"第二次革命"国王上了绞刑架以后,应该说法国作为革命这一个行动来讲是告一段落了,它宣布成立了统一的不可分割的共和国。但共和国没有总统,而是有一个"国家安全委员会",头儿是罗伯斯庇尔。在这个时候呢,保皇的情绪是相当厉害的。就是在原来法国革命的各党各派中间,相互的斗争也开始了。法国革命大体上分三派。一派叫作"山岳派",因为他们在国民议会里坐的位置最高,这个党大体上是属于左派;右派是"吉伦特派","吉伦特"是一个地方,这一派大多是文人、艺术家,一般的观点倾向于维持君主立宪;第三派是"平原派",是中立的。左派的"山岳派",原来大多都是"雅各宾俱乐部"里的人,那是在路易十六后期就有的,在"雅各宾俱乐部"里有各种知识分子、自由职业者的集会,他们的观点是比较激进的,后来就叫"山岳派"了。可是在这个"山岳派"里边,也是互相斗争的。如果要写一部派系斗争的历史,我看法国大革命应该是鼻祖。历次革命没有不闹派性的。"山岳派"相互之间斗争,而且开了杀戒。比如说对"吉伦特派",因为它是维护君主制的,那就都要杀掉,杀人很多,那时候杀人就是送断头台。"吉伦特派"当时有两个很有名的人,罗兰(Roland)夫妇。这个罗兰先生过去曾经担任过内务部长,后来在法国革命时,参加反对法国君主制和独裁制的"吉伦特派"。在革命开始的时候大家都是同事,后来就不行了。先是他的夫人,他的夫人比他更加明确些,比较公开尖锐地反对罗伯斯庇尔激进的"左"的行动——滥杀不同政见者,滥杀王室的有牵连的人,还有贵族,所以这些贵族要么被杀了,要么就跑到国外去了,跑到英国和美国去了。比如1830年以后复辟的菲利普王朝,那个菲利普王子就是这个时候跑的,他跑到美国去了,后来回到法国当国王。跑的人很多,但是死的人更多。对当时情况的统计数字都是不可靠的,因为这个书这样说,那个书那样说,所以没有办法计数。总之,各省各地方都有被滥杀的或者送上绞刑架的人,在恐怖时期的总数估计是四五万人。

梁启超的《近世第一女杰罗兰夫人传》中记载，罗兰夫人说过这样一句话："自由自由，天下古今几多之罪恶，假汝之名以行。"说自由自由呀，多少的罪行都是借你的名义干出来的。罗兰夫人被送上了断头台。当天晚上，罗兰先生自杀。大屠杀造成白色恐怖，大体上是从1793年到1794年。为什么后来终止？全杀掉了，内讧呀。比如说罗伯斯庇尔和丹东，两个人本来是一个战壕里面的战友，丹东对于搞这种恐怖政策不满意，提出来停止这种恐怖的政策，罗伯斯庇尔就把他送上断头台。到1794年，罗伯斯庇尔成为孤家寡人，大家对他怨气冲天，最后由国民公会宣布把罗伯斯庇尔送上断头台。有个圣·茹斯特(Saint Juste)，也是参加起草《人权宣言》的，也被送上了断头台。那是1794年7月28日。罗伯斯庇尔一死，恐怖现象也就过去了。整个法国大革命起于攻占巴士底狱，接着是"第二次革命"，把国王抓起来，然后是内讧，内部矛盾，大屠杀，等等。从1789年到1794年，告一段落。1795年日子混不下去了，成立了由5人组成的"督政府"，设立两院——上院和下院。这就是现在的参议会和国民议会。翌年，督政府任命拿破仑为意大利方面军总司令。1799年，他发动政变成为第一执政，大权独揽，跟皇帝差不多。到1804年，拿破仑改制称帝，同时发动对外战争。这就是你们都熟悉的"拿破仑战争"，用战争的手段去宣传"自由、平等、博爱"。这个法国大革命呀，轰轰烈烈一场，影响非常非常之大。因为17世纪和18世纪有这么两场革命，革命唤醒了人民的觉悟。什么觉悟呢？批判旧制度。本来像法国这样的国家，农民是非常愚昧的一群人，绝大多数都是文盲，不识字，当时法国还是农业国，你们可以看一本小说，叫作《九三年》，法国大作家维克多·雨果写的，就是写《巴黎圣母院》的那个人。已经翻译成中文了。他用小说描写法国大革命后期的状况。休闲的时候可以看。英国和法国，各自有自己的方式，留下了很多影响，也留下了很多后遗症。现在常常把法国大革命和英国革命拿来作比较，怎么比较法呢？这各有各的比较法。我倒建议你们自己可以去比较比较。我觉得，在有些问题上，在社会

图三十二 拿破仑称帝加冕(1804 年 12 月 2 日)

问题上,在一些政治思想的问题上,英国解决的好像要比法国彻底。法国虽然有那么激烈的革命运动,总是感觉他的集体主义的东西比较多,民主主义的东西也有,集权的东西太多。所以我有的时候说笑话,打个比方:英国的革命好像是炖肉,文火炖肉;法国革命是猛火,是煮肉。都熟了;但英国的文火炖肉可能更烂一点,熟得更透一点。法国革命的过程非常快,一个阶段接着一个阶段,快极了。也是在路易十四、路易十五、路易十六这几代国王的重压之下,人民无路可走,非这样不可,非铤而走险不可,没有别的办法。这就是历史的命运。但是你要一想这个自由、自由主义等等,它的发源地还是在英国。法国还要经过一段时间,从法国革命以后,经过拿破仑战争,还要经过一段时间,才慢慢进入民主共和的时代,那就到了 19 世纪了。所以我们现在离历史并不远。直到 19 世纪中叶的时候,1848 年左右的时候,工业化走在前面的,政治制度走在前面的,还是英国。英国的历史的酝酿过程是比较长的,但是从 1688 年以后,君王的位置是越来越"虚"了。"虚"到了现在,甚至查尔斯的儿子不想当国王。各个王朝都是这样的,不能够和世俗通婚的。除了查尔斯娶了黛安娜,这在英国的老派人士看来是"大逆不道"的事情。但是这道墙很快要冲破了。这个制度的变化常常是要经过一个很长很长的时期的酝酿和摸索的。今天就讲到这儿,接下来一共还有三次课,下一次我就讲欧洲文明过渡到美国文明。包括了19世纪以后的资本主义的全盛时期。再下一讲就讲一个方法论的问题,怎么样看欧洲的方法论。最后是我对于中国和西方的文化的比较,欧洲文明与世界历史,等等。

课堂提问与解答

1. 如何评价罗伯斯庇尔的白色恐怖政策?

答:我们大家都可以评论,这个不能够说谁说了算。在他这样一段时期,我个人是否定的,持批评态度。你想呀,使用白色恐怖,就是使用强力,甚至是杀人的手段来排除异己,造成一个恐怖的气氛。过去我们读的历史书里面,有时说这种恐怖是"必要的"。我接受不了这种观点。什么是"必要的"呀?! 恩格斯给一个朋友写信,写道在法国大革命后期,几天不见,某人被砍头了。又几天不见,某人被砍头了。最后,某某人也被砍头了。话说得很清楚,你说,这样一个政策能够被肯定吗? 罗伯斯庇尔自己讲过一句话,他说,"没有恐怖的美德是无力的"。这就是他的创造。我的评价,我认为罗伯斯庇尔无疑是没有戴上皇冠的"暴君"。

2. 在法国白色恐怖的时候,为什么军队都听命于知识分子? 且当时处于失控情况下,为什么这时不是由拿破仑似的人物得到政权?

答:那个时候,军队的情况很乱。罗伯斯庇尔并不掌握一支非常正规的国家军队。他有一个"国民自卫队",这个"国民自卫队"是听命于他的。这是由罗伯斯庇尔这一派人所组建的。这样一支军队拿出去镇压是足够的,但拿出去打仗绝对不行。所以到后来真正打仗的时候,那就是拿破仑出来执政的时候。罗伯斯庇尔我觉得他不会指挥军队,他完全是个"书生",一个"恐怖的书生"。你不要以为"书生"都是文文弱弱的。

关于法国大革命,还有一个问题,法国大革命为什么要加一个"大"字。我不知道是什么时候这么叫的,反正我也就顺着这么叫下来了。为什么单单把法国革命叫作"大"革命呢?什么道理呢?列宁讲过的,一定的恐怖是必要的,好像有一条不很清楚的线将法国大革命和十月革命联系在一起了。所以西方有一些评论者,他们就把恐怖的根源放在法国大革命上面。但是这个从"阶级"内容看是不一样的。另外一个技术上的问题,我想"法国大革命",之所以加上一个"大",就是谈到法国大革命时的那个"革命",在法文、在西方文字里面那个"R"都大写。不管在什么时候,在行文中,遇到"法国大革命",这个"R"都大写。大概我们觉得,既然这个"R"是大写,我们就把它翻译成"大"吧。当时拿破仑能够得到政权,跟外国干涉分不开。你们学国际关系史,会学到这一点。这几次"反法联盟",几个欧洲的君主国家结成"反法联盟",一次又一次地向法国进攻,逼得法国非得万众一心、组织起自己的军队不可。而法国的民族主义在这个时候也已经发展到顶峰,拿破仑就乘势而上了。

第十讲

欧洲文明的辐射

上一次讲完英国革命、法国革命,今天的主题是讲欧洲文明的扩张以及欧洲文明扩张到美国。

英法革命讲完以后,很可能大家脑子里有印象,就是这个时期欧洲好像就是被这两个革命所笼罩着似的。实际情况远不止于此。对于一个社会的了解,对于一个文明的了解,必须得了解它综合的东西,就是要了解它几条线交织在一起。现在只讲英国革命、法国革命,似乎它们只是在政治层面上、在一些行为方面的表现,当然透过这些表现可以了解它的实质,了解它的精神,了解那个时代。但是它毕竟只说的是这两个革命。我没有讲到的东西,希望你们自己去读书补充。

那么从 16 世纪以来,我觉得看得比较清楚的是欧洲加快了步伐向近代迈进。实际上 16、17、18 世纪这几个世纪都是为 19 世纪资本主义的生成做了各方面的准备,包括政治上的、经济上的、社会上的、文化上的,也包括国际关系上的。欧洲不再是"王朝的欧洲",而是国家之间的欧洲,因此国际关系发生了非常大的变化。

在这段时间里面,我们课堂上基本没有涉及的一些问题,只是在讲授时顺便带出来的,可能大家印象就不深,而恰恰是这些问题,我觉得应该由你们自己读点书,把这些东西补充进去。下面我提两点。

1. 工业革命以前的商业问题。欧洲是很重视商业的,在古希腊时候就是重商业的,罗马也是。那么到了中世纪的末期,进入近代社会的时候,就有所谓的"重商主义"。"重商主义"的意思就是一个民族国家把发展国内外的商业、发展海外的贸易当作一种"国策"。"重商主义"几乎在欧洲各个国家都有。由于国情不同,表现也不一样。

这一大块东西要好好地读一些书,一般的世界史里都有。世界史的书,优点在于包罗万象,缺点在于重点不突出,什么事情都在里面。但是你把某一个东西当作重点挑出来认真地再去读,这就是读者的任务了,世界史书籍的作者不管这个问题。如果你要了解"重商主义",了解那个时期的商业政策,那你就要有重点地看,比如说世界史、世界通史,这些历史里面关于商业的部分就要多看一看。这是我点到为止的事情。

2. "地理大发现"之后的航海运动,这个问题我也只是点了一下。前面提的商业问题,有的书称其为"商业革命",我看也不大确切,商业是一个从古到今,一连串下来的东西。发展商业是城邦制度的体现,每个城邦都要发展商业。商业结合了"地理大发现",就把商业更加推进一步。

"地理大发现"接下来就是航海运动。航海运动把几个大洋联系在了一起,连成了一片。当时这些航海家们主观上并不一定认为自己在做一个惊天动地的事情。比如说达·伽马。他绕过好望角,沿着东非海岸向东一直到了印度洋。航海是非常冒险的事情,在沿途还跟摩尔人、阿拉伯人打了很多仗,一直到了印度洋。其实达·伽马所做的事情,同哥伦布到美洲、麦哲伦航行地球一周的意义是一样的。就是让后人回过头来看,从那个时候起,欧洲人已经开始有了全球的视野。两个大洋,姑且说是两个大洋吧,实际是几个大洋连成了一片。

有一次我们在一起开会讨论太平洋问题。我当时就讲,研究太平洋离不开大西洋。离开大西洋的话,单独孤立地去研究太平洋,是研究不出什么道理来的。因为两洋已经连成一片了,而这个连成一片的起点是在十五六世纪。

既然有航海运动,就有科学技术的支持。科学技术的支持是从 16 世纪开始的,天文学慢慢地扩展到其他学科。到 18 世纪有了物理学、化学等各种学科。这些都是联系在一起的,才造成了这个时期的特点。

所以我在讲到英国革命、法国革命的时候,希望同学们不要把这两个革命孤立起来。在这个时期,特别是航海运动,它是了解欧洲近期发展的一个非常重大的阶段,特别是发现美洲。

欧洲文明的扩张,现在看起来,我个人认为有以下这几个内容。

1. 欧洲整体的文明,包括物质上的、精神上的,已经发展到了一个非向外扩张不可的时候了。欧洲文明到了 15 世纪的时候,就拿哥伦布航海到美洲作为一个标志,其实并不完全是因为他的缘故,因为在哥伦布以前已经有个别的航海家、探险家出去了。

欧洲文明所处的地位以及它前进的阶段注定了它要向外扩张。它不可能就龟缩在欧洲这块地方,它必然向外扩张,特别是它的精神文明是没有界限的。

2. 欧洲文明的扩展可以分两步说:

(1)第一步是它在欧洲内部,大陆上的扩展。

(2)再一步是航海的,对欧洲以外的地区的扩展。

在内部的扩展,我其实已经讲的差不多了。例如欧洲的每一项发明、每一项创造、每一种思想,哲学思想也好,社会思想也好,它都不局限在本国本地区。所以说发生在英国的"工业革命"并不是瓦特一个人的功劳,瓦特不过是一个标志,是一个综合几个世纪各地技术的发展、发明的标志。当然主要是英国的了,同时也包括大陆的。所以与其说是爆发了工业革命,不如说是几个世纪技术发展的一个总结。英国算是幸运的,因为它有这个机遇。如果不是英国的话,它也可能在荷兰发生,也可能在比利时发生。技术发展已经在那时到了一个水平线上了。但是英国比起欧洲大陆来有一个大陆所不具备的优越条件,就是它的政治环境。它在那个时候的政治环境比起大陆来更利于自由发展、自由探索,再加上农业的改造即"圈地运动"的出现所造成的农业资本主义化。另外它的机械的发展,例如纺织机等的发展,等等,都凑在一起,所以才有了以瓦特为代表的工业革命。而且不能把工业革命说成是哪一天就结束了的,它是一直延续下来的。但现在有很多用词,容易造成误解,好像工业革命是第一次工业革命、第二次工业革命、科技革命这样一段一段下来的,实际上不是,它是延续不断地下来的,是连贯的,没有前者,就不会有后者。

那么经济上发展到了这个程度,思想上发展到了像启蒙运动那样的程度,欧洲文明的扩张就是这个文明本身的性质,它不可能不向外传播了,就是说先进的区域不可能不向落后的区域传播它的文明了。这种文明的传播同航海运动以后下来的殖民开拓又是联系在一起的。

殖民地的开拓,在我们传统的理解上来讲,它当然是侵略性的了。殖民地的开拓是三位一体的,通商是第一位的,加上传教,再有就是强迫性的在欧洲以外的地区建立商业扩张的"定居点"。这些"定居点"慢慢就扩大成为殖民地。通过这些扩张的手段自然而然地把它们的文明就带到了这些地方。

这里我要插一句,关于"殖民地"的概念问题。

"殖民地"在希腊时就有了,比如说希腊人在意大利建设殖民地,希腊人到那里去定居了,慢慢地发展,因此叫它为"殖民地"。后来英国、法国这些国家在亚洲、非洲、拉丁美洲建立"殖民地"。那个殖民地从它本身的性质来讲不是"殖民","殖民"应该是这个地方的人大批移民到另外一个地方去,做那个地方的主要的居民,那才叫"殖民地"。

例如英国到了印度不是这样的,印度本身有它自己的古老的文化,有各种民族、各种宗教的人民在那地方。英国人到印度只是在那里建立他的政治统治,并未进行移民。所以我觉得"殖民"这个词这样被普遍地应用并不确切。但是现在都这么用,中国这么用,西洋也这么用。用开了,现在只能从众。

殖民这个词原先没有什么贬义,比如说中国人在旧金山、洛杉矶有"华人区"。"华人区"当地人就管它叫 colony,就是说中国人在那地方住下来了,并不是中国人在那里建立了统治。

而像英国、法国在亚洲、非洲等很多地方,他们所做的事情现在都一概叫殖民主义了。实际上我觉得这个词应该给它以确切的理解。就是它不仅仅是单纯殖民的问题,是它在那个地方建立了自己的统治,派了他任命的总督,当然也有很多白人过去了,但是从根本来说还是印度的地方。有印度的文明,有印度的秩序、制度、宗教信仰。英国去了之后,加上了英国的统治,放一个总督管着。现在约定俗成就叫它"殖民统治"好了。但是要分清什么是真正的殖民地,什么是真正的殖民,是将它 colonized 了,把它变成了不是本地人的地方了,这个叫殖民地。就好像新英格兰人占据了北美,那才是真正的"殖民地"。本来印第安人就很少,经过战争以后屠杀得差不多了,被挤到丛林里去了。然后变成白人在统治了,那确实就是"殖民地"。

英国人到印度的时候,马克思说,英国在印度应该完成双重任务。第一个任务是摧毁性的,是把原来古老的、陈旧的、过时的制度毁坏。第二个任务是建设性的,是在摧毁印度旧制度的基础上建立起以西方的物质文明为基础的新印度。大体上是这么两句话,在马克思的一篇叫作《不列颠在印度统治的未来结果》的文章中,在《马克思恩格斯全集》的第九卷里。

我看到马克思的这篇文章时,觉得他很矛盾。马克思老老实实是个"西方主义者"。马克思见到的眼前的现实就是这样,就是西方资产阶级在创造一个新世界。《共产党宣言》中说得明明白白。我刚才提到的这篇文章《不列颠在印度统治的未来结果》也是说的这个意思,它看到了这个回避不了的现实,而且这个现实应该说对于文明的发展是积极的。

马克思为何矛盾呢?因为他要搞无产阶级革命,而在19世纪时确确实实没有无产阶级革命的条件。马克思这篇文章是1853年时写的,1848年的革命已经失败了,确实没有无产阶级革命的条件。所以他不能不肯定当时19世纪的发展,说穿了就是建立资本主义。现在报纸上以及我自己的文章经常引马克思和恩格斯《共产党宣言》的那一段,就是"相互依赖,相互交往……"的一段话。归结到最后是"东方从属西方"。这是马克思的看法。

图三十三 1848 年,欧洲革命遍及欧洲,均以失败告终。图为于 1848 年 5 月
召开的法兰克福议会,呼吁成立自由的、统一的德意志,后遭镇压。

我们现在引文章时这句话不引,都忌讳这句话,但是这是无法去掉的,马克
思写在了纸上,它是一个事实。研究学问也好,写理论文章也好,不能不尊
重事实,这是个事实。

马克思给英国人设计的对印度的统治实际上是英国海外扩张的一个概
括,多数都是这样的。后来法国也是这样的。英国和荷兰前后成立东印度
公司。东印度公司是什么呢?是英国国王和议会发了"特许证"的公司。
所以东印度公司实际上是英国向海外扩张的一个缩影,一个渠道。

19 世纪鸦片输入中国,渠道之一就是东印度公司。荷兰的东印度公司
比英国的稍微弱一点。当时它的商业的触角也非常广。荷兰通过东印度公
司向外开始殖民扩张,它所覆盖的领土是荷兰本土的几十倍,那么通过这些
渠道欧洲的文明就向这些地区扩展了。

印度这个国家很奇怪,我去过几次印度,感触非常深。印度社会各种阶层的差别之大,"土"和"洋"之间的差别之大是惊人的。它有一种社会结构叫"caste"(种姓制度)。一种人对一种人,阶层的划分差别是非常大的。可能现在会好一点,全球化、西方文化进入的也多了。我20世纪50年代去印度时住在旅馆里,那个服务员不能够背对着我出去,按照他所属的"caste",是第九级还是第十级。他把我送到房间把我安顿好了以后,他脸冲着我弯着腰退了出去。如果他不是这样的话,我就有"权利"揍他。这就是印度社会,还不要讲印度社会的宗教有多么复杂,但是这就是印度的本土文明。然而受了西洋教育的人,上层的、高级的知识分子,他们的西化又是我们中国所达不到的。印度人最早到英国去留学,讲一口印度式的英文。他们个人在国内权势非常大,社会地位非常高,简直构成了两个世界。

在很多殖民地国家中都有类似印度的情况,不同的是,印度的文明有更

图三十四　"巴黎公社"起义者及市民上千人被屠杀,起义失败。

深厚的历史积淀。在非洲,特别是英属的殖民地,都有这个现象。比如说南非,黑人与白人之间的差距,不光是经济上的,还是社会地位上的。所以我们叫它殖民统治也可以。

19 世纪是西方殖民扩张的一个很关键的时期,通过通商、传教等形式西方国家在殖民地建立统治。各种事物搅在一起,加上自己国内工农业的发展,金融业的发展,促成了 19 世纪的局面。这种局面再和民主、自由、平等这些启蒙运动的思想结合在一起,把它制度化,就形成了 19 世纪西欧占有主流地位的近代民主体制。

近代民主体制到了 19 世纪初期,也只是在英国建立起来了。是君主立宪的形式。法国经过 1848 年的革命、1871 年的革命以后,它的共和制度才逐渐巩固起来,影响到比利时等一些小国。但还有相当一部分国家到了 19 世纪末还未进入近代民主国家的行列。比如说德国,俾斯麦统治下的德国有了帝国议会,但是并没有近代意义的民主。俄罗斯就更不用说了,还是一种专制的体制。

到 19 世纪,民主自由思想、议会制度在西欧已经成为主流了,但是却没有覆盖整个西欧,更不用说东欧和俄罗斯了。以后的 20 世纪大家都清楚,就这样下来了。欧洲的向外扩张,是从十七八世纪开始的,在启蒙时期实际上已经开始向外扩充它的影响了。

有两个国家在接受西方的影响时是值得注意的,一个是日本,一个是俄罗斯。这两个国家不是西方人拿枪动炮进来的,通商是有的,传教也是有的,但是没有采用像印度、非洲等地的做法。对日本的作用确实不可小看。我觉得日本在自己主动地搞"西化",向西方学习,学它的工业化,也学它的民主制度。因此,日本是一个帮助推进"西化"的枢纽,特别对于中国来说是如此。"明治维新"是日本历史上的转折点。

我们的有些评论当中有这样一个观点,西方也常常有这样一个观点——西方人对东方人的了解有时是非常片面主观的,甚至是扭曲的。比如亨廷顿写的《文明的冲突》,他讲西方文明讲得头头是道。却根本不懂什么是东方文明。

照某些西方学者的说法，日本属于"儒家文明"圈；我们国家的有些学者也这么说。日本文化中有中国的影响，这是不错的。但是日本有它自己的传统文化，而"明治维新"则主要是学西方。日本绝不是什么"儒家资本主义"。

日本有一位启蒙思想家，叫福泽谕吉，他有一本书叫《文明论概略》，商务印书馆有中文译本。它里面讲得明明确确，汉学对日本的影响是很深的，但是要讲到社会的改革，要讲到近代文明的建立，日本是学习西方的，儒家帮不上忙。

至少我们中国人不该有这样的误解，把日本算作"儒家资本主义"。日本"明治维新"以后很快地发展起来了，学习西方发展工业，建立起它的议会制度，当然它与英国还不一样，他那时的天皇还不是虚君，而是有实权的。日本是按照西方的模式建立起来的近代的民主制度，是从上到下引进西方文明的一个例子。

俄罗斯本来应该是一个"亚洲民族"，带有很浓厚的东方色彩，实行农奴制度，是一个被马克思称之为亚细亚生产方式的社会。彼得大帝登基，标志着俄罗斯开始向西方靠拢。彼得大帝是俄国历史上了不起的人物，他曾亲自到荷兰，考察荷兰的企业，认识到俄国必须向西方学习。他将首都从莫斯科迁到圣彼得堡，一方面是为了在地理上获得出海口，另一方面也是为了更靠近西方。马克思说：彼得大帝的迁都，将都城迁到圣彼得堡，说明俄罗斯的重点、中心向西移了。西移之后，它的范围应画在什么地方，尚待考察。这是马克思以笔记的形式记下来的。其实画到哪里是很清楚的，就是要向西发展。彼得大帝之后，叶卡捷琳娜二世不仅从西方引进技术，也主动引进启蒙思想。可是，俄罗斯毕竟是一个东方色彩十分浓厚的国家，受鞑靼统治了 250 年，血液中有鞑靼人的成分，而且还受到土耳其的影响。这样，俄罗斯由一个东方半野蛮的民族，经过两三个世纪的发展，到 19 世纪逐渐地发展成为一个西方工业化国家，当然它比真正工业化的国家还要差得多。俄

图三十五　彼得大帝(1672—1725)访问荷兰造船厂。
1697年彼得大帝为了建设一个现代的、强大的俄罗斯赴西欧考察。

罗斯从东西方都学到了东西,向鞑靼人学会了陆上蚕食政策,从西方学会了扩大海洋的政策。直到现在我感觉俄罗斯仍是个奇特的民族,文化有其独特性。就好比一座房子,有一扇大门,朝向西。另外三面墙分别有三扇窗,朝向亚细亚的窗户吹进来的是亚细亚文化,一扇吹进来的是希腊的古文化风,还有一扇吹进来的是奥斯曼的风。从朝向西方的大门吹来的风交织在三股风之间,就构成了今天的俄罗斯文明。有学者称之为"东西结合部",有一定道理,但是分析不到位。因为如果说它是东西结合部的话,是"半斤八两"。总体看来,俄罗斯除了实行了70多年的苏维埃制度外,越来越向西方倾斜,不管是在政治上、文化上还是生活方式上。就算它实行了70多年的苏维埃制度,到后来已经不行了。西方的文化影响越来越大。俄罗斯的欧洲成分,无论如何是占主要地位的。现在讲的"中俄战略协作伙伴关系"，这是政治上的东西。我们现在讲的是文明。当然，俄罗斯的西化进程也是从上到下的。

这些问题今天也是草草提到，我讲的只是个索引，说是提纲也好，还有很多的东西，需要同学们自己去看书。光是荷兰和英国的东印度公司，我觉得就足够我们研究一阵子，因为东印度公司不仅是商业上的东西，也包括银行、交通、文化、关税等问题。研究它可以帮助我们了解西方文明扩张过程中的一个重要侧面。上海复旦大学的汪熙教授写了一部有关东印度公司的专著，他把有关东印度公司的档案资料，能拿到手的都拿到手了。我很希望这本书能早日出版。

总之，这一时期，16—19 世纪是欧洲文明发展的关键时期。这段时期搞清楚了，欧洲文明也就搞清楚了。这段时期搞不清楚，20 世纪的欧洲到底是怎么回事，你也不清楚。

概括起来，我觉得这一时期里面，欧洲社会有三个"转变"，这些转变都是渐进的。

第一个"转变"，是由君主制转向民主制，民主制里面包括"虚君"，包括君主立宪。你现在看欧洲联盟里面，"王国"很多，比如荷兰、瑞典、丹麦、挪威、比利时、卢森堡，卢森堡是公国，这些国家都是"虚君"。但这些"虚君"是资本主义的。这几个世纪中，大体从 16 世纪开始，到 19 世纪是这种转变，转变了几个世纪。所以我们有时动不动就建立一个"制度"，一个制度的建立是一步一步的，是渐进的。可能有两句话我说过，但不准确，也许是在同学们提的问题中提到过，说英国革命是"渐进"的，法国革命是"突发"的。其实这两句话都不准确。英国的社会是"渐进"的，而不是革命是"渐进"的。而且说英国革命是不流血的也不准确，国王查理一世就上了断头台。不能从表面看问题。法国革命看起来好像是"突发"的，攻进巴士底狱。革命的"突发"是由于社会长期不平等、国库空虚积攒下来的。这几个世纪由君主制转变为民主立宪制，这里讲的也是实质，有的国家还保留着"虚君"。这是在这几个世纪中的一个转变。

第二个"转变",是由农业国家、农业文明转到工业文明,这也是一个进程。文明,不管是物质文明、精神文明,现在再加上政治文明,都必然是一个进程,不是一下子可以怎么样的。欧洲由君主制发展到近代民主制,经历了多少事情呀。这几个世纪,从16世纪,甚至可以说是从15世纪开始,进入近代,欧洲可以说是加速度前进,一个世纪和另一个世纪有很大的不同,甚至几十年就有很大不同。这个转变当然要加上科学技术的作用,包括交通工具的迅速发展。

第三个"转变",是由于"工业革命"的发展、经济的发展、物质文明的发展,影响了思维的模式,包括哲学思维的模式。那种探讨性的、思辨性的、纯理性的、纯粹逻辑性的思维模式,包括它们的哲学到19世纪后期逐渐完成了历史使命,基本上转向了经验主义。当然20世纪出了弗洛伊德、福柯、海德格尔这些哲学家,但他们和19世纪中叶以前的哲学家不能比。别看康德的《纯粹理性批判》《实践理性批判》《判断力批判》这些作品读起来很抽象、很难读,但它是时代的产物,要解决那时的思想问题、认识问题。当时对自然界的问题有了那么多的探索,出现了日新月异的科学技术。康德说在认识问题上也要做同样的努力。康德首先突破了"第一推动力"问题的解决,又把思辨理性主义向前推进了。到了黑格尔,再到费尔巴哈,才完成任务。这种纯哲学的东西到19世纪时已经发展到顶端,再想向前发展,就是大家读不懂的德里达了。社科院哲学所的一位叫黎鸣的学者在《书屋》上发表了一篇文章,大胆地说20世纪没有哲学,我同意他的观点。这种思辨哲学的任务到19世纪时已基本完成,20世纪要再往前发展,就必须借助其他学科了,纯哲学发展到了顶端。

可以说,19世纪,资本主义社会改造的思路在欧洲取得了共识,但还没有完全实现。从制度上讲,有很多地方需要涂上别的颜色,包括俾斯麦以前的普鲁士、奥地利、俄国都还没有建立起资本主义制度,但他们的工农业在继续发展,发明还在增多。这是有关欧洲文明部分,我想就介绍到这里,还需要同学们自己去看书,这方面的书不少。

欧洲文明对外扩张最重要的,对后来甚至对现在影响最大的是向北美的扩张。北美称之为"殖民地",我想是名副其实的"欧洲殖民地"。到北美的先是英国人,然后是德国人、法国人。这个移民时间也最长,可以说是欧洲最重要的对外扩张。有关英国人什么时候开始向北美移民,说法不一。17世纪初,一个叫史密斯的英国人,可以说是一个有心人,在北美上岸后做了一个记录,根据他的记忆做了一张北美地理草图,当然也是很草率的。他回到英国后,伦敦根据这张图,做了一个北美概况图。1620年,第一批大规模的英国移民带着这幅地图,乘着"五月花号"来到北美大陆。至于移民都是些什么样的人,有两种说法,一种说法是在欧洲站不住脚的底层的劳动者,我想这也是可能的。另一种说法认为是英国的知识阶层,特别是基督教中的清教徒,清教徒也确实在底层比较发达,上层人也有,它更讲清规戒律,严于律己,但宗教还是基督教,崇奉上帝。当时英国宗教改革过程中,天主教和新教打得不可开交。我以前讲英国,给人一种印象,似乎英国很平静,从《大宪章》一直到光荣革命,是一个渐进的过程,虽然相对于欧洲大陆来说英国的发展是一个渐进的过程,但是国内也有各种各样的矛盾。比如,贵族和皇室虽然有《大宪章》的约束,他们的斗争还是延续了好长时间,还有打内战的危险,再加上宗教也有矛盾。当时,欧洲航海事业一直在蓬勃发展,继哥伦布之后,出现了达·伽马等很多航海家。教皇给画了一条界限,葡萄牙向东发展,西班牙向西发展。在这种背景下,向北美殖民越来越多,随着这些白人越来越多,英国很快派去总督,加以管理,确立为英国的殖民地。这些白人刚到北美时,在普利茅斯上岸,当时一个总督写了一些话,后来还留下来了,他写道,"五月花号"这艘木船,在海上漂流了七八天,人不像人,鬼不像鬼,粮食已经快要吃完。上岸后,大家跪倒一片,双手向上,高呼:"上帝呀,我们终于找到我们要找的地方了。"接下来,"五月花号"这些人看到前面是莽莽丛林,荒野一片,后面是茫茫大海,根本无法回去,只能拼命向前了。这些人自己签订了《五月花号公约》,向上帝发誓:我们这些人要在这块地方生活下来,要靠我们自己的力量开垦这块地方,自己管理自己,组织自己的社会,选出管理人,要在这块新的土地上生存下去。托克维尔写的《论美国的民主》将这段话原原本本地抄了下来。可以说,这是人类历史上第一个自己建立的"契约"。

以后到北美来的人,也同样地组织起来,自己管理自己,建立议会,选出执政的官员。当然,他们上面有一个英国总督。从殖民地的发展历史来看,可以说,北美殖民地的发展是移民自己奋斗出来的。遇到的两大"敌人",一是自然环境,二是印第安人。印第安人的文明程度和这些新移民相比,差得很远,印第安人基本上还处于野蛮状况。这些移民和印第安人之间相互屠杀。印第安人看见白人就射箭,当然白人有更好的武器。这些移民很快发展了农业、畜牧业,而且很快有了商业。这些移民有一个信念,就是要让他们的后代受到教育,安顿下来之后,就建立了教堂、学校,让他们的孩子们学习拉丁文,这在当时的欧洲是官方语言,然后学习英文,在当时英语是一种民族语言。后来,进一步建大学。1635 年就建立了哈佛大学,当然那时的哈佛大学很简陋。这样,这些移民在新大陆生活的同时,也受到了系统的教育。每块殖民地都按照英国的模式建立了行政机构,并制定法律。英国当然承认是殖民地,所谓"承认",就是英国要管理这些地方。怎么管呢?一是派总督,一是将北美的对外贸易管理起来。但是这些人本来是从欧洲过去的,文化水平较高,所以这些殖民地发展很快,逐渐扩张为 13 个殖民地,就是独立战争之前的殖民地。它们在行政管理上相互独立,有自己的法律,有自己的管理方法。独立战争爆发前,这些殖民地召开了"大陆会议",商量一些与整个殖民地有关的事务,如商业上、经济上的事务。有一些杰出的政治家在"大陆会议"上起了重要作用并脱颖而出,例如杰斐逊、富兰克林等。他们主要是受了英国教育,也受了大陆的启蒙思想的影响,在其读书期间,课本是英国的。所以他们的教育是从英国来的,经验是从英国来的,思想方式也是英国的。但是有一点他们没有继承而且也不可能继承,他们站在一片新的土地上,面对一片新的但是潜力很大的土地。他们身上没有中世纪的包袱,也没有中世纪以后,像英国内战、宗教改革冲突的包袱,目的就是要在这块土地上建立属于自己的生活,当然条件是相当艰苦的。

宗主国英国通过特许公司、贸易等,对殖民地进行控制。殖民地有自己的税收,但是涉及对外贸易时,税收都要放进英国皇家的口袋,有一笔贸易就要由英国垄断一笔。有一些特许公司,只是在殖民地设立一些办事处,总部还在英国伦敦。这样在初期还是可以维持统治的。但是随着北美殖民地的发展,历经几代人的努力,人民对日常用品的需求也越来越大,例如茶叶。英国为了要管理殖民地,制订了各种名目的具有法律效力的文件;如加重了茶叶进口的税收。茶叶都必须要经英国的船运到北美,各种文件都要贴上印花,收取"印花税"。但北美殖民地实际已经相当成熟了,完全实行一种自治的、民主的方式来管理自己的事务,大家已经有了要结成联盟的想法,也就是说独立的条件已经成熟了。起初殖民地还表示要忠于英国,但后来独立倾向越来越明显,直至爆发了北美独立战争。1776年起草并发表了《独立宣言》,大家可以看一看。

《独立宣言》分两个部分,第一部分,讲人的权利,独立的国家的公民的权利,例如生命权、自由权、追求幸福的权利等。其中援引了洛克的名言,人人在上帝面前是平等的自由的,为了保障人民生活安定、社会稳定,就需要组织人民服从的政府。并把人的独立的权利、政府的职能做了简要的叙述。以前有同学提问,美国文明在什么地方继承和超越了欧洲,这个《独立宣言》就充分体现了这一点。前几段几乎是在洛克基础上发展起来的,后一部分,那就是它真正的"独立"宣言,宣布与英国在主权上决裂,强烈谴责英国对殖民地的压迫与剥削,并宣布自己的独立。文章写得很好,主要是杰斐逊执笔的,还有其他人参与讨论。后来法国革命的《人权宣言》,有很多就引用了美国的,这就是美国革命的影响在欧洲的反馈了。

关于美国如何继承了欧洲文明,而又反馈给欧洲,这是个很有意思的问题,请你们读一读托克维尔的《论美国的民主》。托克维尔到美国的时候,正是法国拿破仑战争以后的封建复辟王朝时期,他当时是在内务部工作,对当时法国及欧洲情况的看法很不乐观。正在这时,派他去美国考察"监狱制度",他在回忆录中写道:借这个机会到了美国,不仅考察了"监狱制度",还考察了美国整个的司法制度、联邦制度以及立宪的过程,他感到欧洲的理想在美国实现了。联邦制是欧洲提出的,总统制欧洲也没有实现。这给托克维尔的印象非常深,所以他写了这本书。此书刚一出版并没有很大的反响,当时欧洲很乱,而托克维尔亲眼看到了北美独立后的建设。这本书很快印了12版。第12版开头有一个说明:"当欧洲乱作一团的时候,美国却在平静地建设自己的社会。法国固然不要亦步亦趋照搬美国的制度和法律条文,但是这些制度和法律条文赖以建立的原则对于法国是有借鉴意义的。"在这个基础上托克维尔写了第二部作品《旧制度与大革命》,进一步讨论法国的制度,但他没有写完就去世了,只是完成了旧制度部分,我们已经把它翻译成中文了。写美国内部的事情,没有人能够超过托克维尔,这本书真是"精品",字斟句酌、逻辑严谨。他对自己的美国之行,非常得意,因为看到了一些新的经验,这是大陆所不知道的。

序言里还提到,欧洲现在所向往的一些制度,美国在60年前已经实现了。托克维尔在兴奋之余,去觐见国王路易·菲利普,满以为国王会听自己的感受,会对美国的制度感兴趣。但菲利普国王大谈自己在流亡时在美国的见闻,讲完之后就送客了,根本没听托克维尔论述。托克维尔把这个经历也写进了回忆录。这一情节充分反映了欧洲旧大陆,特别是法国同新生的美国的差距。

清华大学历史系有位教授,叫雷海宗,他的书我已经向大家介绍了,就是《西洋文化史纲要》,他把1815年以后的历史,定为欧洲文明逐渐转向欧美文明时期,到现在我还没弄懂。南开大学要开一个纪念会,我还想讨教讨教,为什么是1815年这么一个确切的年份。

英国的工业革命向外传播的第一个接受者应该是美国,然后是欧洲。美国发展得很快,它没有历史包袱,不必推倒旧房子盖新房子。那么什么是美国的弱点呢?托克维尔在《论美国的民主》中写到:美国的弱点是美国人没有哲学。不要小看了哲学,哲学是使人思维更加缜密、更加科学、合乎逻辑的学问。不管是唯心还是唯物的,你必须是辩证的。有人问我,哲学有什么用,甚至历史有什么用,我坦率地回答他,没有什么用。但是,无"用"的"用"是最大的"用"。美国没有自己的哲学学派。到了19世纪末期,才出现了三个对欧洲大陆的哲学批判和反思的经验主义哲学家,就是皮尔士、詹姆斯和杜威。到了杜威集大成,经验主义发展成了实用主义,有它的优点,只要把事情做成就行了,注重实用。斯大林就说,很欣赏美国的务实精神。但是另一面就是简单化。前几天我还见到一个法国人,欧盟在上海办了一个国际工商学院,他说美国人的思维方式我不懂,非常简单。但务实精神确实是美国精神的一个重要特点。第二就是它的开拓精神。美国人经历了西部大开发,不怕艰苦,跟欧洲人不太一样。我想这两点是美国能够成功的原因。我认识一个美国人,为了考察贵州,携家人到了贵州,深入一些贫困地区,跟民工在一起,花了两年的时间在那里一起生活一起劳动。这样做的原因有宗教精神的影响,宗教精神并不一定是要相信上帝,而是要有利于社会。他得出的结论是中国有希望,中国人有志气。还有一个例子,说明美国的民族性。我的一个美国朋友的儿子,是个大学生,到云南山区宣传环保的重要性,苦行僧一样在那里工作。这是美国当代精神的一个特色。欧洲虽然有一些新潮哲学,我不喜欢,但是他们确实是从自己学科的角度来分析问题的,而这一切到了美国就变成了全部政治化。

资本主义发展到19世纪,应该是像马克思所设想的那样。马克思生长在资本主义发展时期,到了晚年,特别是恩格斯晚年,发现资本主义并不像他们早年所想象的那样。工人的处境发生了变化,实际上承认了"工人阶级绝对贫困化"的理论是不对的。到20世纪,资本主义发生了怎样的变化,事实上西方的有些思想家已经在考虑这个问题。应该叫它什么,怎样说明它的特色,这不仅是我们中国,也是西方在研究的一个问题。

在全球化时代研究欧洲文明,为我们思考新形势下的资本主义提供了一些线索。欧洲文明我觉得只能讲到19世纪,到了20世纪,西方文明确实是转移到美国去了,这跟国力有关系。现在再单独谈欧洲文明,多少就成了一个历史概念。欧美文明正在形成一个大西洋体系。随着北大西洋公约组织以及欧洲联盟的东扩,西方文明的影响还会扩大。但这两个东扩还不太一样,前者是军事性、战略性的,后者更加偏重于经济性与制度性,欧洲人的脑子里还有罗马帝国的影子。

课堂提问与解答

1. 您常提到东方、西方,野蛮、文明这些概念,您能准确定义一下,讲一下它们的来龙去脉吗? 还有您谈到日本、俄罗斯、西方的问题,您能解释一下西方与现代化的关联吗?

答:东方西方是相对的,从地理上来讲,一般来讲是东西半球,如果划界的话,欧亚大陆的西半部分,从乌拉尔山往西就是西方了。从文明上来讲,西方是希腊、罗马、基督教文明传下来的,东方却不是。我想大西洋有一个文化体系,就是欧美体系,而东方没有一个太平洋体系,没有像西方那样的同源。西方是同源分流,而亚洲没有一个同源,儒家不是。到了二战以后,东方西方带有了意识形态上的色彩,特别是在冷战时期。西欧向西加上美国,这是西方;在欧洲看来俄罗斯不算西方,他们所说的东方还特指俄罗斯。东欧在文明的意义上也算西方的。所以东方西方是相对的,不同的时期有不同的含义。野蛮、文明这个比较简单,进入人类社会,这就是文明的开始了,英文是 civilized。

现代化是从西方文明发展出来的,这一点毫无疑问。工业革命、启蒙运动都发生在西方,现在流行的大多数物质和精神文明也来自西方。这是个事实,不管我们是否喜欢。

2. 欧洲从扩张之初,特别是英国,就一直在殖民地设立公司,这些公司给人的感觉好像并不是单纯的现代意义上的经济组织,而是欧洲实行殖民统治的工具。那么从那时起到现在,公司这一概念是不是发生了很大的变化呢,具体在哪些方面?

答:我觉得变化非常大,那时的公司无非是英国王室在殖民地的代理机构,代表国王,每个公司相当于一个主权实体,代表国王控制殖民地。例如,东印度公司,马克思认为它就是一个"国营企业",但我认为这还不够。

3. 白璧德先生对欧洲以及中国的影响有没有像吴宓先生形容的那样大?

答:吴宓先生是白璧德先生的五体投地的崇拜者。

4. 据感恩节的由来,"五月花号"到北美后,这批移民得到印第安人的友好帮助,教他们种植农作物,并在获得丰收的秋天同他们一起狂欢。而白人屠杀印第安人,是为了夺得土地,并非抵御难以避免的屠杀——来自印第安人的。老师,这是我的看法,请您指正。

答:我觉得你说的是对的。感恩节我参加过一次,就是到印第安人住的地方,大家一起狂欢,可惜这些活动的组织者都是白人,印第安人英语讲得很好的不太多,文化水平比较低。这里边有历史原因,不是我歧视他们,或者是对他们有偏见。现在在美国,我的印象是有的黑人能进入上层社会,但是极少看到印第安人进入上层社会,他们还是受歧视的。

5. 当今跨国公司的发展削弱了国家的主权,也影响到各种文化,并且跨国公司出现了结盟,甚至政府也向其妥协。移民全世界流动,其中相当一部分受雇于跨国公司,他们越来越倾向拥有双重公民权,资本主义社会所做的一切似乎都是为跨国公司做准备。我的问题是,新形势下的资本主义会不会是跨国公司的天下?

答:我也有这样一个印象,很可能资本主义发展到一定阶段,成为"跨国公司的资本主义",任何国家的主权都控制不了了,很可能有这个趋势。很多西方人和我探讨这个问题时,都有这么一个看法。

第十一讲

20 世纪的欧洲(一)

　　欧洲文明这个课的时间可以比较有"弹性",凡是讲文明、文化、思想呀这个方面的东西,总是很有"弹性"的,可多可少,可长可短。这周我们讲 20世纪的欧洲文明,如果时间不够,下次再接着讲。

　　20 世纪的欧洲离我们不是太远,就是上个世纪。在座的同学们大多是80 年代以后才到这个世界上来的,那么 20 世纪的前半叶甚至六七十年代对你们来说都是历史,年纪越轻需要学的历史就越多。当然呢要是不学的话那就没办法说了。要学的话是没有穷尽的。

　　20 世纪的欧洲实际上已经离不开美国了,美国文化已经渗透到欧洲来了。但我们主要还是讲欧洲本身,从欧洲本身来讲。20 世纪的欧洲就像万花筒一样,发生的事情特别多,而且发生的事情都特别极端,特别绝对。所以英国的霍布斯鲍姆专门写了一本书就叫《极端的年代》(*The Age of Extremes*),什么都是激烈对立的,战争打到世界大战。欧洲的历史像打铁打出来的。欧洲是"从战争的铁砧上敲打出来的",一个是铁锤,一个是铁砧,就打出了一个欧洲。俾斯麦的名言:在欧洲你要存在下去,不作铁锤就做铁砧。你不打别人别人就打你,非打不可。欧洲是战争不断的,读世界历史可以发现,但不像 20 世纪那么极端。其中关键的原因是科技进步了,科技的进步带动了军工生产,军工生产也带动了科技,所以战争越打越残酷,时间越打越短。战争有大战有小战,有地区战争,其性质有革命有反革命,有民主有反民主,有文明有反文明,有全球化有反全球化,有专制独裁与反专制独裁,这个 20 世纪的欧洲历史是十分热闹的。我们要看 20 世纪欧洲的全史、通史,要占尽一学期甚至一学年的时间,像万花筒一样。我们在两个钟头之内是不能讲清楚的。我们今天就从文明发展的角度讲四个方面。试图通过这四个问题,把 20 世纪欧洲文明的轮廓勾勒出来。

图三十六　"移民潮",图为 1906 年欧洲移民涌向美国。从 1846 年至 1932 年,五千多万欧洲人移民至美国、加拿大、南美洲、澳大利亚和南非。

第一个问题是苏联社会主义的兴起和崩溃以及东欧那些社会主义国家的诞生和崩溃,作为社会主义这个题目下的一个子问题;第二个问题是法西斯主义、希特勒纳粹主义;第三个问题是社会民主主义;第四个问题讲讲欧洲统一问题。

从 20 世纪初到 20 世纪末,欧洲成为各种政治理论的"实验室"。19 世纪产生的各种政治理论,在 19 世纪都是作为一种思潮、一种运动存在着,没有来得及实行。到 20 世纪这些理论纷纷登上舞台,有的成功了,有的失败了,有的干脆是惨败。你比如说社会主义,这是很大的问题,到现在也说不清楚。什么叫作社会主义？19世纪讲社会主义，有很多派别，从极"左"到极右。只要是反对资本主义的都可以在社会主义的大旗下占据一定的位置，当然马克思主义在其中起了一个领袖的作用，其他的都不太成气候，所以共产国际的第一个宣言是马克思起草的。实际上参加共产国际的各国共产党一直都没有执政的，只有俄国的十月革命进入了"执政实验室"。那时我们一提"社会主义"，一般都指苏联的"社会主义"。我们这一代人提到社会主义，大体上心里还有个数，社会主义都有些什么社会主义，苏联的社会主义到底是怎么回事，因为毕竟经过了那个时代。后来像你们这一代人就不太明白为什么苏联的社会主义就能代表社会主义。因为我们当时跟着苏联走，认为以马克思主义为指导的科学社会主义才是真正的社会主义，其他的都不是社会主义。社会民主主义不是社会主义，在我们那代人看来，是资产阶级的或者说是变了质的，是修正主义、改良主义，而不是社会主义。"社会主义的正统"是苏联，这是我们当时的认识。因此在列宁十月革命胜利后，成立社会主义苏维埃后，就确定它代表了社会主义。我记得我们在1949年刚上大学后，第一本书念的是《社会发展史》，当时在燕京大学，教授是严景耀先生，他是全国人大常委会前副委员长雷洁琼先生的丈夫，他说他也不懂什么"社会发展史"，现学现教。因此我们的脑子中根深蒂固的就是只有苏联的社会主义才是正统的"社会主义"。我现在对这个问题还很疑惑，有很多"主义"，到底什么是社会主义、资本主义，我到现在还弄不十分明白。因为我们的脑子还停留在19世纪的概念，可现在形势已经变了，已经跟以前不一样了。如果苏联的"社会主义"就叫真正的"社会主义"，那么是很成问题的。

80年代上半叶，我参加过一次很奇怪的国际会议，意大利那个"黑手党"很盛行的地区——西西里的巴勒莫，有一个组织叫什么"立宪人民会议"，给我们社科院发了一个邀请，说是讨论地中海的形势问题。我们接到这个请帖觉得还是去比较好，因为我们刚刚改革开放，"文化大革命"时我们十分封闭，现在刚刚打开大门，人家来邀请当然应该去。院里就派了三个人,一个是我,一个是世界历史所的,一个是经济研究所的,还带了一个工作人员。到了罗马的飞机场,他们派人来接,给了我一个要讨论问题的 program,我一看首先这题目就改了,不是什么地中海周边的形势,而是纪念"苏联十月革命胜利"多少多少周年的会议!当时我们吃了一惊,就问那个来接我们的罗马人,说我们收到的不是这个题目,他说,"就是这个题目"。然后我们就去了西西里的首府,他们把我们放在一个十分高级的、古色古香的地方。有一个人来给我们说注意事项,其中一条就是不要随便上街,这儿扒手太多,然后我们就住下来。我碰到一个美国人,这个人叫索南菲尔德,他是苏联东欧问题专家。我过去见过他,我就问他怎么回事,他说他也奇怪为什么题目变了。美国人还有两三个。苏联代表团最大,12 个人,浩浩荡荡就过来了。那时候苏联和中国还没有恢复正常关系,恢复正常关系是在戈尔巴乔夫时期,1989 年以后。没有恢复正常关系,所以中国人见到苏联人,苏联人见到中国人都客客气气,敬而远之,握握手也就算了。我们三个人就商量了一下,原来准备了一个讲演稿,现在改题目了,变成苏联十月革命纪念了。我们决定还按原来准备的稿子讲,不管它那一套。索南菲尔德也不管它那一套,他讲的时候就从十月革命开始每十年算一次账,1917 年干了什么,1927 年干了什么,1937 年干了什么,1947 年干了什么,1957 年干了什么,一直数到当时。苏联十月革命还真不好评价,1927 年就马上开始"肃反"了,当时"肃反"的呼声已经起来了;1937 年,再过两年,1938 年、1939 年,苏联跟法西斯德国签订《苏德互不侵犯条约》。反正就每十年算一个账,1947 年冷战,1957 年镇压匈牙利,1967 年、1968 年侵占捷克斯洛伐克,镇压"布拉格之春"。讲得相当精彩。主人也没有说什么。苏联的代表上去讲话的时候,一字不提索南菲尔德的讲话,也不反驳,还讲他们那一套。就我当时的印象,我当时就有点懵了,经过"文化大革命",我们刚刚改革开放,对苏联的一切还没有个数,恐怕我们那些搞苏联研究的也不一定有数。当时懵懵懂懂的就去了,也没有准备什么。当时对我的触动很大。

我还遇到一个人,也是曾经交往过的,一个德国柏林的十分有名的记者,彼得·本德尔,他是当时西德勃兰特"新东方政策"班子的骨干。一次,彼得·本德尔陪巴尔(是西德的巴尔,不是法国的巴尔)到中国来;他送我一本书,书的名字就叫《意识形态的终结》,德文的,德文我也看不太懂,就给我们国际问题研究所的一些同志看了。他们觉得很有价值,就是在80年代初看到意识形态的时代要终结了,大概的意思是:第一,意识形态的时代快结束了;第二呢,欧洲快要走到一起了。从当时我们的角度看,觉得他的提法比较新,我们就整理了一个"内部报告"送上去了。胡耀邦看到这个报告了,过了两三天,胡耀邦会见巴尔和彼得·本德尔,就把这件事情给捅出来了,说我们看了你那本书了,写的挺好嘛,我们准备把它翻译出来。我们当时也没有准备,于是就组织人力把它给翻译出来了,世界知识出版社出版了,但把人家的题目给改了,改成了《盘根错节的欧洲》,反正是一个不太鲜明的题目。当时我们还不是太能接受意识形态要终结这样一种说法,实际上我觉得他的看法十分正确,很有预见性。后来在意大利的会上我又碰见他了,就把这件事讲给他听,他十分高兴,说他的思想主要来源第一是勃兰特的"新东方政策",就是东西方要交流,不要形成铁板一块互相封闭的状态;第二,就是1975年"欧洲安全与合作会议"签订的最后文件,就是"Final Act",这个在赫尔辛基召开的会议中最重要的一条就是要促进东西方交流,互相可以派记者、派学者,在文化上可以互相交流。这是以前斯大林时期死死把住的口子。这一交流可不得了,在20世纪50年代,在意识形态上,在思想上,苏联是采取"攻势"的。西欧、美国是采取"守势"的。这和二战时苏联红军的威望有关,二战时一直打到东柏林,整个欧洲东部成了社会主义。欧洲西部也受到影响,当时西欧国家像法国、意大利和西班牙等的共产党很强大,尤其是法国和意大利。50年代到法国,那感觉和现在是不一样的,当时法国共产党如火如荼,如果戴高乐不上台,法国共产党通过选票有可能组织政府,后盾是苏联呀。所以丘吉尔就称西方国家内的共产党是"第五纵队"。一个意思呢是共产党树立了一道"铁幕",把社会主义和资本主义分开,另一个意思呢,就是这些共产党是西方国家内的"第五纵队",可以征服西方国家。当时的情况就是这样的,苏联时期,斯大林时期,一方面是封闭的、专制的,另一方面战后威望之高呀不是我们现在可以想象的。以后逐渐不行了,特别是60年代以后。长话短说吧,彼得·本德尔就意识到这个趋势,特别是60年代以后,到1975年算一个阶段,总算打开一个口子,苏联同意双方可以在文化上互相交流,新闻人员可以自由来往。这实际上是西方对东方特别是对苏联"和平演变"政策的一个重要阶段。从1975年以后我们就看到苏联是越来越受不住,直到崩溃。在意大利,彼得·本德尔就跟我们讲,他怎么在80年代初看到意识形态终结的趋势。所以文化还是很重要的,意识形态当然是包含在文化里面。

苏联所演绎的社会主义无非有两个特点,一个是无产阶级专政,专政守不住,苏联的社会主义就保不住了。第二个就是工业化,搞集体经济、大工业优先。我们在50年代学的就是这个,但我们后来常讲吸取苏联的经验教训。"大工业优先"的结果大家都知道了,我也不细讲,就是整个的经济崩溃垮台,人民生活水平下降。苏联人民的生活水平就没有高过。我50年代到苏联就有这个印象,但是不敢说。你们可能很奇怪,为什么不敢说呢?因为我们实施的是"一边倒"呀,毛主席的《论人民民主专政》中就说我们实行的是"一边倒"。50年代苏联也不比我们好多少,有的地方甚至还不如我们。50年代我们搞得还是蛮有起色的。后来苏联就越来越糟了,60年代我到苏联去,坐飞机就吃马肉,飞机上没有正经的午餐。可以说当时到过苏联的人,如果没有偏见的话,真的不觉得它可以当我们的"老大哥"。索南菲尔德给它总结的时候就说到,1927年,大规模"镇压反革命",就是"肃反"。这是斯大林的一大"政绩"了,造成的死伤人数有专门的学者研究,大量优秀的知识分子外流。我举两个外国人的例证,一个是罗曼·罗兰,最近不是出版了他的《莫斯科日记》嘛,他当时访问苏联还很为苏联的发展、工业化感动,但他看到很多可怕的问题也写在日记里了;不过他没有发表,说50年以后再发表,这是因为他对斯大林还有一定的敬意。人为什么那么迷信?人就是那么迷信!没经过那个时代就很难理解。我跟你们讲,你们可能觉得那是"天方夜谭"。1953 年 3 月 5 日,斯大林逝世,在天安门广场举办追悼会,毛主席亲自参加。那时我在北京大学读书,当时我们就是坐火车从北京大学到西直门,又从西直门步行到天安门参加追悼会。广场上有很多机关干部、部队干部,真哭呀。这就是过去苏联给人的印象——它是第一个执政的"社会主义",19 世纪没有成功的,大家都要吸取经验,也给后来的"个人崇拜"提供了榜样和前例,原来个人可以有这么高的威望呀! 十月革命一声炮响,第一个共产党执政了,挂起了社会主义的牌子,很快就要向外传播经验。当时产生了一些连锁反应,德国呀,匈牙利呀,都受到影响,但都被镇压下去了,苏联是唯一的一个成功例子。经过 1917 年、1927 年,很快就到了二战。二战给了苏联一个很重要的树立威望的机会,跟法西斯打仗打的确实十分艰苦而残酷,连丘吉尔也佩服得五体投地。丘吉尔说:"一个优秀的民族,牺牲了那么多的人,令人感动。"战争打的确实相当艰苦、英勇,而且是一步一步打,一直打到柏林,把整个东欧都打下来,把法西斯赶出去。它的战绩给西方,给欧美战线争取了很多机会。你们看,在二战后期的几次国际会议中,比如说波茨坦、雅尔塔,苏联是牛气得不得了的,连英国、美国都要让它三分,斯大林的威信很大程度上就是在这儿树立起来的。一个专政,一个工业化,一个二战,把苏联的威信提高了,但这种机会不是总有的。1953 年斯大林去世后,问题就暴露了。第一个发难的,大家知道是赫鲁晓夫,1956 年苏共二十大。这之后,苏联威信大减。反对斯大林之后,西方舆论沸腾,因为原来斯大林是不可侵犯的,现在突然倒了。还有一个就是西方国家的共产党,原来依靠苏联而得以发展的,现在闹得一片恐慌,没有了"主心骨"。西方的那些共产党,说实话,除了意大利、西班牙和英国有一点独立性,其他的完全顺从苏联、斯大林。等到赫鲁晓夫一把斯大林的事揭露出来以后,就无所适从,一片混乱。这是 1956 年,发生了"匈牙利事件",那时我在维也纳,正好是邻居。那时可真是一片混乱呀,乱杀一气。原因是什么? 很多。其中有一条就是拉科西的专政,拉科西是匈牙利劳动党的第一书记,他完全是斯大林派的,实行专政引起人民的不满。经济上不去,人民没自由。于是西方就趁机煽动，利用宗教，利用纳吉的政治力量。大家也都知道有一个纳吉。匈牙利乱成一片，大批难民往奥地利涌，那是一个很可怕的事情。我们住的那条街的前面，人流不断，也不知道是哪儿的人，有匈牙利的，也有奥地利的，局面乱得不可收拾。在这个混乱背后是对专制的反动。匈牙利难民到了奥地利，奥地利政府很快把他们送到矿区当矿工，而且在奥地利潜伏的法西斯又起来了。那时候报纸上就刊登这个区的共产党办公室被烧，那个区的书记被杀，一片恐怖。这之后，苏联的威望怎么可能收拾得起来呢？一直到它崩溃，这段历史你们可以看书。现在回过头来看，苏联后期的"经验"不仅糟蹋了马克思主义，而且把什么叫"社会主义"也搞乱了。

现在说说东欧，东欧跟苏联不一样。这块地方我觉得很难用清楚的语言来表述。鲁迅把他们称为弱小的、被压迫的民族。就是在欧洲他们是弱小的、被压迫的民族。事实上也是，这跟马克思、恩格斯的观点是一致的。包括巴尔干，到波兰、捷克、匈牙利——这个东欧是一个大东欧的概念，实际上应该再从中划出一个中欧——在历史上也是这样。波兰几次被瓜分，巴尔干、罗马尼亚等长期受奥斯曼帝国、沙俄控制。他们处在西欧发达国家和奥斯曼帝国、沙皇之间，很脆弱，但他们的文化、精神归根到底是属于欧洲的。十月革命后他们跟着苏联走，没有成功。到二战时一部分被希特勒霸占。你到了波兰、捷克就能感觉得到他们的文化是属于西方的——匈牙利受东方的影响多一些，它是"奥匈帝国"中比较落后的一部分。东欧文化总体认同西方，但这种文化的意识被政治扭曲了，东欧也从来没有像苏联共产党那样的"共产党"，只有"社会民主党"，共产党很小。二战时苏联打到了东欧。在这一点上，苏联和英美是有默契的。丘吉尔说："苏联红军所到之处就把它的制度带到那个地方。"斯大林也说："我到哪儿，哪儿就是我的势力范围。"东欧从来没有这样的"共产党"，南斯拉夫算一个。但南斯拉夫因为不听苏联的话而被"开除"出"社会主义阵营"。东欧原来的"社会民主党"或者改变旗号，或者改名，或者与"共产党"合并，这都是在战争中建立的。这就是苏联为什么一下就在1991年解体的原因。表面上是东欧先崩溃了,事实上是苏联支撑不住了,东欧先垮台了。东欧人的脑子是西欧文明的脑子,只不过是越往东越淡。由于时间关系,苏联和东欧我们就讲这么些。这是20世纪的一件大事。这件事就叫作"苏联的兴起和解体,欧洲社会主义阵营的产生和崩溃"。

下面我们就讲"社会民主主义"。过去苏联和中国都不承认它是"社会主义",虽然它的名字中有"社会主义"。大家都知道"社会民主主义"的大理论家是伯恩斯坦,伯恩斯坦在19世纪曾经是马克思、恩格斯的好朋友。

到了1899年,伯恩斯坦出版了一本书,叫《社会主义的前提和社会民主党的任务》,他在那本书中明确提出他还是"马克思主义者",但是他认为原来的马克思主义在资本主义发展到一个新时代的时候应该加以修正,"修正主义"就是从这里来的,就是怎么"修正"马克思主义。根据伯恩斯坦的理论,资本主义已经发展到一个相当的先进的阶段,工人阶级早已不处于绝对贫困化的状态,而是生活状况、生产条件大大改善了,因此工人阶级不必像过去所想象的那样,一定要通过革命手段才能取得政权,它可以通过议会选举争取多数选票,进入执政的地位。伯恩斯坦的这本书中,还引用了恩格斯最后几年为《法兰西阶级斗争》写的一个"导言",恩格斯在这个导言里说:"实行突然袭击的时代"已经过去,"由自觉的少数人带领着不自觉的群众实现革命"的时代已经过去。据此伯恩斯坦说,社会民主党"采用合法手段比采用不合法手段或采取颠覆办法所得成就要多得多"。资本主义有了很大变化,似乎工人阶级不一定要像原来想象的那样,必须起来通过一次猛烈革命的手段取得政权。恩格斯有这样的话,伯恩斯坦引证了他的话,就是这个导言。总之,伯恩斯坦为社会民主主义政党参政做了理论上的阐述。

以后,20世纪执政党中,社会民主党就占了一个席位,有时是独立执政,有时是联合执政,进入了我开头所说的"执政实验室"。特别是二战之后,好多国家都有社会民主党或者社会党,英国叫工党。英国工党执政当然更早一些。

到了60年代的时候,社会民主党感觉到伯恩斯坦的理论根据又起了变化。因为伯恩斯坦的理论依据的是20世纪初的资本主义社会发展状况,现在发展又不同了。确实到了50年代末期,西欧资本主义发展有了一个跳跃,非常快。我想到底是西欧资本主义工业化比较早。我第一次到法国,黄油、咖啡这类东西还要凭票供应,这是50年代初的时候,后来这个问题很快解决了,市面很快繁荣起来。我去过维也纳,也非常明显。1955年签订对奥和约,慢慢四大国占领状况结束,很快维也纳就发展起来,到底是工业基础比较厚实。社会民主主义到了50年代后期,理论需要修改,这是社会民主主义同自由资本主义不同的地方,就是需要理论的支撑,那些个传统资产阶级政党不需要理论支持,而共产党跟社会党,都要有个理论托着它。当时,调整后的社会民主党的理论就是1959年联邦德国社会民主党的《哥德斯堡纲领》。这个纲领的变化是,不再提马克思了,因为这个问题一直是社会民主党里边的一个问题,他们其实早就放弃了,但是没有明白地说。《哥德斯堡纲领》把这个明确下来了,根本不提了,法国社会党的论点(说法)是:资本主义变化了,马克思主义只能是我们对待政治生活社会生活的一种论点,社会民主主义必须以人道主义、自由主义作为基础。法国社会党跟德国社会党说法不一样,但意思差不多,就是资本主义社会在发展,因此代表工人利益的社会民主党的纲领也要发展,慢慢连"工人利益"也不要了,说是代表"全体人民的利益"。《哥德斯堡纲领》在西欧是有很大影响的,标志着社会民主主义在理论上又一次修正,这一次是修正伯恩斯坦的理论。

到了前两年,由英国首相布莱尔出面提出"第三条道路",在我看来是社会民主主义的第三次理论修正。布莱尔的"第三条道路"不能等闲视之,我看有些评论说无非是政策上的摇摇摆摆。不是的,它是有代表性的。这个详细情况,你们去翻翻当时的报纸、当时的文件,特别是他的理论助手吉登斯所写的《第三条道路:社会民主主义的复兴》这本书。吉登斯也来过中国。他的"第三条道路"是什么意思呢,它不是资本主义和共产主义之间的"第三条道路",也不是一般西方报纸所说的"资本主义"与"社会主义"之间的"第三条道路"。这样的"第三条道路"没有意义。对"第三条道路"我的解释是"新社会民主主义"同"老社会民主主义"之间的"第三条道路",也就是更向右靠拢,更向自由资本主义靠拢。还是我说的社会民主主义总需要理论上有个说法。你说它是个"说法",我看也足够了,但这个"说法"很重要,它反映了世界上一个趋同趋势,就是"左"和"右"的趋同,资本主义与社会民主主义的趋同。但这个趋同主要是社会民主主义更加向资本主义趋同而不是相反。这个"第三条道路"的提法在西方资本主义世界是很有代表性的。而传统资本主义下来的这条路线也有向社会主义学习的一面,在措施上吸收了一些社会主义的东西,像北欧就很明显,英国实际也很明显。这些大国都很明显。法国社会党,你到它总部去看,跟我们共产党从组织系统上没什么太大区别,也讲党委、支部、小组。没什么区别,因为本来是一个根子嘛,都是 19 世纪出来的。因此"第三条道路",不管怎么叫,英国叫"第三条道路",德国不这么叫,法国社会党也不这样叫,但他们实际走的是这条路子。现在法国形势看得更清楚了,社会民主党也不行了,拿不出新的纲领出来,拿不出可以绝对向自由资本主义挑战的纲领。但是有一点它还守住了,就是它讲"平等",讲社会"公平"和"不公平"。布莱尔的"第三条道路"理论有一条讲"福利国家政策",不是调整具体政策的问题,而是改变整个福利观念的问题,这观念说穿了就是国家不能承担这么多民众福利,受不了。这跟我们社会保险问题差不太多,这方面我们可以借鉴他们的具体经验,但是问题还是非常之多的。从纲领上讲,社会民主主义还要保存它这块老牌子,就是讲究"平等",讲"社会公平"。

"第三条道路"甚至影响到了美国。当时克林顿在执政,他把这个牌子抢过去了,他和布莱尔联合召开过一个"第三条道路讨论会"。

所以,对"第三条道路"不要就事论事地看它,它反映的不仅是一种政治趋向,一个政党的变化,而是整个资本主义世界的发展趋势。

今天先讲到这里。还有两个问题留到下次讲;你们有问题,也在下次一起提。

第十二讲

20 世纪的欧洲(二)

20 世纪的欧洲,上次讲了两个问题:苏联和东欧社会主义阵营的建立、崩溃和欧洲的社会民主主义问题。今天讲第三、第四个问题。

第三个问题讲德国问题,包括希特勒法西斯问题。德国问题是日耳曼民族问题。日耳曼民族在 20 世纪当中有三部曲,首先是极权主义推到了极端产生法西斯主义,是希特勒法西斯主义,导致第二次世界大战的爆发。二战造成的伤亡,人力物力损失,骇人听闻,到现在报纸、杂志上还接连不断有披露。当时德国法西斯搞大屠杀,设了许多"集中营",对犹太人,对被他们关进来的人,施加人间最残酷、最血腥的迫害、屠杀。这个问题是个专题问题,今天不可能完全展开。比如希特勒的纳粹、法西斯主义是怎么产生的?为什么是可能的? 德意志民族是个文化上很优秀的民族,19 世纪 70 年代以前虽然还没有统一成民族国家,但是它的文化、艺术、哲学、科学,在欧洲甚至世界上都走在前面的,产生了康德、费希特、歌德这样的文化人、哲学家,怎么会产生出一个希特勒呢? 这是一个应该专门研究的问题,其实你们有兴趣应该专门研究一下这个问题,这与日耳曼的传统特别是政治上的传统和民族性都有关系。日耳曼民族我觉得有两个特点,一个是崇拜"铁腕人物"、个人,再有一个相反的,是一种"平民"的民族主义。19 世纪后期要是没有俾斯麦,那德意志帝国还真成立不了,他提出了"血和土的政策"(blood and soil)。第一次世界大战如果没有威廉皇帝的威望也不行。你看

图三十七 德国大诗人约翰·沃尔夫冈·冯·歌德。

西方人有记载,第一次世界大战开始打的时候,德国士兵对威廉皇帝拥护得不得了,士气这个高昂啊,很难想象。同样难以想象的是第一次世界大战到了末期的时候,民族主义的高涨。德国人叫 vølk Nationalism。这两个方面结合起来,要把天下都变成德意志的天下,结果打得一败涂地。第一次世界大战之后经过短暂脆弱的魏玛共和国之后,德国民众急切希望一个领袖出现,挽救日耳曼民族的命运。结果希特勒用他的"谁拥护我,我给谁面包"的口号,骗得了群众的拥护,在议会选举中得到多数票,希特勒是"合法上台"的,不是非法的。他在几年中搞了工业化,军工迅猛发展。羽翼丰满后,发动了战争。应该说,第二次世界大战给日耳曼民族的历史做了一次总结。

当然二战之后,德国由于国际形势的缘故,不得不经历一段一分为二的局面,联邦德国在这个阵营里,民主德国却在那个阵营里。但是有一个在日耳曼民族中不能摆脱的愿望,就是它一定要有一个"民族国家",这是它的一个民族夙愿。这么多世纪以来，从神圣罗马帝国之后，日耳曼人就没有国家的概念，只有民族的概念，日耳曼人到处都是，但是没有一个国家。歌德说的："德意志啊，你的祖国在哪里。"不知道在什么地方。按照他的设想，最好各个地区的日耳曼人可以保留自己的文化、艺术、音乐、哲学，但是处在一个民族国家之中。这是一个民族夙愿。费希特、黑格尔都表达了这个夙愿，反映了德意志民族强烈的愿望，这个愿望，贯穿了日耳曼民族本身的精神和历史。虽然冷战一分为二，但是一旦有了变化、有了适当土壤就出现了前几年德国重新统一的局面。大家都知道，推倒"柏林墙"，民主德国的人大量向联邦德国涌进，像一股凶猛的洪水，人们高喊着要统一、要自由的口号冲向西方。当时联邦德国科尔政府顺水推舟，把这个事情办成了。总算是实现了日耳曼人世世代代憧憬的民族统一。当然在统一之后有很多问题，双方在各方面存在差距，但作为"民族夙愿"，双方做了了结。你们看看历史，日耳曼民族确实很坎坷。法国前总统密特朗说过一句话我觉得是个"警句"，他说："欧洲的形成和欧洲的解体总是围着德国转的。"在统一之前我到民主德国就有这个印象，东柏林工业区非常强大，是个很大的家伙，两个德国统一起来力量不得了。现在看没什么，当时困难重重。但作为民族夙愿已经解决了。

这个问题就讲这么多，应该说是冷战结束以后，给东欧带来了机遇，当然困难也有。本来它们的历史是扭曲的。其他东欧国家也一样，如本来捷克在二战以后已经组成政府了，但是苏联硬搞了个政变把它搞下来。它是个"人为"的东西，凡是什么事情人为的总是不行的，当然人的努力是需要的，但是硬把一件事情不按它自然发展规律去做，那你做不成，明明是一个理性的东西非要非理性地去处理，你一时甚至在很长一段时间可能得到一些"效果"，但最终什么也得不到，不会成功的。

我想最后再用一些时间讲讲最后一个问题，即"欧洲统一的问题"。

我只能这样点到为止，大家有问题再提或者自己看看书。欧洲联盟，大家都知道，细节不去讲了，我只讲讲我的评价。我觉得欧洲联盟是欧洲人在

图三十八 设在比利时布鲁塞尔的欧洲联盟总部。

20 世纪的一大创举,不能小看,它是历史上几个世纪以来的理想主义过渡到经验主义的一个重大创造。从 1957 年《罗马条约》组成 6 国"小欧洲",这 6 国是法、(西)德、意、荷、比、卢,到现在(2002 年)欧洲联盟有 14 个成员国,近景规划要扩大到 25 个甚至 27 个国家。这是它的一个理想,几个世纪的理想,甚至于这个理想可以从"罗马帝国"那里找到来源。他们认为,他们都是欧洲人,都信仰基督教,就应该有个大帝国把他们都收拢起来,而且历史上也有过这样的因素,比如查理曼帝国,查理曼帝国自视为"西方帝国",其实差很远,它所覆盖的面积很小。西方帝国、罗马帝国甚至日耳曼神圣罗马帝国其实是一个拢不起来的"帝国",但是在欧洲人脑子里总是留下这个印象,觉得欧洲人同非欧洲人应该有一个界限,这个是长期的理想,一直到现在。欧洲联盟每次要通过一个比较重大的文件,都要回溯一下过去。这个精神来源应该是很久了,若干个世纪以前了,欧洲人都有这个观念:我们都是欧洲人。欧洲联盟体现的就是这么个精神。现在再讲精神不行了,而实际上也有这个需要,特别是经济、生产力上进入工业化,进入高科技阶段,商业流通这么广泛。即使不成立一个共同市场,这个不叫共同市场的市场也存在着,现在就是给它加一把火,需要做一些非常复杂的组织工作,就水到渠成了。我说欧洲联盟是欧洲人的一个创举。确实是啊,你想想看,这么多有自己主权的民族国家把他们搞成一个"联盟",虽然"联盟"里边问题非常之多,但是什么地方能出现这样一个"联盟"?非洲有"非洲统一组织",那根本不能比,亚洲也没有这个条件,因为欧洲有一个其他洲没有的条件,就是它文明的起源是共同的,叫作"同源异流",这是欧洲人的自我意识啊!欧洲有两种意识,一个叫欧洲人的意识,就是欧洲人与非欧洲人的区别;第二个是民族意识,就是我是法兰西人,你是英吉利人,这个是不含糊的,所以欧洲统一体现了"一"和"多"的辩证关系,它是有共同文化起源的,但是这个文化起源发展下来又是分流的,有民族特点。这个是欧洲联盟之所以可能的精神上的土壤,再加上客观上有这个需要,所以就形成了欧洲联盟。这是个很了不起的创举。但是它历经了从理想主义到经验主义,好多年好多年摸索出来的。在 19 世纪后期,首先也是法国和德国,已经感觉到应该组成某一种形式的共同市场。当时"共同市场"这个词已经有了,后来就打仗了,搞不起来了。在二战之前,白里安——法国的总理还曾经想搞一个"共同市场",而且他搞成一个文件,但是没有实现就打仗了,是二战以后才开始搞起来的。现在的欧元啊,特别是欧元硬币,我觉得做得挺有技巧的,挺有意思的。正面是统一的图案,背面是民族特点,比如法兰西的是法兰西的图案,正好反映了刚才我说的对欧洲的看法。看欧洲啊,就要把握它的"一"和"多"的关系,它又是一体的又是多元化的。我曾经参加过一次讨论会,在巴黎的讨论会,它的题目是"在一致当中的多元,在多元当中的一致"(identity in diversity, diversity in identity)。现在在我们研究欧洲联盟的人中间有一种说法,这种说法我拿出来供大家参考,不一定是准确的。这是复旦大学的一位朋友说的,他认为欧洲联盟甚至于可以成为世界政府的一个"雏形",当然谈世界政府还是遥远又遥远的事情,但是从推理上来讲,未尝没有一定的道理。一个区域化的东西都搞不起来的话,

图三十九　欧洲议会——欧盟三大机构之一,总部在斯特拉斯堡。

那全球化也是空的。

　　那么现在欧洲联盟的创举在什么地方？我觉得有两条:第一,它有严密的组织,组织结构按照三权分立的原则而设。欧洲联盟设立了很多组织——三级组织、四级组织、首脑会议、各级理事会。各种理事会就是各种部长的理事会,各行业的,比如说农业部长理事会,那么就是各国的农业部长参加。经济的、工业各个部门的,运输各个部门的理事会,下面有很多专家小组、专家组织,广泛地聘请。它讨论决定每一件事都是反复论证,都是有相当科学依据的。比如说过去德洛尔的计划,也就是建立欧洲联盟的计划,从欧洲共同体建成欧洲联盟的总的计划,一揽子计划。当时我看的时候,说老实话觉得太琐碎,觉得没有实现的可能性,就是作了一篇很详细的计划就是了,包罗万象的计划。可你进一步地了解它,它还是有它的客观依据的。有数字的调查,有材料的搜集,有背景资料,各国的专家反复参加讨论。"马约"很有名,《马斯特里赫特条约》,它不是通过了一个工作计划叫作"白皮书"吗？很厚的一本,确实是经过专家论证过的。当然了,欧洲联盟的问题也特别多,比如机构过于庞杂,官僚体制,浪费,这个都是报纸上经常提到的,也经常受到批评。第二,依靠法律。欧洲联盟的法律非常之多。几乎每件事情,每个行业,每一个专门问题,都有一个法的规定。这也是欧洲的一个传统。我觉得欧洲联盟就是靠以上两条维持它的日常工作的运转的。

现在,欧洲联盟面临的一个重大问题就是"扩大",向东扩展。前几天报纸上登着,电台也报道的,焦点问题之一是土耳其问题。扩大以后呢,当然成员就多,成员越多呢,发展水平不一致,比较贫困的落后的一些国家就要拉先进的国家的后腿,先进的就不情愿,说穿了就是这个意思。当然土耳其还有民族问题、宗教问题,这都不好解决。但是土耳其现在非要参加不可。而作为欧洲联盟本身来讲,它在东扩,我觉得还是有它的"欧洲的理想"在里头。欧洲联盟的东扩和北大西洋公约组织的东扩这两个东扩有些什么相同的地方,有些什么不同的地方,我们可以研究它,但是有一点是清楚的,欧洲联盟的东扩很突出的一点,它是一种"制度的东扩",也就是要把西欧的制度一直扩大到东欧去。它的理想境界还是刚才说的那种"欧洲的观念",能够形成欧洲的这么一个"帝国",这么一种联盟,这是"欧洲一体化"的一种历史上的要求吧。

20世纪的欧洲,是一个新思潮和旧思潮交错的地方,传统和反传统,高雅文化和通俗文化,新思潮和旧思潮,百花竞放。这些新思潮比起19世纪有一个新的趋向,就是更加关注"边缘问题",各个学科的界限越来越模糊,交错越来越明显。这方面的问题呢提一下,北京大学是研究这方面的"重镇",很多"后现代主义"的文章出自北大。当然,别的大学也有。我感觉欧洲的精神层面上或者说是人文哲学方面的层面上,传统的东西到19世纪末已经非常成熟了,在这方面提不出新鲜的东西来了,所以才有20世纪的这种文化,我说句不客气的话——混乱的现象。这个现象呢,现在传到了我们中国。虽然人数不多,但是影响很大。我这里说一句心里话,是我的担心,担心它对中国正在建设的新文化会起一种腐蚀的作用,从学风到文风。我看到这种现象了,我也不知道同学们怎么看,我真的有点担心。我们现在现代化还没完成呢你就谈后现代呀? 我们还需要启蒙的时候你就去反启蒙呀? 西方可以去反。而且我们国家的"后现代"并不了解西方的新思潮是怎样想的。我看福柯也好,德里达也好,并不见得就要否定法国的启蒙运动。在西方特别是在欧洲产生的新思潮、新的哲学理论,是在继承了他们自己传统的东西后才去批判它的。我们中国没这样啊。你对于人家的启蒙运动和自己的启蒙时期都没有深刻的了解,你就要去先反这个启蒙,就要去"反理性",不是非理性,是"反理性",这不是有点不切实际么。最近我看了一些杂志,对我们的文化前途忧心忡忡。其实福柯也好,德里达也好,本雅明也好,他们在西方有他们的土壤,有他们的根子。我看过一篇文章,其中的观点我很同意,说的是你在读某个人的文章的时候也要读一读他读过的东西。现在我们有点超越性,我在这个北大的讲坛上发这个议论呢,有点不合时宜,不是个地方,但是既然谈到了欧洲的新思潮,我就略微发一点感慨吧。欧洲的新思潮,我们从 50 年代初期就接触到萨特,在更早的时候有海德格尔他们。这种思潮的东西呀,你总要经过一段历史的考验,再回过头来看它站得住站不住。新的未必就是好的,新的未必就是正确的。这点我觉得我们在学习阶段,在研究问题的时候,应该看清楚。1947 年,有学者说过,中国需要的东西仍然还是西欧 19 世纪以前的东西,19 世纪以后的东西还没有经过冶炼,没有经过筛选,再加上一些新的混乱,那就不知道会产生什么样的情况了。现在法国的新思潮也好,英国的新思潮也好,都在慢慢地兴起,这个现象在 20 世纪是非常突出的,新思潮代替旧思潮,新文学代替旧文学,在 20 世纪的欧洲,确实是一个百花竞放的世纪。我觉得到了 21 世纪以后,也许慢慢地会有更深刻一点的反思吧。但是有一点可贵的东西,就是 20 世纪注意"边缘问题",比如妇女问题,属于社会的边缘问题,这是 20 世纪欧洲的特点之一吧。

欧洲联盟现在和中国的关系是比较多了。欧洲联盟跟中国发展关系比美国晚了一步。我跟他们欧洲人也说，你们同美国比呀，就晚了一步。前几天我见到一个法国朋友，说到欧洲联盟和中国在上海浦东合办了一个国际工商学院，招收的学员都是一些企业家，欧盟在里面投资不少。其中一个管文化的法国人，我在上海见过他，最近他到北京来，他常抱怨欧洲人怠惰的习气，懒懒散散，不像美国人那么积极进取，这恐怕也是一个历史包袱。他举了一个例子我觉得很说明问题。欧洲联盟在浦东办的国际工商学院，到欧洲去找教员，没有人来，说那么远到上海干吗呀！结果它的工商学院招的教员全是美国人，六七个教员。他说简直替欧洲人害羞，是欧洲联盟投的资，但是请教员请美国的，他说美国人好像鼻子非常灵，你还没找他他自己来了，不请自来，欧洲人你请他他还不来。所以欧洲叫"旧大陆"。欧洲联盟也没有什么东西好讲了，我看还是给大家留几分钟提提问题，还是递条子吧。总之，欧洲联盟，不论它有多少困难和问题，它在欧洲文明史上都是一个划时代的创造、一个新事物。哪有一帆风顺的新事物呢？

课堂提问与解答

1. 陈先生，有这样一种说法，历史上一个国家/帝国的强盛乃至在世界称霸，很大程度上得益于其他强国的衰落，比如英帝国的崛起缘于荷兰、西班牙的衰落，本世纪美国的强盛得益于英、法等国在一战和二战中受削弱，对此您有什么看法？谢谢。

答：我觉得从现象来说，这是肯定的。但是强国为什么会衰落呢？恐怕还是因为他者更强盛的缘故。你比如说荷兰、西班牙都跟英国打过仗，这是一种实力的较量，"无敌舰队"就不行啊，西班牙打了两次都不行，英荷战争也是英国占上风的。当然不是战争决定一切，恐怕还是实力起决定性作用。美国更明显，一方面英国是老大帝国，再说美国确实发展得快。雷海宗的《西洋文化史纲要》我不是提出来供大家参考吗，它里面最后讲到从欧洲文明到欧美文明，底下一个括弧写1815年以后，我还没弄懂，为什么是1815年以后，美国就逐渐占上风了？我们理解一般美国占了上风发展更快的时候是 19 世纪下半叶,应该是这样的,但雷海宗写了个 1815 年以后,我也琢磨了半天,是不是因为 1812 年有第二次英美战争?但第二次英美战争并没有决定谁胜谁负,英国在华盛顿放了一把火就撤回来了,没有胜负的问题。但那个时候实际上美国已经蒸蒸日上了,这是可能的。总之我觉得这是个现象,一个国家的强当然是得益于其他国家的衰弱,这是没问题的,当然也说明了它更强吧。你从科学发展史也看得出来,16、17 世纪,17、18 八世纪甚至于 19 世纪上半叶,那些技术上的发明,那些新的发明差不多都是英国、德国、欧洲的。从 19 世纪下半叶起,美国上来了,美国的发明越来越多,确实它发展得快呀。

2. 如何评价 1956 年"匈牙利事件",是否定性为一些人所说的"反革命暴乱"?

答:我先说这个问题,因为"匈牙利事件"呢,我当时正在欧洲,正在维也纳,与匈牙利也就一墙之隔,现在先不管定性的问题。我自己的感觉,觉得两方面的因素都有。我现在还有这个印象,一方面拉科西的专政激起匈牙利人民的愤怒,在一个激进的土壤里爆发出来一种群众性的运动。另外一方面呢,匈牙利内部的一些势力,比如某些宗教的势力趁机捣乱,也有外国来搅和,纳吉就是西方捧出来的一个人,最紧张的时候跑到外国使馆去了。单纯把它叫作"反革命暴乱"太简单了一点。当时局势是非常混乱的,那时候我自己的心情啊,就感觉到匈牙利要发生大事情,不得了了。我们在一起工作的人里面,法国人、英国人、意大利人,大家反应都不太一样。法国人非常义愤填膺,认为这个事情就是"反革命暴乱";意大利人、英国人的看法就不太一样。但是那个时候局势确实非常混乱,反革命这个因素有没有呢?所谓的"反革命"很难定义的,但确实每天都在维也纳听到:匈牙利共产党的组织被破坏的、被烧死的,大楼被烧的,非常混乱,乱得不可开交。这样的情况甚至殃及维也纳的共产党组织。有一种"恐怖的气氛"。

3. 您刚才提到是历史的包袱使得欧洲人和中国人变得懒散,能不能具体解释一下历史的包袱是如何造成这种现象的? 美国人的积极勤奋真的就是因为历史短吗? 我们中国人又应该如何把这种"包袱"变为动力呢?

答:我觉得中国这包袱很容易理解,欧洲也有一点包袱,就是历史上的"包袱"。"包袱"我是加引号嘛,它是可以变成动力的,但是你必须自己有一个革命的行动把它变成动力。什么行动呢,就是把自己传统的坏的东西倒掉,彻底否定。我们这个懒散的习惯从哪里来,从长时期的封建社会,几千年不是一下子能改掉的。鲁迅的《阿Q正传》你现在再看看,现在有没有那时的现象? 鲁迅用了几个很刻薄的词:"国民性"的"劣根性"。国民性里面就包含着历史的包袱,是过去的封建帝王、等级制度留下的这样一个历史包袱。美国人的积极勤奋,不光是因为它的历史确实比较短,你细想的话它的历史也不太短,它是第一个在世界上建立总统制的联邦国家,讲这个的话,历史并不短。你要讲老资格的话,在建立民主制度上,美国比法国资格还要老一些,我觉得美国人的积极勤奋,现在恐怕也不一样了。当时它是绝路逢生,到了一个新地方它非干不可,是个生存问题,活得下去活不下去的问题。这个问题在欧洲不存在。现在看美国这么强,其中相当大的一部分原因,是它早期殖民地时期和建国初期的艰苦环境逼出来的。它没有历史包袱,没有欧洲中世纪的历史包袱,也没有中世纪以后的君主专制的包袱。从另一方面看呢,从哲学思想上讲,美国没有思辨的形而上的东西,因为移民到了美国那个地方,不容自己细嚼慢咽地去考虑那些问题。第一个问题就是生存,生存问题一开始就塑造了美国的国民性,后来的一些法国人、德国人、意大利人,到美国去,面临同样的处境,他们的后代都成为美国人了。

4. 您认为"五四"以来的新文化应该是什么人领导的、具有什么特征的文化?

答:我想文化不能让谁去"领导"。我对报纸上现在用词呀有时候有点意见,比如说要"建立"一个新文化,这新文化恐怕不是"建立"的问题,建立就是说新文化像盖房子一样地建立起来,一个新文化恐怕要经过"长期的酝酿"。倒是应该具有什么特征的文化,值得我们好好讨论、好好研究一下。我的看法,用通俗的说法,我们的新文化应该,现在其实已经在这样做着,吸收西方文化中好的东西,在这个前提下改造我们自己的文化。在改造我们自己的文化的过程当中,也应该吸收我们的传统文化中优秀的部分。但是我们的传统文化,我个人觉得它是通向不了现代化的,得肯定这样一点。你要通向现代化,还得走现在的这个路子,建设自己的工业,建设自己的科学技术,建设适应这个新形势的新思想,说到底还是"科学与民主"。这个文化必须在"科学与民主"的基础上吸收我们传统文化中好的东西。我简单讲这么一点。

5. 陈老师,欧元的发行对整个欧洲联盟在政治上有什么影响吗? 这是欧盟出于加强政治上统一的考虑,还是一种单纯的经济措施,来促进欧洲的进一步统一? 抑或是一种出于统一的激情而做出的举动? 欧元的生命力会持续很久吗?

答:这个问题提得非常好,这里面有人为的因素,这是肯定的;但这个人为的因素没有违背欧洲联盟的发展规律,欧洲联盟或者说欧洲统一是符合欧洲人的一般愿望的,刚才我说的"我们都是欧洲人"这个一般愿望。这个货币问题又是国家政治的一个关键问题,比如说两德统一,两个国家统一,从哪儿入手,就得从改革货币入手。其实这个问题呀,大家都这么做的,比如新中国成立以后,先搞货币改革,把货币控制起来了,把金融控制起来了,政治上就好办,否则政治上就乱了。欧洲联盟的建设者们看到这一点,所以人为地促进它这是有的。但是我觉得他们看得相当准,这个酝酿时期相当长。准备时期相当长,过渡时期也相当长。慢慢地使得欧洲人在发行欧元上有一个共识,在这个基础上才发行欧元。所以欧元的发行,没怎么太影响欧洲人的情绪。反之,欧洲人口袋里装着欧元,无论到哪个"欧元区"去买东西,都用欧元来计算,无形中增加了人们的"欧洲意识"。

6. (1) 我想问一下关于论文写作的事。我看过您的几篇文章,多是从历史哲学角度来看待欧洲。思考"中国何以为中国? 欧洲何以为欧洲?"该从哪个角度入手,是要从某个角度,如文化传统、历史哲学进行中西比较吗? 按通常的提出问题、分析问题、解决问题来做这个论文,好像比较不容易。在论文中是该写自己关于这个问题的观点还是对现在学术界对此问题的看法作正面或反面的评论? 比较难做的是寻找证据来证明自己的观点。究竟该如何来写,该用什么样的逻辑来看这个问题,请老师多加指教。如果选一个代表性的人物来写,是不是有点狭窄?

(2) 欧洲人的懒散也许是有基础的,欧洲的经济文化都发展到了较高的程度,但中国人好像还没有基础,这是中国文化的原因吗?

答:你这是让我给你出主意吧? 那你自己好好考虑考虑,我想听听你们的意见,我想主要还是从历史上、文化上、发展上讲,这个我明天要讲的,所以我现在就不多讲了。

欧洲人的懒散是相对的说法,并不是说他们都那么懒散,把它说成是人民的本性是不恰当的。欧洲人还是跟美国人来比较吧,他们有一个很长时期的宫廷文化,这跟我们过去的封建文化一样。宫廷文化也好,封建文化也好,有它精致的一面,精雕细刻的一面,以满足它精神上的要求,但是也有它的副作用。这个副作用简单说比如玩物丧志。好的那一面是精致,另外一方面呢就会造成一些懒散的习惯。这也因人而异,并不是说大家都是这个样子的,就是说一般的来说是这样子的。

7. 是不是自法国大革命、拿破仑战争后,维也纳体系 1815 年建立,英国更多地把精力投入欧洲,不再努力抓住美国不放,使美国有了发展的机遇,没有束缚?

答:这是一个观点,这可以考虑啊,同学们也可以考虑。但英国当时确实是老了,比起朝气蓬勃的美国确实不太一样,托克维尔在《论美国的民主》那本书里面也提到这个问题,就是他到了美国之后体会到美国有一种蓬勃的气象,欧洲没有的气象。当时托克维尔去美国的时候,法国还是王朝时期,共和制还没有建立起来,这也表现出欧洲人比美国"懒散"的一面。相对地说,法国人非常会玩,我觉得有精致的封建文化的国家一般都比较"懒散"。就拿吃饭来说,你看我们国家的饮食文化多么精致啊,你说那几大菜系,这个系那个系,你到欧洲的法国也一样的,菜非常精致。有一次,李一氓你们知道吧,一位老同志,我陪他去见法国的约里奥·居里,物理学家,居里夫人的女婿,也是个物理学家。谈到什么呢,就谈到中国和法国的比较,文化上的比较。第一就是饮食文化,法国在欧洲领先,中餐也是有名的,是可以相比较的。美术,中国有齐白石,法国有毕加索,这样的比较。凡是有封建文化传统和积淀的都有比较精致的艺术和品位。到美国就不一样了,华盛顿的白宫,还是法国人设计的,按照凡尔赛的路子设计的,比那凡尔赛,简直是小巫见大巫。确实啊,历史有它"包袱"的一面,还有它可取的一面,不要把它绝对化。我建议你们看一本书,叫作《伯林谈话录》。伯林,英国籍,他原来是俄国人,后来到英国去了,他有一个谈话录,很薄很薄的一个小册子,译林出版社出版的。它有一个中心思想,我很同意。它讲自由,所谓的自由首先是心态的自由,还有一个就是多元的,不认死理儿,不是一条胡同走到底。他有一句话我觉得说得挺有道理的,凡是把事情一直推到极端的时候必定要出问题。我们考虑问题时,脑子要复杂一点。我们说青年人单纯,这是好事,但是你不能老单纯下去啊。你十七八岁单纯,二十几岁单纯,到了三四十岁、五六十岁你还单纯,那就简单化了。像我这样如果还像十七八岁小青年那样"单纯",不就麻烦了嘛!

第十三讲

欧洲文明与世界历史

今天要讲的主题,是世界历史的发展与欧洲文明的关系。

2002 年 2 月 5 日,"中国太平洋学会"有一次小小的聚会。聚会是于光远先生倡议的,大家议议国际问题。会上多人发言,于老时有插话,启迪良多。我在简短的发言中讲了我的"世界文明历史观",略谓现在讲"太平洋",不能不讲"大西洋",因为世界早已连成一片了;两"洋"相较,"大西洋文明体系"在"世界历史"中仍处在"中心地位",意即领先地位。事后我想,我说的不过是事实,只是持辞过简,很容易被加上一顶什么什么"论"之类的帽子。

我要说的话并不新鲜,中国的近代史是在 19 世纪中叶与西方文明撞击并接受其影响而启其端的。我在《冷眼向洋——百年风云启示录》的后记《"全球化"与中国》中曾引用康有为在《上清帝第四书》里的几句话:"若使地球未辟,泰西不来,虽后此千年率由不变可也。"中国现在诚然已是今非昔比了;然而,"五四"时期提出的"民主与科学"的命题和任务,仍远未完成;老实说,"向西方学习"作为一种有"自知之明"的态度,依然是十分切实的需要。从世界大势上看,太平洋属于受大西洋影响的一方;从人类文明发展史看,这样的论断,并不是随便说说的,打开地图一看便可了然。这是历史文化的事实决定了的,并不存在"褒贬亲疏"一类的情感因素。学术之学,理论之事,必得心平气静,立足于事实(历史的和现实的)。

图四十　玛丽·居里(1867—1934)和皮埃尔·居里(1859—1906)，法国著名科学家。居里夫人于 1911 年获诺贝尔奖。

今天主要讲两个问题，一是"我脑子里的两条线"，二是"欧洲精神点出了世界历史的走向"。现在先讲第一个问题。

本讲题目上有"世界历史"四字。什么叫"世界历史"？这题目很大。我读黑格尔的《历史哲学》好几遍，特别是那篇分量相当于一本专著的绪论，最使我记得住的，是黑格尔说的"世界历史"，归根到底是"精神的"（Spiritual），而非"现世的"（temporal）。起初，我们接受马克思主义的历史唯物史观，毫不犹豫地把黑格尔的这个观点判为"唯心史观"。然而经过相当长时期的反复思索，发现"现世"和"精神"是经常贴不到一起的，"现世"多要受"人"的主观意图和不由自主的客观形势的控制和左右。而"精神"则是恒久有效的。于是，"精神"（黑格尔称作"世界精神"）便成了人类的理想或理念。换一种方式来表达，就是：不管"现世"中发生了怎样的惊心动魄的事变，"精神"是永在的。在黑格尔的"世界精神"或"精神世界"里，经常出现这样一些所谓"关键词"，如：理性（reason）、自由（freedom）、正义（justice）等等，并说"世界精神"就体现在这些概念之中。

图四十一　德国物理学家艾伯特·爱因斯坦(1879—1955),1905年创立"相对论"。

图四十二　黑格尔(1770—1831),他说:"世界历史是精神的历史。"而同时他在国家问题上是非常"现实主义"的。

　　黑格尔无疑是个百分之百的"欧洲中心主义者",甚至是百分之百的"日耳曼主义者"。他的"世界精神"说到底是"欧洲精神""日耳曼精神"。但无论怎样从政治上批判他,他说的"历史是精神的历史"都给了我莫大的启示;它是了解欧洲的一把钥匙,而且可以从欧洲看到世界的前景。欧洲的文化传统是一个世纪一个世纪地通向现代化,乃至全球化的。欧洲的文化传统在传承中同源而分流,有批判,有扬弃,但在批判和扬弃中有创新。远的不说,从15世纪以来的科学思维和实践、自由民主理念从胚胎孕育到发芽和生成,这条道路在"精神的历史"里真可谓历历在目。欧洲的这条道路最符合康德和马克思的历史观点——社会发展的观点。在这一点上,康德、黑格尔、马克思是可以联成一条线的。当然马克思是阶级斗争和革命论者,这是不同的。但他们都是从欧洲看世界,他们的历史观来自欧洲的经验,先后陆续地散布到欧洲以外的世界。读一些历史,就不难看出,欧洲的经验先散布到北美洲,然后是印度洋、太平洋,包括东亚的日本和中国。从世界看发展问题,只能是从欧洲看世界,而不能从中国看世界。这是不是所谓"欧洲中心论"呢?我写《欧洲文明扩张史》,交稿时出版社告诫我千万不要犯了"欧洲中心论"的忌讳;人们是最考究"提法"的,尽管写的都是实录。

这个问题,自从"四人帮"被粉碎以来,我反反复复想了 20 多年。在这以前我想不到这个问题。"改革开放"改变了人们的世界观,"实践是检验真理的唯一标准"的大讨论把我从紧缩和困惑中唤醒了,思想解放了。"实践"包括昨天和今天,乃至未来。思想必须包括思想的实践。

想了 20 多年,其间经历了不少"否定之否定"之类的反复。我是研究欧洲的,有两条线在脑子里经常绞在一起。

第一条线简单说来是"了解欧洲"。例如今天的欧洲有了欧洲联盟,甚至有了欧盟的共同货币欧元。这是欧洲在本世纪的一大创举,它对于世界其他地区的"示范"作用,是很难估量的。这个大创举是怎样实现的,难道它只是个偶然事件吗?欧洲的历史文化是非常深厚的。我们常说中国文化博大精深,这四个字用在欧洲文化上同样也是当之无愧的。(不过有一点不同:欧洲文化传统总是向前看的,而中国的文化传统则是经常向着过去的。)

图四十三 19 世纪末德国哲学家尼采,他的著作对 20 世纪的文学和哲学具有重要的影响。

了解欧洲应当通其"三史"。一曰"欧洲通史","史"指过去,时光是不停流逝的,逝者如斯夫,不舍昼夜,眼下以前即成"过去",即从古至今的历史。近世还有"未来史",鉴往知来,是治史之道。

二曰"欧洲思想史",旁及社会史、哲学史和科学史,这是欧洲的"精神世界"的历史。欧洲的文化传统和传统文化为什么和怎样通向"现代化"和"全球化"?回答这个问题必须借助思想史。恩格斯说只有英国有"社会史",这句话意思很丰富。现在可以修改一下,改成英国最先有"社会史",接着,北美(当时还是英国的殖民地)、西欧都有了"社会史"。意思是说,不仅限于思想家们的"思想",而是遍及社会的各阶层民众的精神面貌、生活和思维习惯。老友近日万里来鸿,附寄他近译维也纳大学哲学家弗里德里希·赫尔(Fredrich Heer)的巨著《欧洲思想史》(*The Intellectual History of Europe*)的"中译序言",说赫尔此书的一大特点就是透过思想史看社会变化。这正是异于纯粹哲学史和社会史的地方。

三曰"欧洲艺文史",含诗文、美术等诸科。欧洲"三史"(通史、思想史、艺文史)实际上是欧洲研究的"三科"。现在通称的"国际问题"研究应属于"通史"里的一部分。有此"三史"或"三科"在胸,我便杜撰了"欧洲学"这个学科名称。上个世纪八九十年代之交杜撰这个称呼的时候,只是冒叫一声,当时简单地想,既然外国人研究中国的学问可以叫"汉学",为什么中国人研究欧洲不能叫"欧洲学"呢?当时还有一个想法,就是既然把欧洲设在"社会科学和人文科学"这个范围里,就需要有一种长远而深刻的"学术使命"。我总记得贺麟先生讲过:一方面要对中国的学问有全面系统的了解;另一方面又要对西学有全面系统的了解(原话记不得了)。这是一个非常高的要求,我自知没有能力做到,但虽不能至,心向往之。

1992年11月,我应日内瓦大学卡普尔教授的邀请去作演讲;他们贴出的"告示",说我是中国的"欧洲学家"(Eurologist)。恰好从一个角度坐实"欧洲学"在中国学界是可以成立的。

从我本人了解欧洲的体验,其间读书之经历,感性之验证,思考之反复,不暇细说,最终集中到一个"焦点"上,就是:欧洲文化传统以及这传统之通向今天的现代化、现代性,都涵盖在这"三史""三科"之中。

上面是我脑子里的第一条线:了解欧洲。横踞在我脑子里的第二条线,是与了解欧洲互为参照系的中国。这是一个中国人,特别是受过一些中国传统文化熏陶的人情不自禁、摆脱不掉的情结。简而言之,就是我在一些书文中、讲话中一再提出的命题:"欧洲何以为欧洲? 中国何以为中国?"在前几讲我也提到过这个命题。说中国曾经落后于西方,无须太多的大道理。这并不是说"外国的月亮比中国的月亮圆",这不是"不爱国""没有自信"……这也不是个新问题,少说也有 100 年了。其实我 20 来年想的问题都是前人早就想透了的,最终绕不过陈序经、张东荪,尤其是最为靠近的顾准。属于我的只是我思前想后由我自己想明白了的而已。陈序经的"罪过"全在于他公开了"全盘西化"这四个刺眼的字;如果不带任何先入为主的政治偏见去读他写的文章,哪里有要把中国人"全盘"变成西方人的意思呢? 他念兹在兹的是要救中国,是最爱国不过的;他无非是说,要救中国,必须虚下心来,取人所长。"全盘西化"已经被赋予特定的政治寓意,而且容易使人做出各种不同的解释,可以不用;然而陈序经所讲的道理,直到今天还是"金玉良言"。今天,我们确实有了不少包括高科技在内的成就,有的还位居世界前列,中国从 20 世纪的"低谷"腾飞到今天的状况,是举世公认的;但是从总体上看,我们有什么值得沾沾自喜的呢? 我们难道不是仍处在"赶"的位置上吗? 中国要同世界"接轨"、要"开放"、要"入世"……其中缘故,还需辞费吗?

一些今天看来很简单的道理,在我脑子里竟是反复翻腾才得出来的。我曾经认同"21 世纪是中国的世纪",是东方文化或中国文化的世纪,以及将来有一天西方文明的"危机"要靠东方文化来"挽救",等等。我也曾认同过某些海外"新儒家"的观点。然而,这些看法终于在我的脑子里没能停留太久,很快就被我自己否定了。在 20 世纪 90 年代中叶,我发现我的感情(对中国的传统文化)和理性(对人类社会的发展问题)发生了无法化解的矛盾。中国的传统文化广大而精微,刻着悠久历史的沧桑痕迹;它深邃幽远的哲理、独特的美学价值以及某些可以抽象继承的道德操行,都是可贵的精神财富。对于一个知识分子，它还代表着某种文化学养。有没有这份学养是大不相同的。但是，在涉及现代化以及人类社会发展前途的问题时，我们的传统文化和它所形成的"道德"没有给出答案。开头时引用的康有为的话，是他的经验之谈，已点破问题的症结。

"四人帮"垮台20多年来，在思想解放大潮影响下，有一个从朦朦胧胧到逐渐明朗的似乎"形而上"的问题，在我脑子里转来转去，从不自觉到自觉地寻觅着答案。这个问题就是：人类社会的发展，到底有没有一个理性的大方向？因为世事纷繁、变化诡谲，常会使人犯迷糊。

我从20岁起开始接受"马克思主义"的教育。在大学里，上的历史唯物主义的第一课就是"社会发展史"。前面说过，我在燕京大学读书时，北京已经解放，是燕大存留的最后一段时期，课程表里已增加了新内容。社会学家严景耀教授讲起了马克思主义的五种生产方式的社会发展史，从猿到人一直讲到世界大同的共产主义社会；当时是闻所未闻，觉得十分新鲜。拿到现在，实际上是一个"世界历史的走向"问题。带着这个印象稀里糊涂地走了30来年，其间对资产阶级意识形态的反复批判、阶级和阶级斗争、无产阶级专政等等"斗争哲学"的发扬，从理论到现实生活，占据了我差不多全部青年时期的心灵，连个"为什么"都不问便以为那是神圣不可侵犯的真理。胡绳院长八十自寿铭，"四十而惑，惑而不解，垂三十年"；我也是"四十而惑"，是在"文革"后期，以前是糊里糊涂过日子的小公务员。"文革"后，惑而求解，至1989年为一大悟，"跳"出现实的迷雾而求解于人类社会（世界）的大方向究在何处。由此"跳"进了东西文明的全程比较。那过程在思想里的反复，忽而明，忽而暗，不遑细说，结论却已在不知不觉中形成，简括一句话，就是："欧洲精神"或西方文明，在实质上点出了近代"世界历史的走向"。"五四"时期提出的德、赛二先生，说到极处，是对"欧洲精神"的高度提炼，"欧风美雨"所及，浓缩而又浓缩，就是"民主与科学"。

对于近世之欧洲，有几点我想着重说说我的意见。第一，是"17世纪"的作用。近世之欧洲，若以世纪论，每个世纪都有创新，而17世纪每为人重视不足;实则,这是很要紧的一个时期。上承着培根、洛克的实验哲学,洛克还根据英国的革命写了一份论"政府"的总结性的文字,起了近代政治文化的开山作用;下则启发了启蒙时期的思想家们。所以17世纪是"启蒙"的"启蒙时期",是方法论革新时期,近代的科学思维是在这个时期酝酿的。同时,文艺复兴、宗教改革激荡了全欧,使几乎整个社会都动了起来,社会意识、民风民俗……都在发生变化。我读莱布尼茨的关于自然哲学和形而上学的几本书,总隐隐约约地有一种奇特的印象和感觉:在艰涩的语言中埋藏着深深的理性主义的冲动。那种感觉十分引人入胜——觉得一个新的思想时代正在噪动。果然,英国的实证哲学、法国的理性哲学、德国的"古典哲学",连在一起,造就了欧洲的近代思维。它们在欧洲社会思想意识中所起的润物细无声的作用,非常值得考究。

第二,是启蒙时期(或运动)。这个时期素以18世纪的法国为代表,这没有错,但很不完全;它的来源固然有法国本土的思想资源,但直接起了推动之功的是英国的经验。这一点也是一般人重视不够的。恩格斯说,只有英国有"社会史";又说,只有英国是自由最多或不自由最少的国家。这是马、恩亲眼所见并同当时的大陆做了比较以后说出来的。意思是说,英伦三岛的历史人文的独特性,使发端于贵族和商业的"自由"空气,已经弥漫到社会上去了。北美殖民地得风气之先并加以创造,得以先于西欧大陆在实践中第一个发展了民主联邦制,并在独立后得以顺理成章地第一个实现了总统制。

先进必然影响或带动后进,是最普通的常理。当然还可以说英国社会的进步来自荷兰;不过荷兰的影响远比不上后来的英国。

可以肯定地说,法国启蒙运动的先行者伏尔泰、孟德斯鸠都是直接地接受了英国影响的。影响来自几个方面,一是思想上的影响。伏尔泰从青年时的《哲学通信》(又名《英格兰通信》)到晚年的《路易十四时代》,都历历可见培根、牛顿、洛克的影响。而孟德斯鸠的《论法的精神》更是洛克《政府论》的深化和具体化。严复著《孟德斯鸠列传》弁言说:"(孟氏)……渡海抵大不列颠,居伦敦者且二稔。于英之法度尤加意,慨然曰:'惟英之民,可谓自由矣。'入其格致王会(皇家学会),被举为会员。"

二是社会风气上的影响。前引恩格斯的话,已说明英伦社会风气比大陆先进,并早为伏尔泰等人所目睹:在法国还是王权专政和宗教派别斗争和迫害正炽的时候,在英国已实行"虚君"的议会民主制和"宗教宽容";英国的知识分子受到国家和社会的尊重,牛顿的葬礼如同"国葬",而法国的笛卡尔却孤寂地死去……恩格斯的话无非验证了伏尔泰之所见。欧洲何以有启蒙运动的高潮,原因可以说出好几条,而英国经验是绝不可忽视的。马克思说过,荷兰革命是英国革命的"预演",英国革命是法国革命的"预演"。反复思之,确有深意在焉。三个国家的"革命"表现形式、经过和后果各有不同,但都为推翻旧制度、开辟新时代打通了道路,即打通了自由和民主的道路。

第三,是西方文明中的"自由"和"自由主义"。作为一种人类向往的理念及其所体现的民主体制,到 19 世纪下半叶在欧洲(包括美国)已得到了广泛共识。

19 世纪的欧洲,说到底仍是黑格尔所理解的"现世"与"精神"的悖论。重温一下这个世纪的欧洲史,也许有助于了解今天。19 世纪的"现世"可以简略概述如下:起始十多年是拿破仑战争,中经发端于法国而后遍及好几个中、西欧的短期革命,稍后是几场欧洲国家之间的大大小小的战争,以及为时不长的"欧洲俱乐部"的"和平时期";世纪末临近时,几个大国在"裁军"声中把战车的车轮滚滚推向更大规模的战争。恩格斯晚年预言,20 年后将有大战,果然不幸而言中,1914 年,第一次世界大战终于爆发了。19 世纪的欧洲"现世"就是这样在"战争"与"休战"的交替中过来的。俾斯麦说,每个国家,如果不当"铁锤"就只能当"铁砧"。欧洲人还把战火烧到了封闭的中华帝国,从而撞开了天朝帝国的大门。

然而,掀开国际关系的这个表层,人们看到的则是欧洲社会性的变化。肇始于英国的自由精神和工业革命遍及北美、西欧,衍为习称的"第二次工

图四十四 19 世纪中叶,钢铁大规模用于建筑、运输等行业。
图为 19 世纪 40 年代柏林的铁厂。

业革命",由此可以窥见人类社会的前景。

《共产党宣言》的起首一句:"一个幽灵,共产主义的幽灵,在欧洲游荡。"这是一句传诵了一百多年充满了革命诗意的名言。然而,我最看重的却是下面这几段话:

"资产阶级,由于开拓了世界市场,使一切国家的生产和消费都成为世界性的了……过去那种地方的和民族的自给自足和闭关自守状态,被各民族的各方面的互相往来和各方面的互相依赖所代替了。物质的生产是如此,精神的生产也是如此。各民族的精神产品成了公共的财产。民族的片面性和局限性日益成为不可能,于是由许多种民族的和地方的文学形成了一种世界的文学。

"资产阶级,由于一切生产工具的迅速改进,由于交通的极其便利,把一切民族甚至最野蛮的民族都卷到文明中来了。它的商品的低廉价格,是它用来摧毁一切万里长城、征服野蛮人最顽强的仇外心理的重炮。它迫使一切民族——如果它们不想灭亡的话——采用资产阶级的生产方式;它迫使它们在自己那里推行所谓的文明,即变成资产者。一句话,它按照自己的面貌为自己创造出一个世界。

"资产阶级使农村屈服于城市的统治。它创立了巨大的城市,使城市人口比农村人口大大增加起来,因而使很大一部分居民脱离了农村生活的愚昧状态。正像它使农村从属于城市一样,它使未开化的和半开化的国家从属于文明的国家,使农民的民族从属于资产阶级的民族,使东方从属于西方。"

反复地、耐心地读这些话,马、恩写的岂止是19世纪中叶的情况,今天挂在嘴边的"全球化"难道不就是这样的吗?

了解世界,有如剥笋一样,需要一层一层地剥。先剥去所谓"国际关系"这层眼前的表皮,再把"社会"现象剥开,剥到最后,便露出了现象覆盖下的"内核",即黑格尔所谓的"精神世界"。这个精神世界,照我看,就是从两希文明发端,经过罗马-基督教文明,至盎格鲁-撒克逊的实证、经验哲学,而后衍为"英美传统"的自由和民主精神。在欧洲大陆,古典的"文化传统"加上英国的经验,经过启蒙高潮,汇成了自由、平等、博爱、共和等近代的民主思想。可以毫不夸张地说,自由的思想和民主的制度,在19世纪已覆盖了欧罗巴和北美,形成了一种我称之为"大西洋的文化(或文明或思想)体系"。之所以称之为"体系",并不是说,统统都是一个样儿,在这个"体系"里当然包含着"同一性"和"多样性"的关系,简单说来叫作"同源分流"。相对于大西洋,太平洋则不存在这样的"体系"。这是另一问题,此处不多说。

总之自由精神和民主精神,在欧洲的19世纪已经浮出水面,其定义和论证也日渐羽翼丰满。概括地说可以叫作"自由主义"。① 它越出了早期的

---

① 此处我使用了"自由主义"一词,而没有用"资本主义"。因为"资本主义"是因"资本"而生发出的"主义";而"自由主义"则重在人的精神。一般讲"自由主义"指"英美传统",而同欧洲大陆的"理性主义"涵义有参差。我使用这个概念取其广义而未拘细别。

纯经验阶段,成为一种完整的思想体系和制度。它有以下几个基本点。

第一,自由与人。"自由"的基础是人,是个人,它充分尊重人之为人,尊重个人的权利、利益、意愿;只有个人的意志、创造力、积极性得到充分的发挥,由个人组成的社会才能"文明"起来。所以可以说,"自由主义"是以"个人主义"(不是"自私主义"!)为基础的;这种"把人当作人来认识"(马克思语)的"个人主义"是西方文明的核心。"个人主义"是"自由主义"的前提。

第二,自由与法律。人同时是社会的个人,因此任何个人的自由不能妨碍他人行使自由的权利;亦因此,法律不仅仅是对违法者的惩罚,尤其是对人的权利的保护。

"自由"需要法律来保护。康德有两段话说得最好。我忍不住再做一次"文抄公"。康德说:"法律限制我们的自由,只是为了使我们的自由可以和他人的自由以及全体的公共利益相一致。""这种自由附带着这种权利,那就是把我们自己还不能处理的各种思想和疑惑公开付诸讨论,而且这样做时,不会被人污蔑为捣乱的有危害性的公民,这是人类理性原有的权利之一,而人类理性,除了人人在其中都有发言权的那种普遍人类理性之外,并不承认其他裁判者。而且,既然我们的状态所能有的改善,要得自这种来源,所以这样的权利是神圣的而且必不可剥夺的。"

康德实在可以称为是一个伟大的"自由主义者"。他把自由、道德、幸福串在了一起,视为纯粹理性的"最高目标"。我觉得这两段话是最精炼最浓缩的。后来约翰·密尔的《论自由》,就其实质而言,实是对康德的发挥。

第三,自由与平等。自由与平等终其极是一致的。根据洛克的话,人生来是自由的,因此人与人之间是平等的。这个思想在 1776 年的美国《独立宣言》中表述为:"人人生而平等,他们都从他们的造物主那里被赋予了某些不可转让的权利,其中包括生命权、自由权和追求幸福的权利。为了保障这些权利,所以才在人们中间成立政府。"在 1789 年的法国《人权宣言》中表述为:"人生来是而且始终是自由平等的。因此,公民的荣誉只能建立在公共事业的基础上。"并且提出:"法律对全体公民应一视同仁;在法律面前,人人平等。"这些思想到上个世纪已经写进《世界人权宣言》里。

第四,自由与民主。"自由"是一种精神和理念,"民主"还兼有制度上的意义。没有自由精神的"民主",只是构建了一些机构。当年的普鲁士设有议会和内阁,但最终是俾斯麦和国王说了算;俾斯麦恨透了那些"议会主义"者。所以如果没有自由的精神,"民主"便是个空壳。结合起来,就是以自由为精神,以民主为制度。

在东方的中国,庞大的帝国,尽管密封得严严实实,"欧风美雨"还是不可阻挡地冲进来了,这段历史是人人都知道的。

所以,我认为,从19世纪后半期开始,民主变革的精神已跨越民族界限向全世界散开了。试看今日之世界,无论何种社会制度,无论社会处于何种阶段,国家关系何等对立,种族、宗教教派冲突何等毫无理性、激烈而又狂热,自由和民主作为人类神圣的、理性的精神,有谁能公开加以拒绝呢?

最后仍回到黑格尔的命题上来。黑格尔的历史哲学的大功劳之一,就在于揭开历史经验的表层(尽管这"表层"非常丰富多彩或惊心动魄),让"精神的历史"浮出了水面,这的确是哲学家的睿智和深邃之处。

今天讲的,可以作为我对欧洲文明史的一种理论性的概括。有许多观点在前几讲中零零碎碎地讲过一些,今天把它集中起来。本来还想把方法论、认识论的问题专门作为一讲,下面只有两讲了,我原来的设想只好改一改。其实今天讲的实际上也涉及了方法论和认识论问题。总之一句话,如何认识欧洲文明的基本点和这些基本点形成的过程,还是要走进历史,认识并熟悉历史。

下面一讲将谈谈欧洲文明与中国的关系。时间不够了,有问题下次一起提吧。

第十四讲

欧洲文明与中国文化的"自主性"

我今天讲的主题是从欧洲文明对中国的影响来看中国文化的"自主性"问题。我们今天的文化有没有"自主性"呢？意思就是：是不是我们自己独立自主地决定我们所要的文化。

我不晓得在座的年轻朋友们有没有考虑过这个问题，我们中国现在的文化是怎样的一种形态的文化呢？我对这个问题是比较迷惑的，因为我觉得现在的文化，就是不能够"独立自主"地决定的；是缺乏"自主性"的。换一个说法呢，就是自从中国的文化与西方的文化相互接触一百多年以来，历史就决定了中国的文化不能不发生变化。理由很简单，因为中国没有从自身发展成为近代的历史，中国的历史是古代的历史。用冯友兰先生的一句话说，就是"中西之交，古今之异"。即在中国的文化和西方的文化相接触的时候，中国的文明代表的是"古代"，而西方的文明代表的是"近代"，这就有了文化冲突，促使中国的文化不能不发生变化，这个变化的特征之一就是使得中国的旧文化失去了"自主性"。那么中国的近代史从什么时候开始呢？一般的说法从19世纪中叶，从1840年鸦片战争开始算起，这是一个大概的说法。在这以前呢，中国是停滞在古代状态的：春秋战国、先秦时代可以叫它"远古"，汉魏六朝你可以叫它"中古"，唐宋以后，特别是宋朝以后，可以叫它"近古"，一直到1840年。总之是"古"。1840年西方列强打进来了，古代的中国人忽然发现中国之外还有另外一个"世界"。林则徐、魏源等等这一批人发现西方的洋枪洋炮很厉害,发现了另外一个"文明",因此林则徐他们就提出了一个口号,叫作"睁眼看世界",看看世界是个什么样子的,又提出"师夷长技以制夷",就是要向西方学习的意思。从这个时候开始中国才有了近代史。所以中国的近代史是有了国际的参与才产生的。对于中国这样一个民族,在19世纪中叶的时候,那样一个闭关自守的大帝国的状况,文化失掉了自己本来的"自主性",并不是件坏事。这说明什么呢? 说明天下要变,世界要变,民族要变,社会要变,人要变,停滞封闭的中国不能不变,变是件好事。这就让黑格尔说中了,黑格尔说中国的帝国,一直是处在"世界历史"之外的。当然黑格尔这句话完全是西方中心主义,把西方看成是"世界",所以说中国处在世界之外。但是另外一方面他又说对了,就是中国是个停滞的状况,处于世界变化之外;所以我就说"变"是好事情,不变才是糟糕的事情。我记得去年在电视上看到一个官员,很有些自豪地说,我们中国五千年的历史都走过来了,我们还要继续走下去。他这话说对了一半。说中国有五千年的历史是说对了,但还要这样走下去,错的;还沿着这五千年的历史走下去,我们今天会是什么样子? 不变是不行的。为什么中国有今天的状况? 为什么大家能坐在这个课堂里学习? 为什么还有的同学毕业以后去留学? 这都是"变"的结果! 我们古人说,"穷则变,变则通"。所以世界潮流浩浩荡荡,核心一个字就是"变"。我们中国的历史同西方的历史最大的不同就在于中国不变,西方总是在变。西方一个世纪一个世纪地在变,中国是一个朝代一个朝代地循环。中国的文化经常用四个字来形容:"博大精深",不错的,确实是博大精深。我们中国的哲学、历史学、美学,带着普世性的伦理学,除去愚忠愚孝等等一类糟粕,有很多普世性的伦理学都是很精粹的。问题出在哪儿呢? 我认为问题出在政治文化上。而政治文化是决定一个社会的形态的。下面我就讲三个问题:第一是中国的政治文化问题,第二是中国的精神文化问题,第三讲一讲我对当前中国教育的看法。

这里有两个概念先要把它弄清楚,一个叫作"传统文化",再一个叫"文化传统"，这两个概念是相关的，但是又有区别的。提出这么两个概念不是我的发明，先是庞朴教授提出来的。我赞同他们的意见，是要把它们区别开来。根据我个人的理解，"传统文化"比较具体，比如我们的古代文物、文学、绘画等等都是传统文化。"文化传统"则是在这些文化的基础上形成的一种政治的，或者是道德性的"道统"，这就是"政治文化"。那么这种"文化传统"有什么特点呢？简而言之，就是从上到下的"专制主义"和从下到上的"臣民主义"。从秦皇汉武以来一直是这样的，一直是这两个主义，无论是哪朝哪代，都是这样，没有例外。有人说历史上有农民起义，秦末有陈胜、吴广，唐朝有黄巢，明朝有李自成，清朝有太平天国洪秀全，他们又怎么样呢？他们即使是推翻了那个王朝，甚至于还成功地做了皇帝，他还是"皇帝"嘛，他还是搞农民军领袖的"专制主义"。原来跟他的铁哥们都变成丞相了，当了大官。结果生产关系没变，社会没变，农民军的领袖不可能想出一个办法来说咱们搞选举吧，像华盛顿那样搞选举。有句话叫"天王圣明，臣罪当诛"。那么这个传统破得怎么样了呢？应该说从形式上说，辛亥革命推翻了清朝，建立了民国，以皇族为统治中心的专制主义从现象上消失了。但是封建思想，它的精神并没有消灭掉，很顽强。存在了几千年的东西，沉淀成中国文化的一个部分。《国际歌》里有句词："不靠神仙皇帝！……全靠我们自己！"只有到了这个境界，社会才是真正自由的、平等的、自立的、自主的。这里还有一个问题很重要，就是在普通民众里面，包括一些知识分子、国家干部，总之有知识的人，直到今天，脑子深处恐怕还有这些旧的东西在晃动。这种政治文化不要小看了它的影响。你看那些电视片里头，公司的董事长，什么集团的老总，哪个不是非常霸道的啊，哪有一点讲民主的气息啊。一百多年了，这些东西破除得还很不够，所以才要讲民主和法治。最核心的是什么呢？我觉得是两个内容，一个叫"自由的精神"，一个叫"民主的制度"。马克思在《神圣家族》里（是马克思和恩格斯写《共产党宣言》以后写的，这部书的主要内容是批判唯心主义）有一句话叫，"人把别人当作和自己平等的人来对待"。这句话非常深刻。既然如此就要尊重人的权利,这是自由的精神、民主的制度的基础。

下面讲"精神文化"。精神文化要复杂得多,文化是需要不断培养和滋补的。我所说的中国的传统的精神文化也还是在19世纪中叶以前的旧文化,其实这是一个大体上的划分,历来说的是从汉朝到宋朝完成儒道释三合一。春秋战国不算,因为春秋战国确实是"百家争鸣"的一个时期,没有统一的意识形态,大家想说什么说什么。你们都是大学生,我不知道你们是不是也读一点《论语》《孟子》。《汉书》是说可以分成九家,或者是十家,那时候没有统一的意识形态,所以它是"百家争鸣"。到秦始皇以后,特别是到了汉武帝以后,独尊儒术。在儒这个骨子里面又糅进了一些比如说纵横家、道家,甚至于老子的一些东西。同时外来的印度佛教的一些思想也糅进去了,这样到了宋朝就慢慢糅合起来,以儒为主,形成儒道释三合一这么个精神状况,变成了一个一统的意识形态。这个意识形态虚伪性很大。真正的要对人实行统治的时候,它就不完全是"儒道释"了。口头上仁义道德,实行的是严刑峻法。

这样一种精神文化,一遇到先进的西方文明,当然就显示出它的历史弱点来了。"五四"的时候,李大钊说过这么一句话,"农业文明碰上了工业文明,败下阵来了"。李大钊、陈独秀都说过这样一些非常尖锐的话。那么在这种状况下,中国就不可能不吸收和接受西方文化的影响。刚才讲了,林则徐、魏源这些人,是在经验当中碰到了西方文明,感觉到需要向西方学习一些东西,学习他们的物质文明,船坚炮利,办海军。这是一个阶段,后来的"洋务派"也是沿着这个思路下去的。同时也有一些更敏锐的人,比如说严复,他觉得不仅要学习人家的枪和炮,更要学习他们的制度,学习他们的政治制度,学习他们的经济制度,等等。他翻译了八本书,主要是英国的,只有一本是法国的,孟德斯鸠的。政治学、经济学、社会学、逻辑学,这八本书里面差不多概括得相当好。严复有一个想法,就是要用西方的文明来"开启民智"。他说,"民智"不开,什么制度也没有用。所谓"开启民智",就是使民众摆脱愚昧无知的状态。没有文化就愚昧,愚昧就使这个民族站不起来。后来的"洋务派",曾国藩、李鸿章要学习西方的工业,张之洞提出"中体西用"。"中体西用"什么意思呢? 就是中国的文化本体不动,还是"专制主义",还是"圣明主义",这叫"中体"。"西用"是把西方的物质文明拿过来为我所用,只当作技术和工具。当时的严复看到这个问题,说中学有中学之"体",中学有中学之"用";西学有西学之"体",西学有西学之"用"。体和用是不能分开的。但是后来严复也变成保守派了,这是一个人的发展的局限性吧。

"戊戌变法"大家都知道,康有为主要搞"君主立宪",结果失败了。后来清政府也想搞宪政,派出了五路大臣到国外去考察,到欧洲,到日本,到美国去考察宪政、政治。不管清政府只是做个姿态也好,或者真要立宪也好,反正五路大臣真的带领一帮人浩浩荡荡到了这些国家,他们写回了条陈,这些条陈都印成了书了。他们是怎么写的呢? 他们说所到之处都受到欢迎,受到很高的礼遇。这些国家向他们讲怎么样立宪,怎么样实现议会制度,等等。大臣们非常兴奋,写回来的条陈第一是表示拥护大清皇帝;第二,是怎么样实行宪政。最后还写了一份"总结报告",核心就是实行"君主立宪":皇帝万万不可没有,但是宪政必须实行。然而不管是真是假,反正"君主立宪"是来不及了,为什么来不及了? 革命已经爆发了。

辛亥革命以后,在政治上进一步学习西方了。孙中山有句话,后来也是"新三民主义"的重要内容,叫作"以俄为师",学习苏联。但是他脑子里实际想到的是学习美国的总统制。孙中山的革命也是有头无尾,很不顺。到了"五四"时期中国进一步向西方开门,而且总结出两条来,大家都知道的,请来了"赛先生"和"德先生","赛先生"就是"科学","science";"德先生"就是"民主","democracy",这是抓住了要害。西方文明多少世纪,从中世纪到近代,一直到现代,最重要的就是这两条:科学和民主。而中国所缺的也正是科学和民主。我要是讲新文化啊,"五四"时期其实已经讲得很清楚了。"打倒孔家店",是一个极端的口号,你不提出这个极端的口号,我们这个很顽固的传统制度没有办法推倒。孔子的学说里头也有好东西，可以留下来，但是先打破了再说，先把"孔家店"打倒之后，它里面有什么可以用的再拿来用，就是把这个"体"变一变。五四时期把赛先生、德先生请进来，从此开始，大家看一看中国的近代文明史，就会发现开始了另外一个春秋战国以后两千多年来第二次"百家争鸣"，就是"五四"以后，一直到40年代的二三十年。我认为，要了解中国的近代文化史，就要给这个时期以充分的关注。周谷城先生(复旦大学历史系教授，已故去了)说这二三十年是古今中外文化在中国大交汇的时期。周先生曾主持把这个时期中国所有的翻译书和文学、历史、哲学、理工各个学科的著作，编了一套《民国丛书》，在前几年影印出版。这套书总共三千种，编了三辑，按照理工、文学、哲学、历史这样的分类，周先生任总主编，作了一个"序"。在这个"序"里面，他讲这个时期是中国近代中外古今各种思潮各个学派大汇合的时期，是春秋战国以后又一次真正的"百家争鸣"。我是非常赞成他这个观点的。这个时期的文化名人很多很多，现在我们又在重印那时他们写的书，真是各种意见交汇，相同的、相反的、相互批评的、相互认同的，各种各样的思想交汇，很生动，很精彩。为什么能够出现这么一种局面呢？第一是由于五四运动的推动，五四运动是在精神上和大文化上把我们这个旧传统冲破了一个大口子。新文化运动，包括胡适倡导的白话文运动。用白话作文，这也是一支，但是从总体上来讲是用科学和民主的精神力量，去批判和打破我们的旧的传统。第二，当时中国是军阀割据，没有一统的意识形态，因而可能出现一种自由辩论的气氛。在自由发挥的这么一个氛围里自然而然就形成了这么一种生动的文化局面。这个局面在我看起来，很有点像欧洲18世纪的启蒙运动时期。欧洲18世纪的启蒙运动，在时间上，承接的是文艺复兴和宗教改革。文艺复兴和宗教改革把中世纪冲破了一个口子。宗教改革不是一个单纯宗教问题，当时欧洲的宗教渗透到了千家万户，因此宗教改革自然而然地就形成了一种社会思想的、精神的、文化的一种大突破。接下来便是启蒙。启蒙运动从法国开始，但是很快普及到欧洲的各个国家，而且也影响了美国。上个世纪的二三十年代里,我们的文化发展有些像启蒙运动,思想非常活跃,对未来的向往非常强烈,人文气息非常浓厚。但是可惜的是我们这个生动的局面夭折了,断档了。西方的启蒙运动和产业革命一起迎来的是 19 世纪的大发展;而我们那个所谓"启蒙运动"为什么夭折了呢? 碰上了抗日战争,全民抗战,那些精英分子、知识分子差不多都集中到大西南去了,北校南迁,南方的一些学校也都往那边去了。西南这一块地方,昆明这一块地方,保存下了一些我所说的中国启蒙的种子,这就是大家都知道的西南联合大学。抗日战争以后呢,紧接着是解放战争。

　　1949 年以后,我们在文化教育上有许多问题,大家都知道:政治运动太多了,每一次政治运动,知识分子都是被批评的对象,精神文化因而持续地受到摧残。

　　我给你们讲点老故事。我在清华大学念书时,那时候正在抗美援朝,我们学生都参加了宣传工作。有些老知识分子,老教员啊,老教授们,许多都是留过洋的,或者是在蒋介石统治时期干过什么差事的,就被说都有"恐美、畏美、敬美"情绪。"恐美"就是怕美国人啊,我们怕美国人,抗美援朝,是要打美国啊,这是要不得的。"崇美",崇拜美国那怎么行,那不是卖国吗?"敬美",那更不能要了。所以就开展一种运动,清除这些思想。凡是在蒋介石政权下或者是在日本政权下做过事情的人,都要跟大家讲一讲,坦白坦白,说说清楚。你们看没看过一本小说,杨绛先生写的《洗澡》。她当时是清华大学的教授,她的那本《洗澡》写的就是我现在要说的这件事情。在我们清华大学内部,当时叫作"知识分子忠诚老实"运动,后来不用这个词了,叫作"思想改造运动"。就是让这些老师们,从校长开始,按照校一级、院一级、系一级向大家作"自我检查",叫作"洗澡",洗干净了之后你做事情,洗不干净再洗。这本小说大家看一看,挺有意思的。可能你们看不懂,因为你们不大知道当时的历史背景。我们学生都要听老师们做检讨,听完后提意见,上纲上线。现在看来,就是后来"文革"的一种"预演"。我也提意见,提的意见都幼稚得很。我记得冯友兰先生做检查,冯友兰先生在蒋介石倡导"新生活运动"的时候,做过蒋介石的"顾问";"顾问"有什么了不起,但是那不得了,那就算是"失节"了。这事情追究起来没完没了啊。外文系的系主任吴达元先生在我们系里做检讨,检讨自己的出身,广东的什么小市民、小商贩,到了国外去留洋,因而变成了"买办",怎样怎样的。我当时听了,就站起来说了一句"吴先生检讨得差不多了",意思是可以"过关"了。不料这句话引起大家的注意,都把目光集中在我身上。后来有一位管思想政治工作的同学来找我谈话,说你这人啊,"小资产阶级温情主义"啊,你以为这样是"帮助"吴先生吗,实际上你是"害"了吴先生,你这个毛病出在什么地方呢?出在"家庭出身"和"社会影响"上。那时候我只有二十一二岁的样子,说我受封建士大夫家庭和资产阶级的思想影响。这话我一直记着,就此给自己定了性,以后写"自我批评"或"自传"时都少不了这些话。这次运动是新中国成立以后第一次针对知识分子的运动。有三本书是了解近代中国知识分子状况不能不读的。一本书是钱钟书先生写的小说《围城》,大家都知道的,这是反映20世纪二三十年代、三四十年代某些中国知识分子的心理状态的。第二本是杨绛先生的小说《洗澡》,反映20世纪50年代初第一次对知识分子的批评运动。第三本书也是杨绛写的,叫《干校六记》,是写"文化大革命"时的知识分子下放到"五七干校"去"接受贫下中农再教育"的。这些东西可以帮助你们了解历史,不了解自己的历史,不了解自己的社会,是不行的。"知识分子思想改造运动"以后没有多久,就来了1957年的"反右运动";主要对象又是知识分子。费孝通先生因一篇《知识分子的早春天气》,一棒子被打成"右派"。更重要的是中国文化受到更惨重的摧残。到了"文革"的时候就更不要讲了。"文革"时我是个小人物,一个普通干部。但是我也有毛病,这毛病叫"白专"道路,"专"那好啊,但你不要"白专"啊,"白"是跟"红"反着的。那么后来就下乡,到"干校"去,卷了铺盖,什么都不想,再也不要回城了,再也不要当知识分子了,当"知识分子"没什么出路。还是那句话,个人遭遇不去说它,但是对中国文化来讲,"文化大革命"是大革文化的命啊,是对人的精神的戕害。这段历史,年轻人可能不太知道,因为你们相当多的人是在"文化大革命"以后出生的,现在也很少人再去讲它了。但是我们这一代人,听见"文革"这几个字,还是毛骨悚然,因为那是文化的大摧残,是对民族精神的大摧残。现在居然还有人有意让人"忘掉"它,甚至说不能全盘否定它!

"文化大革命"总算是过去了,但是我们中国睁开眼一看,世界又是大变。但愿我们中国以后不会再重复过去的命运了。这一百多年来中国面对世界,总有一个姿势,这个姿势可以用一个字来概括:"赶"。因为我们刚开始同西方文化相遇的时候,就发现中国落后了。刚才我说了,中国是古代啊,人家是近代了,所以非"赶"不可。"赶"就要把西方的东西学过来,拿过来它又不是自己的,不是在自己的土壤里生长的,因此是"稼接"的,稼接老是稼接不准。所以就出现各种稀奇古怪的现象,各种困难,老是一步赶不上,步步赶不上,这不永远是一个"赶"的姿势吗?也幸亏我们有一个"赶"的姿势,如果没有这个姿势,我们这个民族就真没有前途了。我们现在还在"赶",为什么加入 WTO 啊?为什么要跟国际接轨啊?这无非说明了我们同世界潮流有一个差距。在"文化大革命"结束以后,出现在中国人面前的,是一个不大认识的世界,发现又一次落后了;在这种情况之下,我们这个文化怎么能"自主"得起来呢?我刚刚讲了一个"变",现在又说了一个"赶",我觉得这个"赶"字非常重要,是非"赶"不可的。同学们在这儿读书,也是"赶"。

传统文化进一步式微了,在座的谁读过《论语》《孟子》,谁读过《春秋》《左传》,谁读过《史记》?恐怕连近代史都很少知道的。"文化传统"是要不得的,但是"传统文化"你还得有选择地保留下来。甚至于说作为一个中国的知识分子,他的文化品位、文化水平、文化素养,很大程度上取决于他对自己的历史文化吸收了多少。你们别看我是学外文的,但我从小就是受"老古董"教育的。我们引进来的西洋文化不少,应该说这一百多年来引进不少。中国吸收西方文化是一个事实,不是个理论问题。中国从 1840 年以来就一直吸收西方文化,其实 20 世纪 20—40 年代,中国文化里已经有很多西方文化的成分了。打个比方,就好比拿盐水兑在淡水里面,盐水越多,这个水越咸,这是讲吸收西方文化。另外还有一个问题,就是我们在吸收西方文化的时候,缺乏正常的、健康的精神准备;特别是现在,有点像"赌博"一样,陈寅恪先生过去讲的"呼卢成卢,喝雉成雉之比",摸着什么牌就是什么牌,不系统。我这里特别指的是社会科学和人文科学方面,理工科好一点。但是理工科也有一个问题,我说些外行话,一个什么问题呢? 就是不区别"科学"和"技术"这两个概念,模糊地称为"科技"。而且有的时候把"技术"看作是高于"科学"的,这从长远来看是不合适的。技术是很重要的,但是科学是技术的基础。现在,中国科学院也在提倡要搞基础理论了。但我们最缺最缺的还是社会科学、人文科学。缺的原因是什么呢? 仍是我刚才说的,断了二三十年的档。到了 1949 年以后,这就连上了我底下要谈的问题:教育问题。我念的这几个大学,好多学科都被取消了,现在才重新恢复。什么东西取消了呢? 社会学取消了,政治学取消了,心理学取消了……社会科学、人文科学里面的法律也取消了。都由马列主义毛泽东思想来代替了。心理学被分成了两半,属于自然科学那一半保留下来,放在理科;属于社会科学部分的心理学干脆取消了。这都是对社会科学的一种大摧毁。"文革"以后,这几年慢慢恢复,但是元气大伤啊,社会学刚刚恢复;还是在费孝通先生手里面,在社会科学院建立了社会学研究所,各个大学也成立了社会学系。政治学、心理学、法律学也恢复了,这都是"文革"以后慢慢恢复的。所以你们这一代年轻人很幸运,可以比较系统地吸收西方文明中的精华。所谓精华还是那两个:一个是"科学",一个是"民主",说来说去就这两条。过去贺麟教授呼吁:应该比较"全面系统"地了解我们自己的文化,同时"全面系统"地了解西方文化。还有一位老先生,讲了一句警句,我认为是一句"警句",他说,如果不读中国的历史,你就不知道中国为什么"伟大";如果不读世界历史,你就不知道为什么中国这么落后。非常辩证的两句话。那么我们的"新文化"该是个什么样子的呢? 我个人想不出来它该是个什么样子,但是我有一个感觉,就是我们要把西方文明里的精华的东西,而不是糟粕的东西,吸收进来,让它在我们的土壤里生根、成长,这样出来的"新文化",不是"稼接"的,是我们中国自己的文化。我想属于中国自己的新的文化,应该既有科学,又有民主,同时保存了传统文化中的好的东西。有哪些好的东西呢? 我提三条,一条是中国的哲学,第二条是中国的美学,第三条是中国的伦理中可以"抽象继承"的那部分。我想,我们的文化应是这样的一种"融合",而不只是一种"拼凑"。达到这种"融合",恐怕需要若干个世纪。这是第二个问题,"精神文化"的问题。

最后,讲讲教育的问题。根据我自己的经历,我觉得我们的教育应该吸取的教训相当多,我们的教育现在还是很滞后的,同时代比是滞后的,同我们这个国家的发展相比,也是大大滞后的。文化,别小看它,文化是民族的血脉,是民族的脊梁,设想如果一个民族没有文化,它是个什么民族? 文化问题我觉得很重的任务应该落在教育上。而我们现在的教育的发展是有些畸形的。比如,我不赞同搞什么"重点学校",质量好的教员、学生大多在"重点学校"。我刚才讲到文化问题,实际上也是对教育的一个检验。20 世纪 50 年代初我是在清华大学念书,你们现在条件好,踏踏实实地念书,我们那个时候大半时间去搞运动了。我一上大学就把我调去搞"三反""五反"去了,反贪污反浪费,斗资本家,斗来斗去。"三反""五反"以后不久,调去搞抗美援朝宣传,没怎么好好读书。到 1952 年,毕业的头一年,又把我调出去了,调到团中央去开会,去工作。等我回来以后,说你不在清华大学了,为什么呢? 说是"院系调整"了。1952 年"院系调整",清华大学不再要文科了,把文科赶到北大去了。清华大学有很多很有名的老教授,文科的,都分到北大去了。清华大学因此就变成了一个"瘸腿"的大学,叫作理工综合大学,这真是滑稽! "大学"是什么意思? 现在什么都叫"大学":"钢铁"大学、"外国语"大学、"医科"大学,这怎么能叫"大学"呢? 那只是学院(college)吧。美国的麻省理工学院,就不叫大学,不叫 university。只有我们中国有这个"发明",把那些专科学院都升级为"大学",真是奇怪的现象! 外国人不理解,为什么专业学校变成了"大学"(university)! 一百年前中国开始有近代高教时，开局是不错的。就是在辛亥革命前后，清华叫清华学堂，北京大学早一点叫京师大学堂。办的大学教育，叫"通识教育"。什么叫"通识教育"？来源也是西方的。就是欧洲早期提倡的各种学科的教育，包括几何学、逻辑学、音乐、文法等七个学科。欧洲13世纪以后由神学院转为大学的时候，基础就是这七个学科，是综合性的。用现在的话来说就是既有文科也有理工科，这叫作"通识教育"。而我们的教育是分科太细太专，没有"通识教育"了。把知识强行割裂了；而且歧视社会科学和文科到"文革"时达到极点。"文革"晚期，毛主席说这大学还是要办的，不过他说理工大学还是要办的，文科是向社会学习。"通识教育"彻底不要了。"通识教育"的基础，两块，一个是理工，一个是文科。文科这一块不要了，长期以来造成的后果，损失太大了，这个损失是无形的，是很难弥补的。最近钱伟长先生接受《光明日报》记者的采访，他就说要重提"通识教育"，就是把文科当作综合大学的基础，理工科也要学些文科。理工科的学生应该有些社会科学的知识，有些人文的关怀。钱先生说他在清华大学任副校长时就是搞"通识教育"；他现在在上海大学当校长，也提倡搞"通识教育"。他说要拆掉"四堵墙"，我记不得这"四堵墙"是什么了，反正有一堵墙就是文科与理科之间的"墙"，推倒四堵墙，提倡"通识教育"，这是钱先生去年年底的时候提出的。我觉得恐怕大学教育啊，就应该走这条路，应该提倡"通识教育"。不能够再出现那种大学生写不出一封家信的状况。现在讲写一篇文章啊，不客气地讲，过去在初中的时候就应该解决了。我知道北京的有些名牌工科大学的学生写不出文章，因为他只知道那些"专门术语"，连不成句子。这是从技术上来讲，当然更重要的还是一个人文的精神，文化的学养。这个是非常重要的。

　　大学教育固然非常重要，中小学同样重要，中小学是基础啊。我觉得应该百花齐放地办各种学校。我们的学校数量，单从数字来讲太少了。我看到一篇报道说我们全国的大学算起来一共有一千多所，美国有一万多所，而我们的人口是美国人口的5倍。就这几个数字你听听，是不是很令人吃惊。

更何况还有大批上不了学的人怎么办？所以应该提倡办各种各样的"职业学校"，各种各样的技术学校。我有一个同学，是我在清华大学时候的老同学，50年代被打成"右派"，下放到了北大荒，一去就是一二十年，回来的时候工作也没有了，就回上海的老家了。回到上海去，开始找工作找不到，甚至吃饭都成了问题。后来，他凭自己的努力，办起了职业学校，这个过程就不去详细说它了。这个学校以教英文为主，也教一些历史知识、公民教育什么的，生源是什么呢？是考不上大学的人。考不上大学的人有几种：一种是高考分数没有上线，这算是比较好的学生，他们有出路，他们可以上别的学校，就业也不算太困难。但是还有大量的失学青年，谈不上什么"分数线"，素质也比较差，如果流落到社会上去，变成了社会的渣子，就成了对社会不利的因素。我这位同学招的学生很多是这一类的青年，在开始办学的时候，很苦，很难，他跟几个志同道合的朋友到街上去拣人家丢掉的桌椅板凳，办起了这座很小的"中西进修学校"，他自己当校长。他居然办成了，而且家长都欢迎。后来也有人捐款，他自己也收点学费，逐渐逐渐地，这个学校就越办越好了，现在已经在上海的七个区办起了他的学校，在浦东新区干脆办起了叫"中西进修学院"，跟美国的一家什么高科技公司合作。一方面是"职业"学校，同时又是一个"社区"学校，这功德无量啊！他每一次到北京都来看我，他总是说一生中有十几年送给了北大荒，晚年要办一些对社会有利的事情，把社会不利因素化为有利因素，发展教育。

办学校从根本说是提高国民素质的必由之路。我们的国民素质低，低在什么地方？低在文化水平上，关键是在这儿，愚昧是可怕的，愚昧是可以葬送一个民族的，我觉得这是个危机啊！这不是危言耸听；这是一个人人有责的大问题。现在动不动就讲足球要从娃娃抓起，音乐要从娃娃抓起，什么都要从娃娃抓起。但是我要大声疾呼：人的素质更要从娃娃抓起；同时要问一句：谁去抓那个"抓娃娃"的人的素质呢？"抓娃娃"的人脏话连篇，道德水平低下，他能抓出来什么娃娃？这的确是个很严肃的问题，怎么办呢？只有大家努力，把各级学校办好。现在对教育的投入太低。我有个想法，可能是无稽之谈,我觉得应该收"教育税",让那些董事长、大公司啊,交教育税,不要去给明星送房子,要向他们征收强制性的教育税,鼓励私人办学,私人办非盈利的学校。在西方,私人学校比公立学校办得好,有特性。还应该多办成人学校、老年学校。我在加拿大讲学的时候,曾去给他们的成人教育班讲课,讲中国历史。坐在那儿的学生都是些退休的老人,非常认真,记笔记,提问题,跟我讨论。我觉得这里头有一种精神在,这个精神是什么呢?就是他们把学习看成是毕生的事,不是把学习看成是人生的某一个阶段,正像我们所说的,"活到老,学到老"。

这个教育问题,我说了半天的空话,无非两句话,一句话叫,只争朝夕,要从现在起,从人人做起全民办教育,全社会办教育。第二不能性急,这是几个世纪的事情。像巴黎大学、牛津大学、剑桥大学,都是从 13 世纪的神学院开始的,变成现在的大学。哈佛大学是 17 世纪开始的,美国独立以前就有,几个世纪下来了。教育本身成了传统,无论发生了什么,教育都是第一位的大事。办教育,不要再搞形式主义,办教育需要的是"宁静致远",不是搞热热闹闹、花花哨哨,应该恢复到蔡元培那时候的"通识教育"上去。这样持之以恒,有一段时间呢,就会有成效的。

最后,我看你们这么年轻,我觉得非常高兴,非常兴奋,我送同学们几句话,就是趁着你的大好时光,记忆力强,体力也好的时候,要不知疲倦地学习,像海绵一样吸收知识。老师教给你的,这是一回事,你能不能吸收,你吸收多少这是你的事情。庄子有一句话,"生也有涯,而知也无涯",人的生命是有限的,而知识是无限的,不管你是哪个年龄段的人,不管你是多大的学者,哪怕你是科学院院士,你不知道的东西总比你知道的东西要多得多。没有这个胸怀是不行的。中国的民族振兴应寄希望于文化的复兴。经济我们现在正在搞,但是文化教育问题,比造两颗原子弹更难,比办一两个大企业集团要难得多。

课堂提问与解答

1. 您认为对于中国这样的一个教育现状,有什么办法吗? 您有什么行之有效的方法吗?

答:首先我觉得刚才我讲的是我们中国教育应该吸取的教训,我很少讲中国教育所取得的成绩。应该说我们的教育还正在改进之中,还是在改进。但是这个改进用行政命令是不行的,性急也是不行的,需要一个长时间的磨合。我跟你打个比方,你们的情况我不熟悉,比如说清华大学,1952 年把文科搞掉了,现在它恢复文科,很艰难的,非常艰难。但是下了这个决心,吸取了过去的经验教训,恢复文科这件事情本身就值得给它叫好。恢复文科之后,这几年,应该说取得了不少的成绩,所以我觉得呢,搞“通识教育”啊,主要的一个问题,说得简单一点的话,是如何对待文科的态度问题。一个是文科本身的人,本身的教授和学生要看得起文科,要给文科争气。再一个方面,理工科的教员、学生也要关注人文的问题。这样一步一步地去做,你具体地让我来说该怎么样,我说不出来;我觉得首先是一个认识问题,一个观念的问题。到底怎样地对待社会科学和人文科学? 教育不是一天两天就能见效的问题。我觉得重要的在于领导上的观念的问题,怎么样转变。当然也有我们大众,包括学生怎么样跟上来的问题。

2. 您认为中国历史上有没有类似欧洲历史上的文艺复兴时期? 如果有,应是哪个时期?

答:我的回答是没有。这个不能怪谁,不是谁的责任问题,是我们的历史发展决定了我们没有这段历史。有的人把唐宋八大家、唐朝的韩愈算作是一次“文艺复兴”,这完全是无稽之谈。有的人把“五四”时期算作是一次“文艺复兴”,我觉得有点儿像。欧洲的文艺复兴是复兴古希腊文化,就是把古希腊文化的人文主义恢复过来,用它来扬弃中世纪的神学主义、神本主义,而且“复兴”更意味着“创新”,不是单纯的“复制”。中国没有这段历史,但你也可以说有点像。像刚才我讲的,上个世纪的二三十年代,有点像欧洲的启蒙运动,但是也不是它所构成的那一个阶段。

3. 我有两个问题。第一,您认为中国的文化有没有丧失它的"自主性"? 第二,您认为中国教育的改革应该从上而下,还是由中间,或者由下而上地改革?

答:我们在19世纪中叶以前倒是有"自主性",那个"自主性"是些什么东西啊,就是我刚才说的儒道释下来的文化传统;它已不适应时代的要求,所以这种丧失并不完全是件坏事情。而且丧失了"自主性"是不由自主地丧失了,不是你想建立一个什么文化就可以建立一个文化的。中国文化在承受着多方面的压力,例如通俗文化就是一种。现在那些哼哼唧唧的流行歌曲,有人可能很喜欢,它对于精英文化有多大的冲击啊! 所以中国现在的文化形不成格局是有各方面原因的。但是我们将来总有一天会有我们的"自主"文化的,这需要时间。这是第一个问题。第二个问题,教育改革同政治改革我觉得是分不开的,在中国现在的情况下,上面的决策相当重要,上面的决策为什么重要呢? 因为他要不决策的话,你就办不成事。我们期待着什么呢? 期待着政治改革能够逐步地进行,同时人们的观念,包括领导的观念能更进一步地认识到这个教育上的危机。现在说把上面抛开来,是不行的啊,没办法的。刚才我讲我的那个同学在上海办学校,虽说是"民办",但是上面不点头,你还是办不了。

4. 现在留学的人越来越多,有的人初中就到国外去念,您对此有什么看法?

答:这个问题带有普遍性,首先我认为留学不是一件坏事情,是件好事。我个人的意见,如果你要留学的话,不要在太小的年纪就去。我不赞成现在的家长把小孩从小学就送到国外去,从长远来看,这对小孩的成长不利。当然这是个人行为,是家长的个人行为。另外我们的中学和小学虽然少,远远不够,但是我们够条件的小学,水平不比美国低,甚至高一档次。因此为我们的民族着想,把我们的中学生送到国外去是不妥的。这个我们跟美国人也是这样说的:你们的好多高材生,不客气地讲是我们培养出去的。但是现在有一个大势所趋,就是确实我们各个方面远远落后于外国,因此留学潮这个刺激是永远存在的,不仅仅是今天存在,将来还要存在。至于把学生送出去,作为一个个人行为来讲,我不赞成把小孩子送出去。除非你决心让他做外国人,那没办法。

5. 您刚才提到中国哲学,您能举一些例子吗?

答:那多了,很多方面啦。中国的哲学包括历史学在内,应该是博大精深的,不是一句话两句话能说得出来的。我过去曾经遇到过这样的问题,就是学哲学有什么用,学历史有什么用? 我就干脆跟他们讲,没有"用",什么叫作"用"? 你把木头做成一张桌子这叫有用,这是实用之用。哲学、历史都有它的基本的成分,培养你的文化学养、素养。你有这点素养和没这点素养,大不相同。所以哲学问题,不光是中国哲学,包括学习外国哲学,都是有一个培养人的素养问题在内的。

6. 请问对于目前的这种人文精神的沦丧,我们有什么办法吗? 中国人似乎缺乏一种信仰?

答:人文精神并没有沦丧,精神本身没有沦丧,"沦丧"的是那些轻视人文精神的人! 如果你重视人文精神的话,你就加强这方面的学习,加强这方面的修养。所以我劝你们呢,就是多读书啊,趁着你们还年轻,像海绵一样,多吸收知识,多吸收精神上的营养,只有这个办法,能有什么别的办法呢? 至于信仰是个人的事情了,那是你自己的事情。

第十五讲

结束语

这是我们这门课——"欧洲文明史论"的最后一讲了。我少讲一点,听听你们的意见。

我讲的内容有点儿跳跃,留下的空白,需要同学们自己下去读大量的书补充。或许有人说读书没用,读书以后就全忘掉了。但在我看来,那实际上不是全忘掉了,而是变成了营养。你不要怕忘掉了什么,关键是看你能消化多少。多读书总是没坏处的,大家就应该趁着年轻多读一些书。

国际关系专业学生的一大特点就是:必须是个"通才"。在保证学分完成、分数及格的基础上,多读一点"非国际关系"的东西,扩充自己的知识面。你们千万不要把学问囿于一隅。

我们现在讲东西文化的对照就是为了了解中国与欧洲不同的发展轨迹。

晚清以前的中国——在我看来——发展上没有大的突破,我给它取名为"朝代相因的自我循环",当然这种说法许多人也并不同意。对于"即使没有外国 1840 年的入侵,中国自身也会产生资本主义的萌芽"这种说法,我是不相信的。有人说南宋、明朝已经有资本主义萌芽,但我认为那实际上只是生产的发展(农业、手工业的发展),当时的生产力和生产关系实际上都没有突破。不管是历史,还是现在的许多博物馆,都没有证明中国自身产生过资本主义的萌芽。那么,如果让中国封闭发展而没有帝国主义的侵略,中国是不是可能产生资本主义萌芽？我不排除有这种可能。这主要取决于中国会不会产生工业革命、生产力和人文思想上有没有历史的突破。但是，中国还来不及去证明，就发生了1840年的事情。

我认为，近代的标志主要有两个：一是从农业社会转变到工业社会，二是从独裁转变到不独裁（即共和、民主）。而古代中国就像一个很大的密封的"易拉罐"，若不从外部打破，就不知道什么时候才能突破。

最近有一个英国人宣称，他已经搜集到了大量资料证明郑和比哥伦布先发现"新大陆"。关于这个问题的讨论还涉及全球化的问题，对此我们要有理性的判断。商品经济、工业发展达到一定阶段之后，各民族之间的相互依赖、相互往来会取代过去的相互封闭，从理性上说，全球化是个历史发展的进程。而航海打破了过去传统的时空观念，以各洋相互连通打破了过去相互分离的观念。至于郑和七下西洋，基本上还是一种政府行为、政治行为。

晚清以前的中国还是个封闭的国家，我主要是说心态封闭。体现在两个例子上：

第一，是16世纪发生的两起与对外关系有关的事情。一是葡萄牙人到达印度洋，并在中国南部海域活动（《明史》中，称葡萄牙人为"佛郎机人"，后来进一步发挥，把来自西方的人通称为"佛郎机人"。《明史》中有《佛郎机传》）。当时葡萄牙人主要是经商（还未开始传教活动），并强占了澳门作为一个据点。可以说，葡萄牙在西方与中国的交往中起到了打开大门的作用。二是当时的中国只与马来亚、日本等周边国家通商，允许它们派"贡使"，坚持不与西方人做买卖。这两件事充分说明了当时中西方心态的不同：西方人（以葡萄牙人为代表）正在进入近代，在工业革命、航海业的发展的推动下，千方百计向外扩展；而中国，却在千方百计自我封闭。马克思也说过：在十四五世纪，地中海沿岸的一些城市已经稀稀拉拉地出现了零星的资本主义萌芽；美洲的发现，绕过了非洲的航行，给新兴的资产阶级开辟了新的发展领域……也就是说，欧洲封建生产关系正在发生变化，突破这种封建关系的因素正在不断发展。

第二，是16世纪以后欧洲传教士在中国的传教活动。你们可以看一下《利玛窦中国札记》(中华书局"中外关系史名著译丛")这本书。我个人认为，利玛窦等传教士给中国带来的主要有这么几样东西:1.教义,天主教义;2.自然科学知识,包括气象、水利、农田等等;3.实物,如圣母像、十字架等;4.测绘技术,如世界地图(中国向来认为自己是世界的中心,利玛窦带来的地图本来是中国在东边,为使中国人能够接受,他做了些手脚,将中国放在了中间);5.一些思想,如地球是圆的,等等。而利玛窦为了传教,也在中国文化上下了很大功夫。最开始是穿和尚服,又读"四书五经"、先秦文学,换上了儒服。他的这些行动影响了一些中国的士大夫,并发展了一些士大夫成为天主教弟子,典型的例子是:徐光启、杨廷筠和李之藻。这三人当时都是明朝中层以上的干部,在朝廷做官。天主教在开始时在中国发展还算顺利,但不久以后就引起很多问题:首先,天主教传教士良莠不齐,在地方也有买房产、称霸一方、欺压百姓的事情,所以晚明一些地方陆陆续续发生过许多起"教案"——普通农民与当地传教士发生冲突。其次,也引起了朝廷内部一些反传教势力的反对,认为传教士传的东西有违中国传统道统,破坏中国固有文明,主张将其驱逐。这里有两个例子:一是,万历末年礼部尚书沈榷排除传教士的活动,其动机来源于中国封闭的传统文明,而且还有朝廷的支持。他认为皈依天主教的教民有违传统,由此发动了由上至下的"南京教案","后台"是魏忠贤。这次"教案"使南京传教士损失惨重,纷纷南下。直至崇祯末年,魏忠贤、沈榷倒台,传教才再度慢慢兴起。这次"教案"说明,传教士文明与中国传统文明是相抵触的,而且,反传教的势力还有朝廷的高官作后台,传教困难重重。第二个例子是康熙初年四位辅政大臣在鳌拜支持下的反传教活动,主持者是杨光先(钦天监管历法的大臣),主要是反对传教士的天文理论和"地球是圆的"这种说法。可以参见杨光先写的《不得已》中的一篇:《辟邪论》。这次反传教活动使得天主教徒有的下狱,有的被判重刑。直到康熙八年,鳌拜倒台,杨光先也下台,天主教士与杨光先以前的助手在康熙面前辩论,看谁对天象问题测算得正确,结果后者败北(这实际上是一场政治斗争)。康熙思想开明,让传教士南怀仁主持了钦天监,这博得了西方的好感,但也引起了传教士之间的"礼仪之争"——利玛窦一派主张与中国"求同",容忍中国的"三祭",即祭天、祭祖、祭孔;但是天主教认为这违背了天主教教义,认为中国的泛神论实际上是无神论,是"迷信",故不断加以干涉。"礼仪之争"也在一些方面影响了中国的社会秩序。康熙末年,天主教教廷频频派人到中国干涉,最终使得康熙大怒,康熙下令禁止传教,一直持续一百年,史称"百年禁教"。这反映了中国早期与西方接触时的那种文明的冲突。

但不可否认,中西之间也有文化的交流。自晚明起利玛窦等人向中国传入了一些科学知识,同时也将中国一些优秀的文化传入了西方。有人认为西方"启蒙运动"受到了中国的影响,但我不同意这种观点。

以上两点就是中国在封闭状态时与西方进行的两次较大的文明的接触。到1840年以后,中西交流不再限于传教,鸦片战争把中国封闭的历史打开了一个缺口,中国开始进入近代。所以,我认为,中国没有土生土长的近代史,中国是在与西方文明的冲突中部分地、一点点地吸收了西方的文明的状况下才有了近代史。也正是因为这样,中国对于进入近代缺少物质、精神的准备。冯友兰先生所说的"中西之交,古今之异",大概也就是这个意思。

鸦片战争之后,西方国家带给中国的文明因素使得中国封建制度内部发生了变化:中国不得不接受西方的制度、文化,但这个接受过程是非常非常之曲折而艰难的。康有为主张搞"立宪",光绪帝也赞成搞"立宪"。在中国"全盘西化"不可能。但是中国从此吸收西方文明,是必然的,不可避免的。由于条件、土壤不够,吸收时总显得格格不入。因此,中国对西方事物的纳入,长期以来都避免不了一种"嫁接"的状态。对这一点我们必须承认。"嫁接"是非"嫁接"不可的,即便是现在的市场经济也是从西方"嫁接"过来的。只有当外来的东西成为我们本土的东西之后,民族的政治、经济、文化才会成熟起来。当然对这个"嫁接论"还是有许多人不同意的,不过我觉得它很有道理。"嫁接"不是屈服,它是个历史的趋势,这点我们也必须承认。现在有的人抱怨市场经济不规范,这是当然的,因为市场经济毕竟还是"嫁接"的东西嘛。

我把"嫁接论"归纳起来说,也就是两点。第一,"嫁接"是有必要的,不"嫁接"就会后退。"嫁接"并不是坏东西,从人类历史发展来看,"嫁接"是一种进步。第二,"嫁接"是个过程。经过持续努力,有希望将"嫁接"的东西变为我们自己本土的东西。

说到这里,实际上我们都是在说一件事情,即从中国的历史来看,中国没有自己的近代史。前边我们已经一再提到,近代有两个标志——从农业转向工业、从专制转向共和或者民主,若无这两个转变,就不构成近代。

欧洲的优势在于它的发展是个自然的历史进程,在这个进程中,一个世纪推动另一个世纪,水到渠成地到达另一个阶段,这不同于中国的循环式发展。这其中并没有谁是谁非的问题。因此,中国要发展、要打破它所处的停滞状态,就必然要付出代价。这个代价是必要的,也是会得到回报的。

现在回过头来看,近代史(也或者是"中国与西方之间的交流"的历史)有这么几个阶段:1. 15 世纪,以航海为主;2. 16 世纪,以传教为主,也有通商,但零星、规模小;3. 近代史从 1840 年开始,冲破封闭的中国历史,中国历史自此与世界分不开,不谈西洋、欧美不行。黑格尔认为印度、中国不在世界范围之内,这反映了黑格尔的西方中心、欧洲中心甚至日耳曼中心的思想;但同时也从根本上反映了当时以印度、中国为代表的东方和西方之间的隔绝。此时与世界混在一起,实际上顺应了世界潮流;4. 五四运动之后通过东西方文明的碰撞,中国接受西方文明的趋势很明显。五四运动把中国的宗法社会、专制社会剥了一层皮(虽未深入骨子里),有划时代的意义,提出了德先生和赛先生。但是剥了一层皮以后的后续工作却是很不顺利,甚至是很艰难的。有学者认为当时中国实际上已经接受了西方文明,关键不在于你接不接受,而在于接受了什么和应该接受什么。"五四"之后,是个百花齐放的时期。当时争论的一些问题现在我们仍然在争论(现在,中国打开了大门,与西方文化交流很自由,相比之下,二三十年代的动机是相当单纯的,只是在想如何挽救中国的命运、创造新的文化)。"五四"时期有许多人,比如任鸿隽(20 世纪初搞科普的科学家)、陈衡哲(著有《西洋史》)夫妇,他们默默无闻,被人遗忘了近半个世纪。他们所处的时期比较像 18 世纪法国启蒙时期,各种思想、思潮,古今中外的,大汇集。但欧洲启蒙时期接下来进入了近代的大发展,而中国启蒙时期接下来却进入了长期的战争时期,先是抗日战争,接下来又是好几年的国内战争,直至新中国成立。新中国成立后的情况不在这里说了。总之,是到了"文革"后实行"改革开放",中国才又开始重新接触西方文明,耽误了几十年的光阴。

最后,我还再想讲几句我个人对教育特别是对高等教育的看法。

我认为,现在高等教育有不少问题,问题就在于缺乏精神层面上的东西。1952 年院系调整,清华大学文科被连根拔掉。而精神层面的东西就要靠文科的根基。像杨振宁、丁肇中他们就有很好的人文素质。现在有种气氛很不好,过分的功利主义,更多的追求实用,而较少考虑精神层面的东西。这是要出大问题的。

现在,有的报纸上说要将教育"产业化"。我对这个提法是比较反感的。教育应该是一片清净的土地,大学是打好基础的阶段,不应搞什么"产业化"。

现在的教育缺乏 liberal education 的传统,重理工,轻人文的倾向根深蒂固。以前清华大学的副校长、现在上海大学的校长钱伟长先生,就一贯提倡 liberal education,他认为大学应打掉科系间的几堵墙。高等教育不应培养机器,而应培养人才。Liberal education 最早由蔡元培先生提出,也被京师大学堂和清华大学堂所采用,但却被我们破坏了半个世纪。

教育深化改革的重任,在你们这一辈的肩上。现在 30 岁以上的人,笼统地说,都只能做现在的事。民族的前途还是得靠年轻的一代。你们现在好比在白纸上画画,拥有先天的有利条件。作为"结束语",就讲这么些。

课堂提问与解答

1. 您刚才提到中国由不发展到发展,必定要付出一定代价,您认为这个代价是不可避免的么? 这是否会陷入"代价论"而忽视人的主观能动性?

答:代价是肯定要付出的,但也不能忽视人的主观能动性,只不过这个主观能动性也受到历史环境条件的限制。

2. 您怎样看待中国的传统文化,比如孔子的学说。"五四"时期提出"打倒孔家店",您怎样看待这件事?

答:中国传统文化博大精深,孔子学说也是(只是《论语》中有些话不通,可能因为是后人记录的吧)。博大精深是说它包括形而上学、历史学、美学、可抽象继承的伦理道德观念等方面;但由于是历史的产物,是封建宗法社会的产物,总是受到社会历史条件的制约,因此,不管它多博大精深,都不可能直接通向现代化。

"打倒孔家店",是当时青年提出的比较偏激的口号;中国当时矛盾如此之深,积重难返,所以一些过激的情绪化的口号,也有其提出的合理性。五四运动是个综合的运动,最初是针对《凡尔赛和约》,但作为一场文化运动,它把封建社会揭了一层皮,意义很大。

3. 西方的传统节日圣诞节就要来临,先祝陈老师圣诞节快乐。您研究欧洲也喜欢欧洲,您认为圣诞节在欧洲传统文化中占有什么地位呢?

答:圣诞节是西方普遍的、凝聚老百姓的、具有民俗意义的节日。它最初虽是宗教节日,但现在越来越像我们的春节——成为全民的节日。

4. 陈先生,您刚才说明清来华的传教士不只是披着宗教的外衣,连里子也是宗教的,我觉得很精辟。但来华传教士实际的作为,我觉得换一种说法也是可以的:传教士来华是披着科学的外衣,打着宗教的里子,例如徐光启之所以入教,主要原因似乎不在于洋教对他的吸引力,您同意这个说法么?

答：说他们披着科学的外衣、打着宗教的里子，也可以这样说。但实际上，他们除里子是宗教的以外，确实连外衣也是宗教的。不过，利玛窦等人在传教过程中也渐渐改变了对中国传统文化的看法。

徐光启入教有两个因素：一个是被西方自然科学知识所吸引；二是他也同意利玛窦的用基督教教义代替佛教的主张，即"补儒易佛"。他认为天主教的教义符合儒家思想，而且天主教在西方得到了民众的普遍相信，净化了社会，因此，他认为应该也在中国宣传天主教的教义。

5. 您觉得中国现代化"嫁接"的前景会怎样？在许多优秀传统失传的情况下，会在中国建立西方的价值理念么？

答：我当然是希望"嫁接"成功，将西方文明精髓的东西经过消化变为自己的。不过这需要一个过程，但从长远看，应抱乐观态度。

对传统文化是否会失传，我有些担忧。若将传统文化全部抛掉，我们就变成了无根之人。现在存在的一个问题在于——不是在"消化"西方文明，而是直接"吞食"，试图用西方的文化来取代中国传统文化。不忘记传统文化中的优秀部分很难，因为人的观念中存在实用主义问题。

6. 您是否认为中国曾经存在过资本主义形态的社会？如果存在，那么这是不是一种外部冲击的结果？您赞成"冲击—反应"模式么？

答：我不赞成中国传统社会存在资本主义萌芽的说法。既然中国传统社会没有过资本主义的萌芽，又怎么会有资本主义形态的社会呢？

我个人认为不应该将"冲击—反应"看作一种模式。有冲击，就必然有反应，这是个逻辑的问题。我赞成胡适的观点：多研究点问题，少谈点主义。"模式"之类有时容易简单化。

7. 人们称中国为"黄色文化"，欧洲为"蓝色文化"，请问您怎么看待这个问题？

答:说中国文化是"黄色文化",这确实体现了过去我们对中国文明起源的一种认识。过去我们过分夸大了中国的黄河起源,实际上中国文化的起源不止于此。"黄色文化""蓝色文化",很形象,但内涵不准确。

8. 您刚才提到传统文化的"抽象继承性",同时又说到传统文化不能帮助中国直接进入现代化,请问在您看来传统文化在中国的现代化进程中应扮演什么样的角色?作为富有良知心的知识分子应怎样面对自己的历史文化上的"根源"?

答:"抽象继承性"是说,有些问题可以超越时空,不受社会历史条件限制,如"己所不欲,勿施于人"的道德准则就可以"抽象继承"。冯友兰先生在20世纪50年代的时候就说过,中国的传统道德观念可以抽象继承。但是从现代化角度来说,中国的传统文化帮不上忙,无法通向现代化,但传统文化中好的方面还是应该继承的。这主要涉及一个选择的问题,需要自己去尝试。

对中国传统文化,我总存在一个感情和理性的矛盾。理性来看,传统文化属于原来那个时代,不能直接通向现代化;而在感情上,我还是非常喜欢我们的传统文化的,这涉及我个人的情感问题。对于传统文化,我们不能一下全部否定,但也不能一概肯定,要学会批判。我说中国的"传统文化"指的是"政治文化";中国"传统政治文化",是所谓"史官文化",它怎么能通向"现代化"呢?

9. 您认为进行中西文化比较的根本目的是什么?随着中国更大地融入国际社会,这种必要性是在减少还是增加?

答:目的就是要搞好自己,知道自己与西方相比较,我们还缺少什么。

至于第二个问题,不能简单归纳,但总的趋势是在增加。西方也逐渐意识到需要了解中国,增加与中国的沟通。

10. 您一方面强调传统文化的自身弱点,另一方面又认为要有人文修养,该读"四书五经"这些古籍,这二者是否矛盾? 如何把握二者的度?

答:要有人文修养,不是说要求我们读"四书五经",中国传统文化的弱点不在于此。但是作为中国的知识分子,如果对自己国家的历史文化完全不了解,这不是优点,而是缺点。在传统文化上,我们不要太绝对,不要非黑即白。我个人是反对中小学生读经的,因为这些书并不全是好东西,要有选择,但是,还是应有接触。从学问上说,不了解自己的历史文化是相当吃亏的。应该抛弃的是旧的专制的"政治文化",提倡民主自由的"政治文化";其他文化,如文学、艺术、哲学等等,完全可以"百花齐放"。

11. 请问中国封建社会长期循环更替、社会进步出现停滞的原因是什么?

答:原因很多,其中之一就是缺乏精神层面的东西。缺少独立的知识分子——传统知识分子总离不开"官",太政治化了。而且中国传统社会存在从上至下的"专制主义"和从下至上的"臣民主义",这是中国封建社会、宗法社会的传统,也是中国封建社会停滞的根本原因。

12. 随着市场经济发展,教育的功利主义倾向已成普遍趋势,无论中国还是美国最出色的人才都在商学院与法学院,而传统人文学科的地位则日渐卑微,您如何看待这一问题?

答:这是一个很悲哀的问题,也是我个人担心的问题——担心中国的民族文化,也担心世界民族文化。现在的教育功利主义色彩太浓。高官再气派,我也不羡慕,因为我没有那个心。作为知识分子,我只能大声疾呼,别无他法。读什么专业,这是个人的选择问题。文化的前途不是我一个人就能改变的。功利主义也可以说是中国长期封闭的结果。

13. 我个人认为中国的知识分子在推动社会进步中,作用远小于欧洲的知识分子。请问您是如何看待中国知识分子同欧洲知识分子对文明的不同影响的,原因何在?

答:中国的知识分子离不开"官",他们只有两种前途:一是走仕途,二是回家种田,也有少部分从商。但是有影响的知识分子,都是做官的。再则,中国太大,包袱太重,真正的知识分子要产生普遍影响,很难。

14. 有人认为中国文化更适合于中央集权。民主和中央集权并不存在孰优孰劣的问题,但是,是文化决定了中央集权还是中央集权决定了这样的文化,这是否是一个鸡生蛋、蛋生鸡的问题?

答:从精神、原则上讲,中央集权与民主是相对立的。操作层面上的中央集权也必须以民主为基础,而不是相反。

15. 有人将中西文化归为"生命之树"与"知识之树",认为西方选择知识之树,例如亚当夏娃偷吃禁果而受惩罚,中国则反之,您如何看待?

答:青年人很直率、可爱,思想方法有时却太绝对。西方文化并非无"生命之树",而中国文化中确实少有"知识之树"。中国文化比较讲"情",故注意人际关系、等级关系;而西方文化比较讲"理",故求真知,提倡大胆怀疑。我常说:中国文化情重于理,西方文化理重于情。